AF536485

KLEMENS LUDWIG

Astrologie in der Kunst

Standardwerke der Astrologie

KLEMENS LUDWIG

Astrologie in der Kunst

4000 Jahre
kosmische Harmonie
und Ästhetik

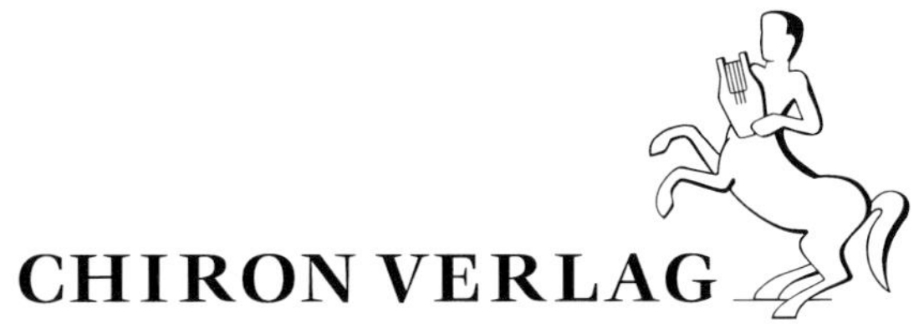

ISBN 978-3-89997-216-0

Deutsche Erstausgabe

Bildnachweise: akg-images, artothek, fotolia, istockphoto.com, Klemens Ludwig, Gabriele Roever, Walter Schneider, shutterstock, VG-Bildkunst, Bernd Zabka

Umschlag: Walter Schneider
Druck: Finidr, Český Těšin

Zu beziehen durch den Buchhandel oder direkt beim
Chiron Verlag, Postfach 1250, D-72002 Tübingen
www.chironverlag.com

Inhalt

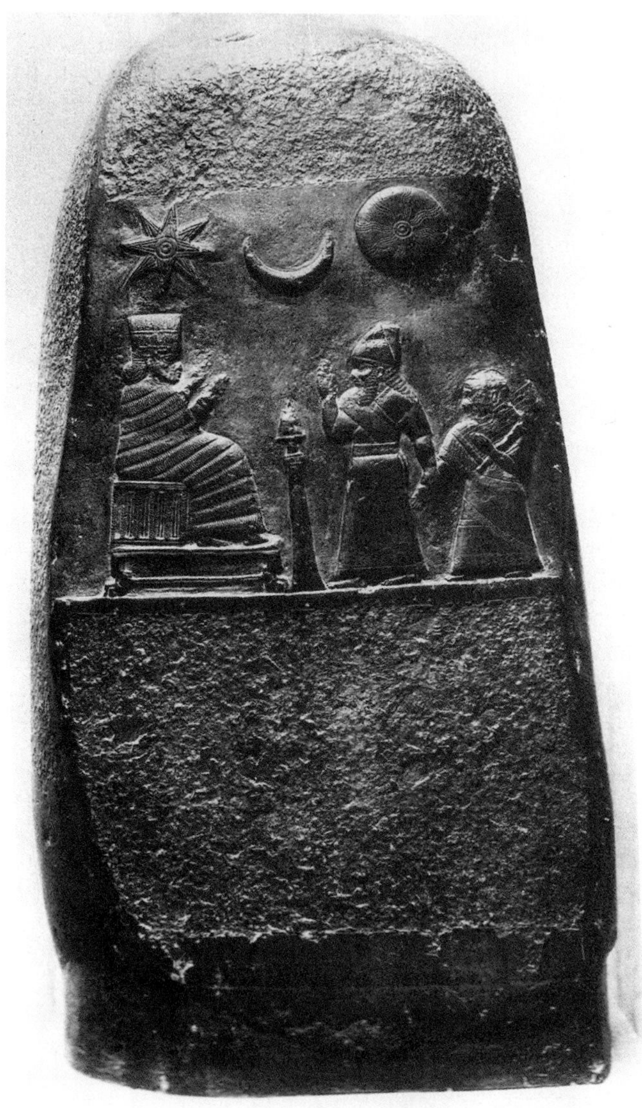

Abb. 1: Mesopotamischer Grenzstein 1200 v. Chr.

Einführung

Von den unbekannten Meistern über Leonardo und Dürer bis Dali: Künstler und die Astrologie

Wer die alt-ehrwürdige Abtei Maria Laach betreten will, trifft an einer der Türen auf den astrologischen Tierkreis. Wer in den vergleichsweise modernen Mailänder Hauptbahnhof eintritt und seinen Blick nach oben wendet, findet den astrologischen Tierkreis über sich. Wer alte Kathedralen, Rathäuser und Kunstmuseen besucht, trifft auf Tierkreiszeichen und Planeten; manchmal in offener, manchmal in verschlüsselter Form.

Die astrologische Symbolik zieht sich wie ein roter Faden durch die Kunst, auch wenn sich die etablierte Kunstgeschichte mit dieser Einsicht schwer tut – wird doch die Astrologie als ernsthafte Disziplin von der Wissenschaft seit der Aufklärung in Frage gestellt.

Bei genauerem Hinsehen ist die Verbindung von Astrologie und Kunst nicht überraschend; im Gegenteil, beide ergänzen sich: Die Kunst bringt geistige Ideen der jeweiligen Zeit zum Ausdruck. Die Astrologie macht diese Ideen durch eine uralte und zeitlose Symbolsprache erfahrbar und gibt den Menschen Orientierung bei der Suche nach ihrem Platz im Kosmos. Beide vereint die Sehnsucht nach der kosmischen Harmonie und Ästhetik. Wissenschaftler, Künstler, Sternenbeobachter sowie Sternendeuter waren lange von der Existenz der kosmischen Harmonie überzeugt, bis Aufklärung, Rationalismus und Postmoderne derartige Empfindungen in den Bereich der bloßen Subjektivität verbannt haben.

Zahlreiche Gemälde, Fresken, Mosaike, Skulpturen, Plastiken, ebenso wie Kathedralen, Taufkirchen und Glockentürme legen Zeugnis davon ab, dass Astrologie und Kunst zusammengehören. Zu den Künstlern, die sich der astrologischen Symbolik bedient haben, zählen die anonymen Baumeister der Romanik und Gotik ebenso wie Leonardo da Vinci, Albrecht Dürer, Giotto, Raffael, Tizian, Peter Paul Rubens und viele andere.

Eines der bekanntesten Kunstwerke, das nur durch die Astrologie verstanden werden kann, ist Leonardos Abendmahl. Die seltsam verworrene Gestik der zwölf Jünger gibt in der Kunstgeschichte Anlass zu zahlreichen Spekulationen und bisweilen wirren Interpretationen, die so lange unbefriedigend bleiben, wie die astrologische Ebene ausgeschlossen wird. Die zwölf Jünger sind eine verschlüsselte Darstellung der zwölf Tierkreiszeichen.

Warum haben Leonardo und andere Künstler allegorische Darstellungen gewählt, um astrologische Themen darzustellen? Die Antworten sind vielfältig und von der kunsthistorischen Epoche sowie dem politischen und gesellschaftlichen Umfeld abhängig. Manchmal geschah es aus Schutz, wenn die Astrologie verfolgt war; manchmal aber auch, weil sich die Künstler als Eingeweihte betrachtet haben, die mit dem tieferen Gehalt ihrer Werke nur Gleichgesinnte erreichen wollten.

Viele Darstellungen haben sich jedoch unverblümt der astrologischen Symbolik bedient – sowohl um die Mächtigen zu preisen als auch, um die einfache Bevölkerung an einen übergeordneten Sinnzusammenhang heranzuführen.

Je differenzierter die Gesellschaften wurden, je mehr sich die Sternendeutung für größere Bevölkerungsschichten öffnete, desto aufschlussreicher wird der Blick auf die Rolle der Astrologie in der Kunst.

Die folgende Darstellung orientiert sich an den klassischen Epochen der Kunstgeschichte, und sie stellt die astrologisch inspirierten Kunstwerke in einen gesellschaftlichen, kulturellen und kunsthistorischen Zusammenhang. Astrologie war immer

Teil der Gesellschaft und die Darstellung ihrer zeitlosen Botschaft orientierte sich deshalb auch an der gesellschaftlichen Entwicklung.

Offenheit für neue Sichtweisen

Mit diesem Buch möchte ich kulturhistorisch wie astrologisch Interessierte erreichen. Für beide Gruppen bedeutet diese Darstellung eine Erweiterung ihrer Sicht.

Offenbar interpretiert die traditionelle Kunstgeschichte die Einbeziehung astrologischer Zusammenhänge in die Deutung von Kunstwerken als Anerkennung der Astrologie als solcher. Das ergibt sich aber nicht zwingend. Es geht darum anzuerkennen, dass Künstler und Baumeister der Vergangenheit die Sterndeutung in ihre Werke aufgenommen haben. Dies zu akzeptieren ist nicht mehr als wissenschaftliche Redlichkeit.

Die Ignoranz der Kunstgeschichte gegenüber der Astrologie ist auch deshalb befremdlich, weil zwei ihrer bedeutendsten Vertreter schon zu Beginn des 20. Jahrhunderts auf den Zusammenhang zwischen beiden hingewiesen haben: Abraham Moritz (Aby) Warburg und Fritz Saxl sind nach ausführlichen Studien überwiegend in Italien zu der Überzeugung gelangt, dass zahlreiche Kunstwerke nicht verstanden werden können, wenn man die astrologischen Bezüge ignoriert. Dabei ist Warburg besonders intensiv in die Astrologie eingestiegen, deren Entwicklung er von ihren orientalischen, vorantiken Wurzeln über die Renaissance bis in die Gegenwart hinein studiert und systematisiert hat. Und Warburg war der Überzeugung, dass Kunsthistoriker über astrologische Grundkenntnisse verfügen sollten. Saxl, Warburgs wichtigster Schüler, der sein Erbe vor den Nazis nach London retten konnte, ist ihm darin gefolgt.

Gerade im Respekt vor den Arbeiten von Aby Warburg und Fritz Saxl hoffe ich auf einen offenen Geist und die Bereitschaft, den Blickwinkel zu erweitern.

Einschränkend muss noch gesagt werden, dass sich dieses Buch geografisch auf den west- süd- und mitteleuropäischen Raum beschränkt. Auch in Ost- und Südosteuropa, in weiten Teilen Asiens, besonders in Indien sowie in den vorkolumbianischen amerikanischen Kulturen war der Tierkreis immer wieder Inspiration für Künstler, egal ob im sakralen oder profanen Zusammenhang. Das im Einzelnen aufzuführen übersteigt den Anspruch dieses Buches, ohne damit irgendeine Wertung der unterschiedlichen Kulturen vorzunehmen. Es geht vor allem um die Dokumentation der – im wahrsten Sinne des Wortes – naheliegenden astrologisch inspirierten Kunstwerke. Aber auch für den beschriebenen europäischen Bereich erhebt das Buch nicht den Anspruch, ein umfassendes Kompendium aller derartigen Kunstwerke zu sein. Es dokumentiert die wichtigsten von der Astrologie inspirierten Kunstwerke, ordnet sie in den jeweiligen kunsthistorischen Zusammenhang ein und möchte schließlich einladen, selbst auf Entdeckungsreise zu gehen. Zweifellos harren noch zahlreiche Kunstwerke dieser Art ihrer Entdeckung.

Tübingen im Juli 2013 *Klemens Ludwig*

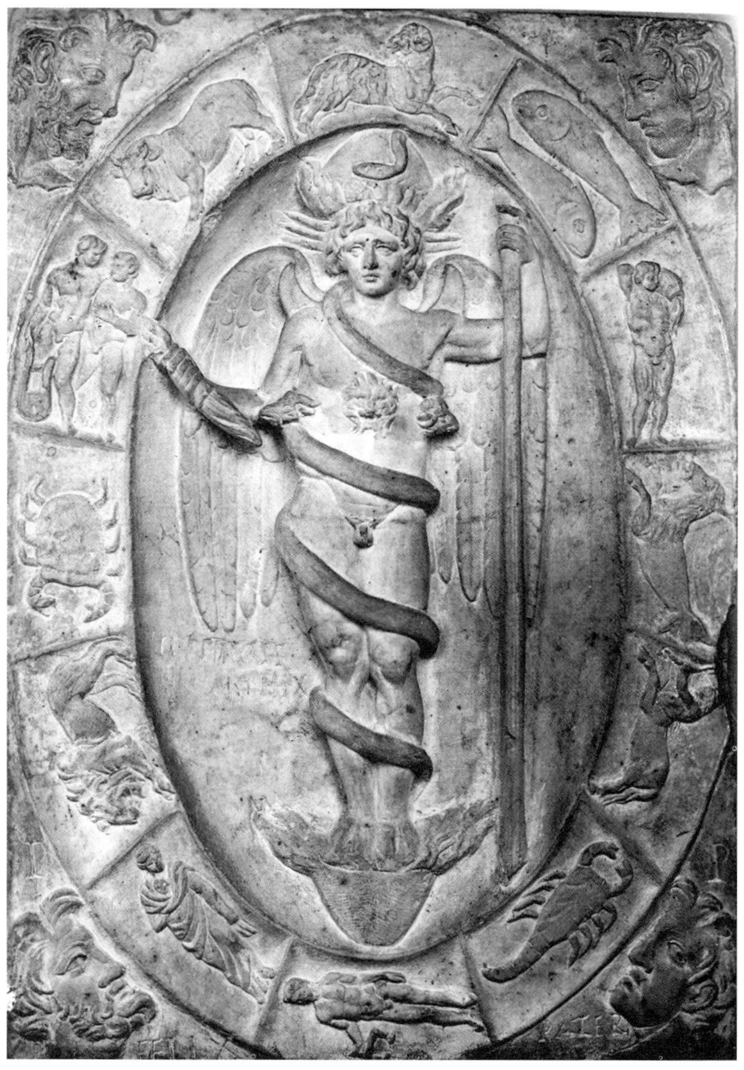

Abb. 2: Mithras-Relief, umgeben von Tierkreiszeichen

1. Kapitel: Die Vorantike und Antike

Welt- und Menschenbild

Es ist die Kunst, die es uns ermöglicht, einen näheren Blick auf die Menschheit zu Beginn der Zivilisation zu werfen. Bis zu 40.000 Jahre alte Höhlenmalereien – die auf der ganzen Welt anzutreffen sind – bezeugen, dass die Menschen der Vor- und Frühgeschichte bereits ein sehr komplexes soziales Gefüge besaßen und sich offenbar Gedanken über ihren Platz im Kosmos gemacht haben. Die Höhlenmalerei wurde lange Zeit als reiner Jagdzauber interpretiert. Heute sehen Archäologen die Darstellungen viel differenzierter: «*Über diese direkten Zeugnisse entdecken wir nicht nur die großen Etappen der menschlichen Entwicklung, der Geschichte, der Gesellschaft und der kulturellen Evolution, sondern auch Ängste und Freuden, die existentiellen Probleme, die sozialen Beziehungen und die Glaubensformen, die Ambitionen und die Idealisierungen vieler ausgestorbener oder ausgegrenzter Völker, die uns dank dieser Zeugnisse ihre Botschaften übermitteln können*[1], schreibt der italienisch-jüdische Archäologe und Anthropologe Emmanuel Anati in einem Standardwerk über die Höhlenmalerei.

Doch die ältesten Zeugnisse der menschlichen Kunst dienen nicht nur dazu, deren unbekannte Gestalter besser kennenzulernen, sondern auch uns selbst: «*Für die schriftlosen Völker ist die Kunst der Spiegel ihrer Seele, ihres Geistes und ihres Verstandes, und zugleich eine grundlegende Dokumentation, die uns die Ursprünge der Vorstellungskraft und die Psyche des moder-*

nen Menschen verstehen lässt. Wir finden hier Archetypen und Paradigmen, die gleichsam die Wurzeln unseres Daseins bilden und die wir noch tief in uns tragen. Sie sind in unserem Unbewussten gegenwärtig, und neue Forschungen helfen uns, dies bewusstzumachen.»[2]

Offensichtlich waren die Höhlenzeichnungen weit mehr als eine bloße Hilfe für die materielle Existenzsicherung, und manche Autoren stellen den Bezug zum Religiösen direkt her: *«Hier deuten sich vielleicht schon Gedanken späterer antiker Religionen an, der Mythen von der großen Erdmutter zum Beispiel; dazu passen die zahlreichen Funde kleiner Steinfiguren in den Höhlen, allesamt füllige Frauengestalten. [...] Die Felsbilder sind zweifellos Äußerungen einer Religion, die entstand, als der Mensch aus der ihn umgebenden Tierwelt auftauchte und sich seiner selbst bewusst zu werden begann. Er war nicht mehr eins mit der übrigen belebten und unbelebten Welt, sondern er sah und erlebte sich als den Dingen gegenüberstehend. Vielleicht war er damals, wie es der biblische Schöpfungsbericht beschreibt, aus dem Paradies vertrieben worden, denn er hatte von der Frucht der Erkenntnis gekostet, hatte gelernt ‹ich› zu sagen,»*[3] vermutet der Autor Uwe Anhäuser.

Auch wenn vieles über die Motivation und das Weltbild der ersten Künstler der Menschheitsgeschichte Spekulation bleiben muss, ist es im Hinblick auf die Fragestellung nach der Bedeutung der Astrologie für die Kunst wichtig festzuhalten, dass es den Menschen niemals nur darum ging, ihre materiellen Grundbedürfnisse zu erfüllen, sondern sie haben sich parallel dazu schon immer Gedanken über ihren Platz im Kosmos und ihre Beziehung zu höheren Mächten gemacht.

Etwa im 8. vorchristlichen Jahrtausend begann die Sesshaftwerdung des Menschen, die auch als Neolithische Revolution bezeichnet wird. Vorreiter war der Orient, wo die ersten Städte entstanden. Das Zentrum dieser einschneidenden Entwicklung erstreckte sich vom Nil über Kleinasien bis zum Zweistromland Mesopotamien, dem heutigen Irak. Die großen Errungenschaften waren die systematische Landwirtschaft mit einer erweiterten Haustierhaltung, der Anbau von Kulturpflanzen sowie der Gebrauch von Keramik zur Herstellung von Gefäßen. So bestritten die Menschen nicht länger als Jäger und Sammler ihren Unterhalt, was sie zwang, den Tieren zu folgen, sondern sie konnten feste Siedlungen anlegen. Als älteste Stadt der Welt gilt Jericho im heutigen Jordanien.

Ein anderer bedeutender Schritt auf diesem Weg war die Spezialisierung, die es unter den Jägern und Sammlern nur in sehr eingeschränktem Maße gab. Neben verschiedenen Handwerkern, Bauern, Händlern und Kriegern übernahmen auch Priester und Sterndeuter eine bedeutende gesellschaftliche Rolle. Zwar hat es schon in der vorhistorischen Epoche Schamanen als Mittler zwischen der materiellen und immateriellen Welt gegeben, doch waren sie viel undifferenzierter in den Clan eingebunden und beteiligten sich zwangsläufig auch an den anfallenden profanen Aufgaben.

In den frühen Hochkulturen der Sumerer, Ägypter, Hethiter, Babylonier u.a. ging die Spezialisierung so weit, dass eine soziale Hierarchie geschaffen und durch Vererbung weitergegeben wurde; ein Umstand, der alle weiteren radikalen Veränderungen der menschlichen Gesellschaft bis heute unbeschadet überstanden hat.

Auch die Religionen differenzierten sich. Über Jahrtausende wurden Erscheinungen der Natur – Sonne, Mond, Sterne, eindrucksvolle Bäume, Quellen, Flüsse u.a. – als Ausdruck des Göttlichen gesehen und verehrt. Daraus entstand ein Polytheismus, der tendenziell ein hohes Maß an Toleranz praktizierte. Im 14. vorchristlichen Jahrhundert revolutionierte der ägyptische Pharao Echnathon (eigentlich Amenophis IV.) den Gottesglauben. Anstelle der vielen Gottheiten setzte er allein die Verehrung des Sonnengottes Aton durch. Dies gilt als Ursprung des Monotheismus und inspirierte den – historisch umstrittenen – jüdischen Propheten Moses.

In der heute als Antike bezeichneten Epoche revoltierten die

Menschen zum ersten Mal gegen diese Art der Spezialisierung. Die Antike umfasst etwa den Zeitraum von 1000 vor bis 500 nach Christus. Sie ist maßgeblich von der griechisch-römischen Kultur geprägt und verursachte tiefe Umwälzungen des Welt- und Menschenbildes sowie der Gesellschaftsordnung. Das antike Griechenland gilt als Geburtsstätte der Demokratie, auch wenn dies nur für freie Männer galt. Das Königtum wurde vielerorts durch eine Aristokratie abgelöst, Gemeindestaaten entstanden; Gewerbetreibende und Kaufleute konnten politisch mitbestimmen, der Individualität wurde ein hoher Wert beigemessen, Philosophen unterwiesen Staatsmänner, übten sich im Disput, ergründeten den Sinn des Daseins und prägen die Geistesgeschichte bis heute. Der Austausch der verschiedenen Völker vom Mittelmeerraum bis zum Indischen Ozean brachte bedeutende wissenschaftliche, technische und kulturelle Errungenschaften hervor.

Unter den Völkern, die unmittelbar die antike Kunst und Kultur beeinflusst haben, nehmen die Perser und die Juden eine besondere Stellung ein. Zwar wurden die Perser militärisch von den Griechen geschwächt und von dem Makedonierkönig Alexander vernichtend geschlagen, während die Juden machtpolitisch nie sonderlich stark waren, doch beider Einfluss auf das geistige Leben der antiken Welt überdauerte ihre weltliche Stärke bei Weitem.

Der altpersische Mithras-Kult war um die Zeitenwende ausgesprochen populär und eine echte Konkurrenz zum aufstrebenden Christentum. Selbiges verstand sich zunächst als jüdische Reformbewegung und erhob erst durch den Römer Paulus einen universellen Anspruch. Beim Mithras-Kult handelte es sich um eine Einweihungsreligion, die einen siebenstufigen Weg der Erkenntnis analog den Prinzipien der sieben klassischen Planeten lehrte. Neben der unbesiegbaren Sonne (*sol invinctus*) als Zentrum des Kults spielte die Stiersymbolik eine entscheidende Rolle. Das wichtigste Datum war der 25. Dezember, das Fest der Wiedergeburt der Sonne, aus dem die Christen Weihnachten gemacht haben; so tief war diese Tradition im Volksglauben verwurzelt. Darüber hinaus übernahm die antike Welt auch Elemente der bereits versunkenen ägyptischen Kultur, vor allem den Isis- und Osiris-Kult.

Die Antike prägt bis in die Gegenwart hinein das abendländische Bewusstsein und Denken und fand auch in der Kunst ihren Ausdruck.

Mit dem Untergang Roms im Jahre 476 n. Chr. gingen viele zivilisatorische Errungenschaften vorübergehend verloren. Das frühe Mittelalter gilt deshalb als dunkle Epoche. Nach einer Periode der Instabilität sorgten die fränkischen Königsgeschlechter der Merowinger und Karolinger schließlich wieder für ein einheitliches Gemeinwesen, das sie gegen ihre Rivalen mit militärischer Härte durchsetzten.

In der Übergangszeit von der Antike bis zum Mittelalter verkündete Mohammed (570 – 632 n. Chr.) auf der arabischen Halbinsel eine neue Religion. Er nahm für sich in Anspruch, dass sie ihm seit seinem 40. Lebensjahr von Gott (Allah) durch den Erzengel Gabriel offenbart worden sei und nannte sie «Islam», was die vollständige Hingabe an Gott bzw. die Unterwerfung unter seine Allmacht bedeutet. Auf Allah wird alles zurückgeführt, seine Lehre durchdringt alle Bereiche des Lebens. Die bereits existierenden Religionen wurden allenfalls mit eingeschränkten Rechten geduldet (Juden und Christen als Dhimmi = Schutzbefohlene) oder offen bekämpft (polytheistische Kulte als Harbi = Die zum Krieg gehören). Im Islam erlangte der Monotheismus seine radikalste Ausprägung.

Kunstepoche

Soweit vorantike Kunst- und Bauwerke die Zeit überdauert haben, sind sie zumeist sakralen Charakters. Zu ihnen zählen die sogenannte Sieben Weltwunder, die Anlage von Stonehenge, New Grange in Irland sowie die Himmelsscheibe von Nebra.

Die sieben antiken Weltwunder – die hängenden Gärten von Babylon, der Koloss von Rhodos, das Grab von König Mausolos II., der Leuchtturm von Alexandria, die Pyramiden von Gizeh, der Artemis-Tempel in Ephesos, die Zeus-Statue des Phidias von Olympia – verbanden höchste künstlerische Perfektion mit praktischem Nutzen. Auf sie soll an dieser Stelle nicht näher eingegangen werden, denn die Literatur darüber füllt Bibliotheken. Von den sieben sind nur noch die Pyramiden erhalten.

Überhaupt gibt es aus der vor- und frühantiken Periode zu wenig Kunstwerke, um sie typologisieren zu können. Die Verbliebenen beeindrucken jedoch nicht nur durch das tiefe spirituelle Wissen derer, die sie erschaffen haben, sondern auch durch deren handwerkliche Fähigkeiten; das gilt nicht nur für die Sieben Weltwunder.

Die altägyptische Kunst zeigt sich häufig bei der Ausschmückung von Gräbern und umfasst Architektur, Relief, Plastik, Malerei und Kunsthandwerk.

Die verschiedenen Schulen bemühten sich einerseits um eine sehr realistische, naturgetreue Darstellung. Andererseits orientierte sich die Darstellung des Menschen an der strengen sozialen Hierarchie. Die Darstellung unterlag klaren Regeln und einer großen Formalisierung. Die bedeutenden Persönlichkeiten wurden durch genau vorgegebene Größenanordnung, Kleidung und Gegenstände deutlich gemacht; eine Praxis, die auch in der europäischen Kunst bis ins Hochmittelalter verbreitet war.

Die persische Kunst war eher der weltlichen als der religiösen Macht verpflichtet. Sie wurde von der ägyptischen, mesopotamischen und frühgriechischen Kultur beeinflusst. In ihr nahm die Architektur eine bedeutende Stellung ein. Monumentale Palaststädte mit kunstvollen Reliefs und Säulen verherrlichten den Glanz der Großkönige. Jeder Großkönig wiederum hatte den Ehrgeiz, sich durch den Bau eines neuen Palastes oder eines besonderen Tores unsterblich zu machen. Das Zentrum der Macht sowie der Kunst wurde die Palaststadt Persepolis. Von ihren Schätzen ist nicht mehr viel zu sehen, weil sie vom Makedonierkönig Alexander 330 v. Chr. in Schutt und Asche gelegt wurde.

Schließlich seien noch die Juden erwähnt. Bei einem so religiös geprägten Volk, dessen Propheten den unmittelbaren Bezug zu dem einen Gott eingefordert haben, war die Kunst weitgehend eine sakrale. So definiert dies die Professorin für jüdische Kunst an der Hochschule für Jüdische Studien in Heidelberg, Hannelore Künzl Selbige immer als «jüdisch-religiöse Kunst».[4] Das galt für alle Orte, an denen Juden lebten und für alle Kunstgattungen.

In den zehn Geboten kennt die jüdische Tradition ein Bildverbot: «Du sollst dir kein Gottesbild machen und keine Darstellung von irgendetwas am Himmel droben, auf der Erde unten oder im Wasser unter der Erde.»

Dies führte dazu, dass figürliche Darstellungen in manchen Epochen Tabu für jüdische Künstler waren. Andere Epochen bezogen diese Vorschrift allein auf Gott Jahwe, der nicht vorstellbar und damit auch nicht darstellbar sei. So nahm das Kunsthandwerk einen großen Raum in der jüdischen Kunst ein; natürlich für sakrale Zwecke.

Während der eigentlichen antiken Epoche war Kunst so umfassend und vielfältig, wie die Völker, die sie geprägt haben. Den größten Einfluss auf die Nachwelt hinterließen die griechische und römische Kunst.

Die griechische Kunst lässt sich grob in vier Epochen unterteilen:

- Der geometrische Stil (900 – 700 v. Chr.) mit einer mathematisch-ordnenden Gestaltung stellte häufig Krieger oder Tote dar.
- In der archaischen Epoche (700 – 460 v. Chr.) stand erstmals der Mensch im Mittelpunkt der Darstellungen.
- In der klassischen Zeit (460 – 330 v. Chr.) erreichte die Betonung der Individualität einen Höhepunkt. Vor allem nackte

Jünglinge und Frauen waren Ausdruck der Idealisierung des Körpers.

- Der Hellenismus (330 – 30 v. Chr.) beeindruckte schließlich durch seine üppige Pracht. Sie diente den Nachfolgern von Alexander dem Großen als Ausdruck ihrer Machtfülle.

Die Griechen bauten vor allem Tempel, um die Götter zu ehren, während die Römer pragmatisch-irdischer waren. Sie errichteten im gleichen Maße Zweckbauten, wie Paläste, Theater, Thermen, Triumphbögen sowie aufwendige Privathäuser. Von den Etruskern hatten sie den Bogenbau und das Tonnengewölbe übernommen. Die Wände dieser Bauten waren zumeist mit aufwendigen Malereien verziert, die Böden mit Mosaiken.

Die römische Kunst stellte die Wirklichkeit nüchterner dar als die griechische. Porträts waren ausgesprochen populär. Die Größen des Staates ließen sich ebenso gern abbilden wie die selbstbewussten Bürger. Dabei waren alle Darstellungsformen vertreten, wie Gemälde, Mosaiken, Fresken, Skulpturen oder Plastiken. Die meisten haben die Jahrhunderte nicht überdauert.

Nach dem Untergang des weströmischen Reiches begann eine Epoche, die gewöhnlich als «vorromanisch» bezeichnet wird. Dieser wenig präzise Sammelbegriff umfasst vor allem die Kunst der Goten, der Merowinger, der Karolinger sowie der Ottonen. Doch von den Völkern der Völkerwanderung, die das Ende der Antike besiegelt haben, sind nur wenige Kunstwerke erhalten. So ist das einzig erhaltene Bauwerk der Goten das Grabmal von Theoderich in Ravenna.

Die wenigen Zeugnisse umfassen überwiegend die sakrale Kunst, wie Kirchen, Taufkapellen oder einzelne Türme. Manche nehmen bereits Elemente vorweg, die später wesentlich den romanischen Stil prägten, so wie die Vierung oder der Kreuzgang.

Eine Sonderrolle nahm die byzantinische Kunst ein, die sich über viele Jahrhunderte hinweg entwickeln konnte. Auf sie kann in diesem Zusammenhang jedoch nicht näher eingegangen werden.

Für den Islam erließ Mohammed ein strenges Bilderverbot mit weitreichenden Auswirkungen auf die künstlerische Darstellung, wie der Kunsthistoriker Thuillier verdeutlicht: «*Der Koran dagegen schloss jede Darstellung des Menschen aus. Die Araber eroberten viele Länder rund um das Mittelmeer und unterdrückten die Bilderproduktion in Kleinasien, in Ägypten, an der afrikanischen Küste und in Spanien.*»[5]

Dennoch hat die islamische Kunst großartige Werke hervorgebracht. Davon zeugen reich verzierte Paläste und Moscheen, Ornamente sowie die Ausgestaltung von Büchern, vor allem des Korans. Als eines der perfekten Werke gilt Taj Mahal, ein im 17. Jahrhundert entstandenes Mausoleum im indischen Agra, südlich von Delhi. Auch in der Gestaltung von Gärten brachten es Landschaftskünstler zu hoher Perfektion und Harmonie. Zudem wurde das Bilderverbot nicht immer streng eingehalten.

Der in Frankfurt lebende Designgrafiker Ismat Amiralai interpretiert das Selbstverständnis der islamischen Kunst folgendermaßen: «*Der muslimische Künstler sieht die Welt als ein absolutes Buch, das für die göttliche Gegenwart Zeugnis ablegt. […] Die kreative Stärke des Islam liegt in der dekorativen Umgestaltung der Natur in das Abstrakt-Ornamentale. […] Das Anliegen des islamischen Künstlers besteht darin, die göttliche Dauerhaftigkeit und Ewigkeit zu vergegenwärtigen und das Unwandelbare im Wandel zu zeigen.*»[6]

Astrologische Symbolik

Viele der ältesten uns bekannten künstlerischen Darstellungen und Bauwerke haben sich vom Lauf der Sonne, des Mondes und der Sterne inspirieren lassen. In den frühen Hochkulturen war die Astrologie Teil der Macht. Diejenigen, die sie betrieben, waren Priester der höchsten Gottheiten und über jeden Zweifel erhaben. Sie befragten die Sterne in erster Linie nach dem

Schicksal der gekrönten Häupter. Für das Volk war die Astrologie nicht gedacht.

Aber auch die Menschen in Mitteleuropa standen den Hochkulturen bei der Errichtung von astrologisch inspirierten Kunst- und Bauwerken nicht nach.

Die älteste bislang bekannte und rekonstruierte Kultanlage liegt im äußersten Süden von Sachsen-Anhalt, etwa auf halber Strecke zwischen Erfurt und Leipzig. Das Sonnenobservatorium von Goseck wurde etwa 4800 v. Chr. errichtet (Abb. 3). Die Tore der kreisrunden Anlage mit 75 Meter Durchmesser waren auf den Sonnenaufgang und Sonnenuntergang zur Wintersonnenwende ausgerichtet. Dass eine solche Anordnung mit Ritualen zur Wiedergeburt der Sonne an ihrem tiefsten Punkt zusammenhängt, liegt auf der Hand. Knochenfunde machen deutlich, dass dort womöglich auch Menschenopfer dargebracht wurden.

Eine ähnliche Bedeutung wie Goseck, wenn auch eine andere Struktur, hat New Grange in Irland, nördlich von Dublin gelegen. Dabei handelt es sich um ein jungsteinzeitliches Hügelgrab, welches so angelegt ist, dass die Sonne bei ihrem Aufgang in den Tagen um die Wintersonnenwende etwa 15 Minuten lang genau in den Eingang und in die am Ende des Gangs liegende Kammer hineinscheint. Die Anlage wurde um etwa 3150 v. Chr. errichtet. Durch die Präzession der Erdachse hat sich der Fokus des Sonnenstrahls inzwischen etwas verschoben.

Ungefähr zur gleichen Zeit wie New Grange wurde auch der Grundstein zur ersten Phase der Anlage von Stonehenge im Süden von England gelegt. Der weltberühmte Steinkreis, so wie er heute bewundert wird, entstand vermutlich zwischen 2500 und 2000 v. Chr., allerdings wurde sein Datum häufig weiter zurückdatiert.

Seine Bedeutung ist bis heute ein Streitpunkt zwischen Frühgeschichtlern, Archäologen und esoterischen Interpreten. Mit Sicherheit orientierten sich seine unbekannten Erbauer am Stand der Sonne und des Mondes. Manche Forscher behaupten

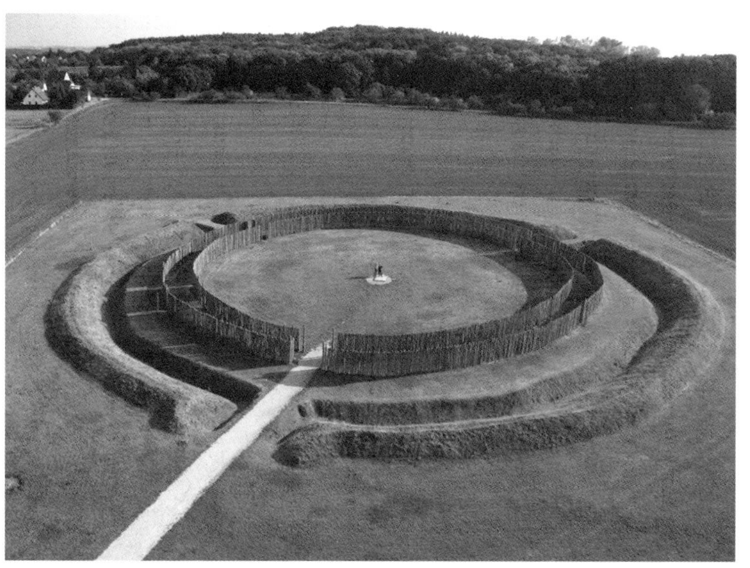

Abb. 3: Goseck, Sonnenobservatorium

auch, mit Hilfe des Steinkreises hätten die Sternkundigen Sonnen- und Mondfinsternisse errechnen können, doch ist die Sichtweise umstritten.

Unbestritten ist allerdings aufgrund neuerer Forschungen, dass im Großraum des Steinkreises noch zahlreiche weitere Kultstätten, Gräber und geheimnisvolle Anlagen ihrer Entdeckung harren. Insgesamt gibt es in Mittel- und Westeuropa etwa 200 Sonnenobservatorien nach dem Vorbild von Goseck oder Stonehenge.

Vermutlich 1700 v. Chr., womöglich aber noch einige hundert Jahre früher, ist nur 25 Kilometer von Goseck entfernt die Himmelsscheibe von Nebra entstanden. Das erst 1999 durch Grabräuber entdeckte Kunstwerk verblüffte die Fachwelt nicht nur durch die handwerklichen Fähigkeiten seiner Schöpfer, sondern auch durch deren astronomisches Wissen. Die Scheibe zeigt Sonne, Mond, eine Himmelsbarke (die auch als Sichel interpretiert werden kann), verschiedene Sternenkonstellationen, unter anderem die Plejaden sowie einen Radius, der exakt den Sonnenuntergang zur Sommer- und Wintersonnenwende am Fundort markiert. Das ist einer der Gründe, warum Theorien, die Scheibe stamme womöglich aus den mediterranen oder orientalischen Hochkulturen, verworfen wurden.

Bei so viel kosmischer Symbolik gehen selbst die Altertumswissenschaftler davon aus, dass diese Scheibe eine religiöse Bedeutung hatte. Es wird sogar darüber spekuliert, ob sie eine geheime Botschaft enthält, die Kern einer Mitteleuropa umfassenden Religion war.

Zeugnisse eines ausgeprägten bronzezeitlichen Sonnenkults sind zudem der Goldhut von Schifferstadt sowie der Sonnenwagen von Trundholm in Dänemark. Beide sind etwa um 1400 v. Chr. geschaffen worden und befinden sich im Historischen Museum der Pfalz in Speyer, bzw. im Dänischen Nationalmuseum in Kopenhagen.

Das fixe Kreuz

Die aus der orientalisch-vorantiken Epoche erhaltenen Exponate bezeugen ebenfalls eine hohe Kenntnis von den kosmischen Zyklen und fügen sich zumeist nahtlos in das hierarchische Götter- und Menschenbild ihrer Zeit ein. Da schriftliche Quellen fehlen, bleibt bei mancher Interpretation ein Rest Spekulation unvermeidlich, doch gehört das zum Wesen der Kunst.

Weit verbreitet in der frühantiken Kunst waren Fabelwesen, die Attribute verschiedener Tiere sowie des Menschen enthielten. Sie hatten offenbar eine große Bedeutung, denn sie wurden vor Palasttoren, Pyramiden und sonstigen herrschaftlichen Grabstätten positioniert.

Schaut man genauer hin, zeigen sich einige immer wiederkehrende Motive, die einen engen Bezug zur Astrologie aufweisen. Es handelt sich um eine Verbindung von Löwe, Stier, Adler und Mensch.

Die bekannteste Ausdrucksform dieser Art ist die Sphinx, die bis heute als eine der rätselhaftesten Darstellungen der Antike gilt. Eine allgemein anerkannte Interpretation ihrer Bedeutung gibt es nicht. Die Spekulationen reichen von einem Ausdruck der Königsmacht bis hin zu einem Todesdämon; Letzteres gilt für die hellenistische Tradition, denn die Übersetzung der Bezeichnung bedeutet «Würgerin».

Offensichtlich symbolisiert die Sphinx – zumindest in der hellenistischen Tradition – das fixe Kreuz der Astrologie. Sie besitzt die Pranken des Löwen, das Gesicht vom Menschen, die Entsprechung des Wassermanns; dazu den Leib vom Stier sowie die Flügel vom Adler, bekanntlich der erhöhte Skorpion. In einigen Darstellungen hat die Sphinx auch den Leib des Löwen und die Füße des Stiers, dies aber ändert nichts an dem ursprünglichen Symbolgehalt.

Ihre bedrohliche, bzw. wehrhaft-schützende Darstellung entspricht ebenfalls dem fixen Kreuz, zumindest in der alten Astrologie, die weit mehr als heute gewertet hat. Danach gilt das

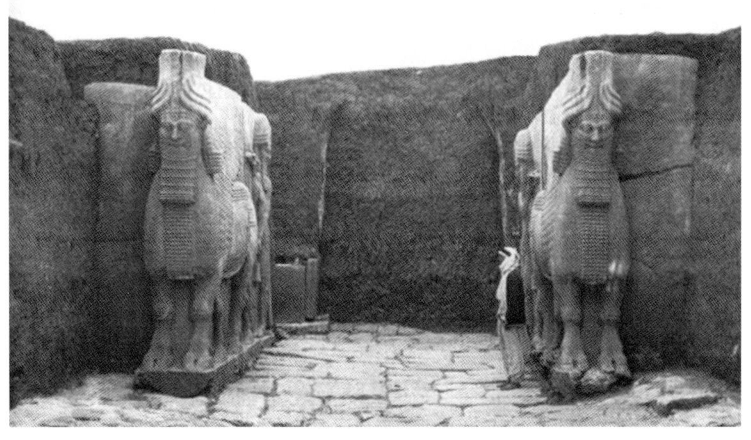

Abb. 4: Lamassu

fixe Kreuz als machtvolle, aber auch starre und bedrohliche Konstellation, die wenig Freiraum für eigene Entscheidungen lässt. Gleichzeitig vermittelt sie jedoch Kontinuität und Festigkeit, Werte nach denen sich jeder Herrscher sehnte; zumal in Zeiten, in denen Eroberungskriege eher die Regel als die Ausnahme waren und die Diplomatie noch in den Kinderschuhen steckte. Durch den Bezug zu den Sternen wurde die Macht von den kosmischen Kräften legitimiert.

Vergleichbare Darstellungen finden sich auch in anderen frühorientalischen Machtzentren. Aus der Tradition der Assyrer ist die Darstellung von Wesen bekannt, die das fixe Kreuz symbolisieren. Als Wächter des Palastes von König Sargon aus dem 8. vorchristlichen Jahrhundert erscheint ein sogenannter Lamassu, ein Wesen mit einem bärtigen, gekrönten Männerkopf, Löwenleib, Stierbeinen und Adlerflügeln. Die Figur befindet sich heute im Louvre in Paris (Abb. 4).

Aus Persien stammt der sogenannte «geflügelte Löwendrache», ein Fries aus der alten Hauptstadt Susa. Was auf den ersten Blick gleichfalls wie ein schwer definierbares Fabelwesen erscheint, ist ebenso eine Darstellung des fixen Kreuzes: Löwe und Wassermann; Stier und Skorpion.

Die alten persischen Künstler waren offenbar mit astrologischen Aspekten sehr vertraut und haben sie in zahlreichen Formen zum Ausdruck gebracht. Ein Beispiel ist ein verbliebenes Steinrelief aus der Hauptstadt Persepolis aus der Zeit von König Xerxes mit dem seltsamen Titel «Löwe, einen Stier überfallend». Einen Bezug zur Natur gibt es dabei nicht, denn der Stier gehört nicht zu den Beutetieren der Löwen; ein solches Risiko würde selbst ein hungriger Löwe kaum eingehen. Also muss es sich um eine symbolische Darstellung handeln.

Erich von Beckerath, der wie kaum jemand sonst den astrologischen Gehalt von Kunstwerken untersucht hat, kommt zu einer eindeutigen Aussage: *«Die ‹Feindschaft› zwischen beiden im astrologischen Sinne, d.h. das aus dem Quadrat der beiden Zeichen folgende Spannungsverhältnis, das ja durch unzählige*

Horoskope bestätigt wird, könnte hier wohl nicht eindrucksvoller dargestellt werden. Sinnhaft ausgedrückt bedeutet die Quadratur die Unvereinbarkeit all dessen, was nach astrologischer Lehre dem Löwen zugeordnet ist, mit dem, was dem Stier untersteht.»[7]

Eine andere altpersische Darstellung trägt den Titel «Die Sonne reitet auf einem Löwen». Die astrologische Aussagekraft des Bildes ist angesichts der sich entsprechenden Elemente allzu offensichtlich.

Wie stark die Symbolik des fixen Kreuzes auch frühe christliche Darstellungen beeinflusst hat, zeigt sich an den vier Evangelisten. Sie werden sehr häufig mit den vier fixen Symbolen dargestellt:

- Markus, der Löwe
- Matthäus, der Wassermann (Mensch), sein Gegenüber
- Lukas, der Stier
- Johannes, der Adler, der erhöhte Skorpion, sein Gegenüber

Erich von Beckerath verweist auch auf Hinweise des fixen Kreuzes im Alten Testament, etwa bei dem Propheten Hesekiel (1,5 und 6, 1,10) sowie in der Johannesapokalypse (4,7).[8]

Der jüdische Einfluss

In der religiös geprägten Kultur der Juden legen viele Symbole den Bezug zur Astrologie nahe, etwa die Menora, der siebenarmige Leuchter, bei dem sich die Analogie zu den sieben klassischen Planeten aufdrängt. Die mittlere Kerze gilt dabei als Symbol für die Sonne. Um sie herum sind die Planeten so angeordnet, dass sich die jeweiligen Herrscher in Opposition befinden. Unmittelbar neben der Sonne links befindet sich die Venus (Stier), rechts davon der Mars (Skorpion), in der zweiten Reihe folgen Merkur (Zwillinge) mit Jupiter (Schütze) und außen schließlich Mond (Krebs) und Saturn (Steinbock). Eine solche

Zuordnung erlaubt auch noch eine andere Leseart: Von links nach rechts befinden sich die Planeten in der Reihenfolge ihrer Geschwindigkeit sowie ihrer Position von der Erde aus betrachtet: Mond, Merkur, Venus, Sonne, Mars, Jupiter, Saturn. Ein solches Kunstwerk in einer Synagoge wirft ein neues Bild auf den Umgang der antiken Juden mit der Astrologie, die im Alten Testament häufig verurteilt wird.

Und es gibt weitere Hinweise, dass die Juden die Astrologie durchaus geschätzt haben: Eine der schönsten Darstellungen des kompletten Tierkreises kann in der Synagoge von Hamat Tiberias am Westufer des Sees Genezareth im Norden Israels bewundert werden. Der Ort wurde nach der Zerstörung Jerusalems durch die Römer (70 n. Chr.) zum Zentrum der jüdischen Gelehrsamkeit. Der Tierkreis in Form eines großen Fußbodenmosaiks stammt vermutlich aus dem 3. Jahrhundert. Er hat bis heute nichts von seiner Ausdruckskraft verloren. Die zwölf großen, farbigen Zeichen, die um den Sonnengott herum angeordnet sind, wirken ausgesprochen lebendig und voller Dynamik. Der unbekannte Künstler muss mit der Astrologie sehr vertraut gewesen sein.

Auch die Synagoge von Bet Alpha im Norden nicht weit vom Jordan enthält an zentraler Stelle ein eindrucksvolles Fußbodenmosaik mit dem astrologischen Tierkreis. Die Darstellung stammt aus dem 6. Jahrhundert und wurde – wie die gesamte Synagoge – 1928 wiederentdeckt. Der Künstler hat dabei die griechisch-römische Symbolik übernommen, jedoch mit hebräischer Beschriftung (Abb. 25). Im Zentrum des Kreises ist Helios zu sehen, der griechische Sonnengott, der von einem vierspännigen Wagen gezogen wird.

Die Astrologie muss im antiken Judentum populär gewesen sein, denn auch in den Synagogen von Naaran, Susiya, Huseifa und Sepphoris war der Zodiak dargestellt. Die Judaistik diskutiert kontrovers, ob diese Häufung eher eine Stärkung der jüdischen Identität dokumentierte. Dafür spricht, dass griechisch-römische Elemente judaisiert wurden. Andere sehen darin jedoch eine Schwächung des Jüdischen, weil es sich zu sehr von den Ursprüngen gelöst habe.[9]

Im benachbarten Ägypten wurden zwei der berühmtesten antiken astrologischen Darstellungen gefunden, der Tierkreis von Dendera, einem Ort am linken Ufer des Nils, 55 km nördlich von Luxor (Abb. 5). Der eine befand sich im Tempel der Muttergöttin Hathor, der andere in der Vorhalle. Sie stammen aus der Mitte des ersten vorchristlichen Jahrhunderts, als Ptolemaios XII. herrschte, der Vater der berühmten Kleopatra.

Römisch-sakrale Darstellungen

Einer der bedeutendsten Sakralbauten im antiken Rom ist das Pantheon, in der heutigen Form von Kaiser Hadrian (76 – 138) auf einer alten Kultstätte errichtet. 609 wurde es in eine katholische Kirche umgewandelt. Die offene Kuppel und die daraus resultierende Wanderung des Sonnenlichts über den Boden kann als Veranschaulichung universeller Weisheiten betrachtet werden, die auch in der Astrologie ihren Ausdruck finden. In dem Sinne interpretiert der Astrologe Ernst Ott: *«Dazu müssen wir erkennen, dass das Pantheon eine dreidimensionale Horoskopzeichnung ist. Wenn wir den Pantheon-Tempel durch den einzigen Eingang im Norden betreten, stehen wir am Imum Coeli (IC) dieses Horoskopmodells und blicken nach Süden. Wir haben also den Osten und damit den Aszendenten links vor uns. Dort beginnt die Sonne ihren Tageslauf. Auf dem Fußboden des Tempels sind die zwölf Horoskophäuser zu denken. Wenn nun die Sonne vormittags im elften Himmelshaus steht, so erscheint ihr Widerschein unterhalb der Pantheon-Kuppel als Lichtkreis im Gegenhaus fünf. … Steht sie dann im Zenit, so scheint sie an den Nadir. Das Abbild der Sonne steht also in Opposition zur realen Sonne.*

Diese Feststellung ist die Nahtstelle zur platonischen Philosophie dieses Gebäudes: So wie wir nicht mit menschlichen Augen

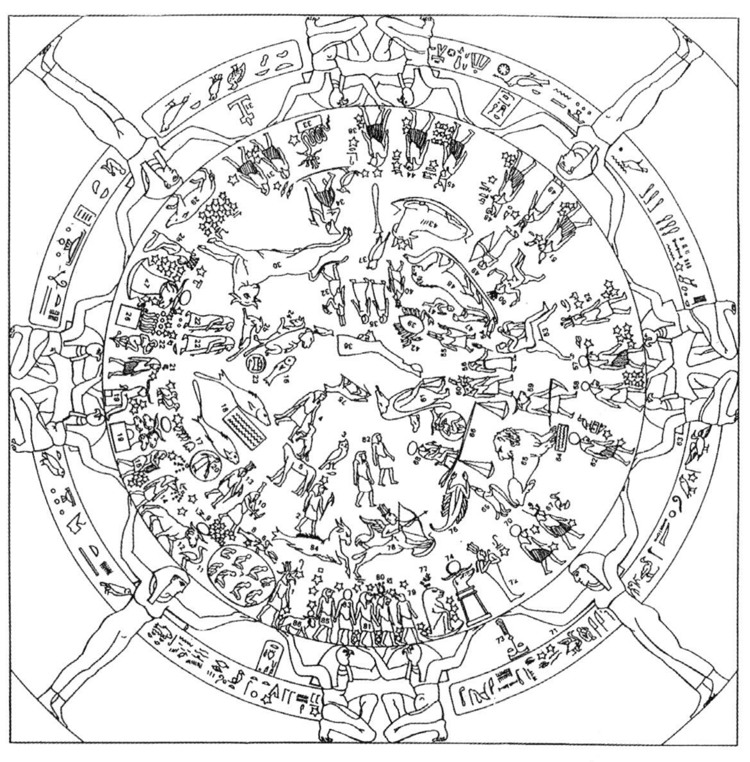

Abb. 5: Der Tierkreis von Dendera

in die Sonne schauen können, sondern nur ihr Abbild auf der Erde sehen, so bleibt uns das Göttliche verborgen. Es ist lediglich durch Rückschluss aus seinen Wirkungen auf der Erde abzulesen.»[10]

Eine wichtige antike Sonnen-Religion war der aus Persien stammende Mithras-Kult. In ihm spielte die Astrologie ebenfalls eine bedeutende Rolle, die ihrerseits wiederum die Kunst beeinflusst hat (Abb. 2). Er geht auf frühpersische Wurzeln zurück, entstand als Kult jedoch erst parallel zum Christentum, also in einer Zeit, als das persische Großreich bereits untergegangen war. Bei den Darstellungen handelte es sich – im Gegensatz zu anderen Traditionen im römischen Reich – überwiegend um sakrale Kunst; durch sie sollten die göttlichen Mysterien versinnbildlicht und gepriesen werden. Von den zahlreichen Mithras-Altären sind noch manche erhalten. Im Zentrum befindet sich ein Stier, der vom Sonnengott Mithras durch einen Stich in die Halsschlagader geopfert wird, während ihm gleichzeitig ein Skorpion in die Genitalien beißt. Dies stellt die Polarität von Stier und Skorpion, von Leben und Sterben dar. Aus dem Blut und dem Samen des Stiers entsteht das neue Leben. Häufig sind die Altäre von den zwölf Tierkreiszeichen umgeben.

Neben Mithras wurde die ägyptische Göttin Isis in der Antike zu einer höchst populären Gestalt, was sich auch in der Kunst zeigte. Sie wird vor allem mit Mond-Krebs-Attributen dargestellt, denn sie galt als die versinnbildlichte Mondgöttin; die Mondsichel fehlte auf keiner der zahlreichen Isis-Bronzestatuen oder Gemälden. Zudem haben die antiken Künstler sie häufig als stillende Mutter mit ihrem Sohn Horus abgebildet, ein Motiv, das die Christenheit ebenfalls aufgegriffen und umgestaltet hat in Maria mit dem Jesuskind.

Ein eindrucksvolles Beispiel aus der römischen Zeit ist das Grabmal des Königs Antiochos I. von der Kommagene (Abb. 6). Er war im Jahre 62 vor der Zeitenwende als Vertreter Roms im Gebiet der Parther am Oberlauf des Euphrat inthronisiert wor-

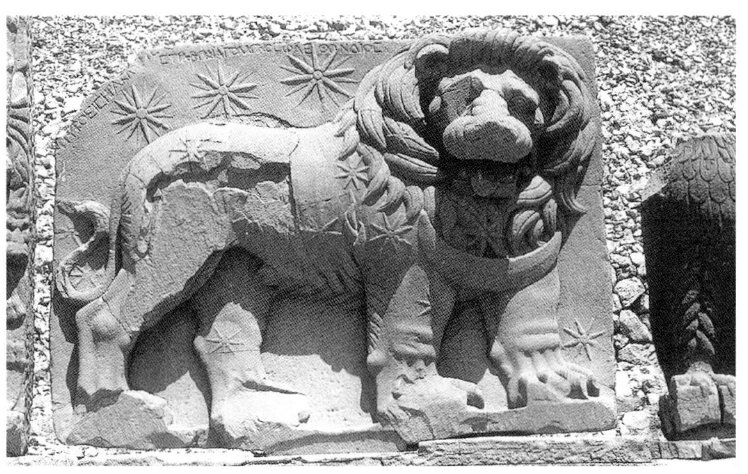

Abb. 6: Löwenhoroskop am Grabmal von Antiochos I.

den und bekannte sich zur Astrologie. Das Horoskop seiner Thronbesteigung mit Deutung ist erhalten. Es ziert auch sein Grabmal und zwar in Form einer knapp fünf qm großen Sandsteinplatte, auf der ein von einer Mondsichel sowie 19 Sternen geschmückter Löwe eingemeißelt ist. Drei der Sterne symbolisieren die Planeten Merkur, Mars und Jupiter. Sie standen mit dem zunehmenden Mond zur Zeit seiner Krönung im Löwen, bzw. am Ende des Krebses.

Römisch-profane Darstellungen

Im Römischen Reich blieb die Astrologie nicht nur gekrönten und gesalbten Häuptern vorbehalten, sie wurde auch breiten Bevölkerungsschichten zugänglich. Die Verbreitung und Form der Darstellung verdeutlichen den pragmatischen Charakter, mit dem die Römer die Astrologie betrachtet haben. Auf zahlreichen Wandgemälden und Mosaiken waren astrologische Motive zu sehen. Im verschütteten Pompeji sind einige davon noch heute zu bewundern. Auch Skulpturen wurden angefertigt, um astrologisches Gedankengut zu vermitteln. Besonders beliebt in der «ewigen Stadt» waren Darstellungen der Polarität von Löwe und Wassermann, bzw. ganz allgemein des fixen Kreuzes, des bereits erwähnten Symbols für Beständigkeit.

Im Alltag begegneten den Menschen zahlreiche astrologische Motive, etwa auf Münzen. Bezeichnenderweise förderten häufig Persönlichkeiten derartige Darstellungen, die in einem untadeligen Ruf standen. Kaiser Antonius Pius etwa, dessen 23jährige Herrschaft im 2. nachchristlichen Jahrhundert als besonders segensreich gilt, ließ Münzen mit seinem Konterfei und den zwölf Tierkreiszeichen prägen.

Bis heute überliefert sind tönerne Kalender, die ein hohes astrologisches Wissen verdeutlichen. Die Kalender beinhalten nicht nur die zwölf Tierkreiszeichen für die monatliche Zählung, sondern auch die sieben Planeten als Tagesherrscher in der uns vertrauten Reihenfolge von der Sonne am Sonntag bis zum Saturn am Samstag. Dazu kommen astrologisch gestaltete oder verzierte Kunsthandwerksgegenstände wie Vasen oder Geschirr. Die Astrologie war so sehr Teil der Kultur, dass Dichter wie Vergil, Horaz oder Ovid sie in ihren Werken voraussetzten.

Häufig erscheinen in der griechischen wie in der römischen Kunst Planetendarstellungen gemeinsam mit Tieren. Allerdings handelt es sich nicht um willkürliche Zuordnungen, sondern um die astrologischen Prinzipien: die Sonne reitet den Löwen, der Mars den Widder und Saturn befindet sich beim Ziegenfisch, dem alten Steinbocksymbol.

Derartige Darstellungen finden sich in allen Teilen, die früher zum Römischen Reich gehört haben, auch nördlich der Alpen. In Münster-Sarmsheim, einem Weinort mit knapp 3.000 Einwohnern zwischen Bingen und Bad Kreuznach, wurde 1895 der Mosaikfußboden einer römischen Villa Rustica ausgegraben. Ein großer Marmorsaal aus dem 3. Jahrhundert enthielt ein Mosaik mit dem Sonnengott Sol Invictus vor einem wilden Pferdegespann im Zentrum, umgeben vom Tierkreis, der allerdings nicht in der vertrauten Reihenfolge angelegt ist. Heute liegt es im Rheinischen Landesmuseum in Bonn.

Die Vorromanik

Mit dem Siegeszug des Christentums in der Spätantike verschwand vorübergehend die offenkundige Darstellung der astrologischen Symbolik aus der Kunst. Kirchenväter wie Augustinus lehnten die Astrologie ab. Das hatte zum einen profane Gründe, schließlich trugen die Planeten die Namen der alten heidnischen Götter, die das Christentum bekämpfte. Es gab aber auch theologische Gründe. Augustinus bestritt, dass die Astrologie Raum für den freien Willen lasse, den Gott dem Menschen gegeben habe. Insofern stelle sie sich gegen Gottes Autorität.

Langfristig erfolgreich waren die Kirchenväter damit jedoch

nicht; gerade in den großen vom Christentum geprägten Epochen der Kunstgeschichte wie der Romantik und Gotik haben zahlreiche bedeutende Künstler die alten Motive wieder aufgegriffen, um den christlichen Gott zu ehren. Und auch in der vorromanischen Epoche finden sich astrologische Symbole, wenn auch häufig verschleiert.

Aufgrund der wenigen uns noch bekannten Kunst- oder Bauwerke aus der Epoche lässt sich keine eindeutige Aussage darüber machen, welche Rolle die Astrologie damals gespielt hat; bzw. wo sie sich in der Kunst widerspiegelt.

Die noch erhaltenen Kunstwerke stammen zumeist aus dem 9. Jh. n. Chr., als die Karolinger wieder verlässliche Reichsstrukturen hergestellt hatten. Sie machen deutlich, dass die Künstler nicht viel von den Fertigkeiten ihrer antiken Vorläufer verlernt hatten – und dass die Astrologie nicht vergessen war, auch nicht bei denen, die mit Feuer und Schwert das Christentum verbreiteten.

Karl der Große gilt nicht nur als Stammvater der Deutschen und Franzosen, sondern auch als unnachgiebiger Förderer des Christentums im frühen Mittelalter. Eines der wichtigsten Gebäude, das er stiftete, war eine achteckige Kapelle seiner Kaiserpfalz in Aachen, die als Zentrum seines Reiches gilt. Sie ist heute Teil des Doms, aber in ihrer Einzigartigkeit gut zu erkennen. Als Vorbild dienten unter anderem die Kirche San Vitale in Ravenna sowie byzantinische Bauten. Der Bau des Oktogons begann vermutlich nach 780 n. Chr. und zog sich über ein Jahrzehnt hin. Interessant ist dabei, dass Basismaß und geometrisches Konzept für den Bau nicht eindeutig geklärt sind. Die antiken Längenmaße passen nicht, der Meter war noch lange nicht definiert. Womöglich lag den architektonischen Berechnungen ein eigenes Maß, der sogenannte «Aachener Königsfuß» zugrunde.

Offensichtlich entzieht sich das berühmte Oktogon einer leichten Kategorisierung. Warum diese Form? Bei einem so ungewöhnlichen wie bedeutenden Bau wurde nichts dem Zufall

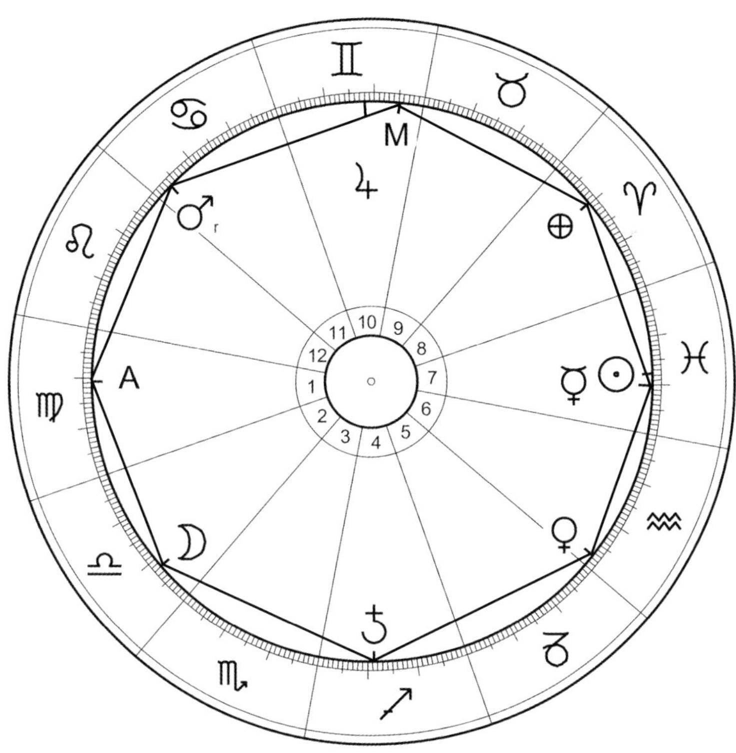

Abb. 7: Horoskop des Baubeginns der Kapelle zu Aachen

überlassen, doch es gibt wenige Debatten über seine Bedeutung.

Zum Baubeginn, am *27. Februar 780 n. Chr. um 17.30 Uhr,* standen acht Planeten und Punkte in einem 45°-Winkel am Himmel; sie bildeten also ein Oktogon (Abb. 7). An der Konstellation beteiligt waren Sonne, Mond, Venus, Mars, Jupiter, Saturn, Aszendent und Glückspunkt. Das Datum fiel auch noch zusammen mit dem Konstantinstag, dem Gedenktag an den größten Förderer des Christentums in der Antike und damit ein Vorbild Karls. Das könnte den Anstoß für den Bau gegeben haben; zumal in einer Zeit, in der die Astrologie erst dabei war, ihre gesellschaftliche Anerkennung wiederzuerlangen. Der Mathematiker und Autor Martin Kieß interpretiert die kosmischen Umstände des Baus auf sehr unkonventionelle Art und eröffnet damit neue Perspektiven: «*Nach den Berechnungen spätantiker Chronologen etwa des Kirchenvaters Hieronymus, war das Jahr 800 n. Chr. ein hochbedeutendes Jahr für die gesamte Christenheit. Es drohte in diesem Jahr das Ende der Welt. Die Welt sollte dann seit ihrer Erschaffung genau 6.000 Jahre existiert haben und länger konnte sie nicht andauern. Deshalb erscheint es durchaus naheliegend, dass karolingische Astronomen schon lange vor 800 den Himmel nach Zeichen abgesucht haben.*

Und gerade am Konstantinstag könnten sie durchaus den Himmel noch genauer beobachtet haben, da ja von Konstantin überliefert ist, dass ihm vor der Schlacht an der Milvischen Brücke am 28. Oktober 312 das Kreuz Christi am Himmle erschienen ist. [...] Das Zeichen am Himmel vom Jahre 780 war kein Signal für den Weltuntergang, sondern wies auf ein 7. Jahrtausend, auf einen Weltensonntag, auf ein grandioses goldenes Zeitalter hin.»[11]

Allmähliche Wiederentdeckung der Astrologie

Karls Sohn und Nachfolger war Ludwig der Fromme. An seinem Hof entstand um 820 n. Chr. die Leidener Sternbilderhandschrift (Abb. 8). Auf 35 ganzseitigen Miniaturen werden nach antiken Vorlagen die Tierkreiszeichen und Planeten dargestellt. Neben den Bildern erscheinen sehr kurze Texte; offensichtlich wollten die Verfasser die Aufmerksamkeit auf die Bilder lenken. Als Vorlage für die Darstellung dienten die antiken Götter, ein bemerkenswerter Schritt für Künstler am Hof eines Kaisers, der den Beinamen «der Fromme» erhielt und angesichts der ablehnenden Haltung der Kirche. Darin deutet sich bereits eine allmähliche Aufwertung der Astrologie an, die sich in den folgenden Jahrhunderten noch weiter durchsetzen sollte. Die Handschrift befindet sich seit 1690 in der Universitätsbibliothek von Leiden.

Ein anderes Meisterwerk der karolingischen Buchkunst ist der Utrechter Psalter aus dem Jahre 830 n. Chr. Er illustriert Psalm 64 und zeigt Christus im Zentrum auf einem Berg. Engel, Heilige, Tiere und Mauern bilden weitere Kreise um ihn herum (Abb. 26).

Ganz außen wird die Darstellung vom astrologischen Tierkreis eingefasst, dessen Symbole auch aus heutiger Sicht gut erkennbar sind. Der Psalter wurde im Benediktinerkloster Hautvillers erstellt und ist heute in der Universitätsbibliothek Utrecht zu bewundern.

Die Verbindung mit der antiken Tradition bekräftigt auch Jacques Thuillier: «*Eine Menge winziger, bewegter Figuren bevölkert die Seiten und sprengt jeden Rahmen. Sie verliert sich in einem Raum, der weniger einer einzelnen Buchseite entspricht, als an die Kontinuität einer griechischen oder römischen Schriftrolle.*»[12]

Etwa zur gleichen Zeit entstand in Salzburg eine Handschrift, die heute als «chronologisch-astronomischer Sammelcodex 387» bezeichnet und in der österreichischen Nationalbibliothek in Wien aufbewahrt wird. Diese enthält 36 Miniaturen von

Sternzeichen, die kurz beschrieben und gedeutet werden. Dabei orientiert sich der unbekannte Künstler an den antiken Vorgaben.

Selbst einzelne Kirchen wurden unverblümt mit dem astrologischen Tierkreis geschmückt. Dieser Zusammenhang nahm in der Romanik einen großen Raum ein und deshalb wird dort näher auf die Bedeutung eingegangen.

Für die Vorromanik müssen zwei Sakralbauten erwähnt werden: Die Abtei Saint Maurice (St. Moritz) im Schweizer Kanton Wallis. Sie gilt als ältestes Kloster des Abendlandes, das ohne Unterbrechung in Betrieb ist. Gegründet im 6. Jh. n. Chr., dient sie seit dem 9. Jh. n. Chr. den Augustiner-Chorherren. Über einem Seiteneingang befinden sich die zwölf Tierkreiszeichen.

Das Zweite betrifft Quedlinburg im Harz, eine 30.000 Einwohner-Stadt, die vollständig als UNESCO-Weltkulturerbe anerkannt wurde. Quedlinburg beherbergt eines der bedeutendsten vorromanischen Kunstwerke. Der Domschatz, der zur Servatius-Kirche gehört, enthält unter anderem einen Reliquienkasten aus Elfenbein (Servatiusreliquiar), der vermutlich 870 n. Chr. am Hofe von Kaiser Karl dem Kahlen erstellt wurde. Darauf ist Jesus mit elf Aposteln dargestellt – Judas, der Verräter, wurde ausgespart. Über jeden der Apostel und Jesus ist ein Tierkreiszeichen angebracht. Wie die Apostel sind die Zeichensymbole in der noch heute bekannten Form aus Elfenbein kunstvoll geschnitzt.

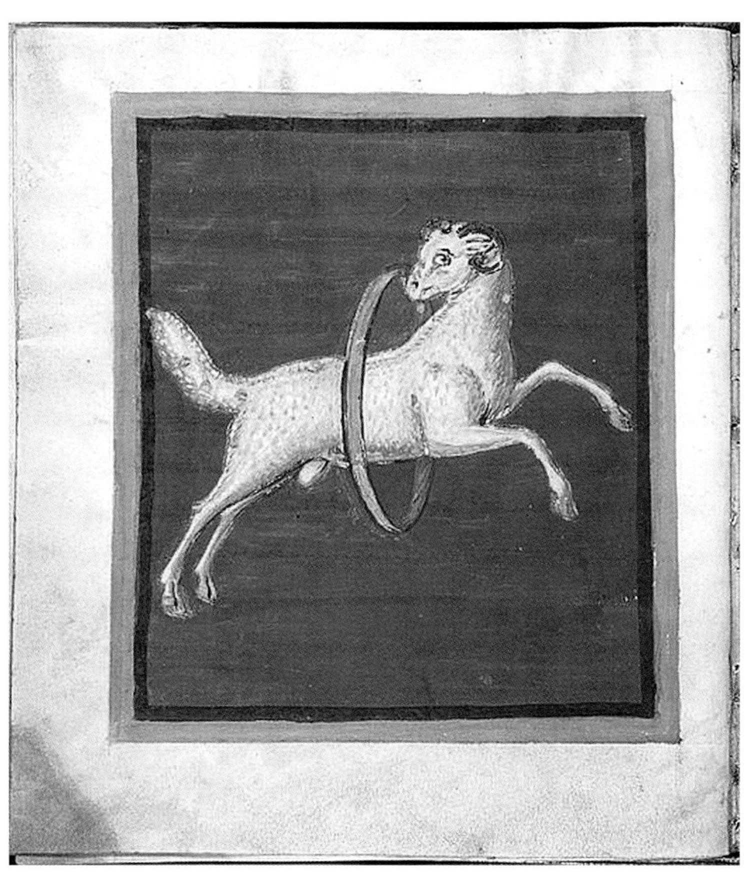

Abb. 8: Leidener Sternbilderhandschrift, ca. 820

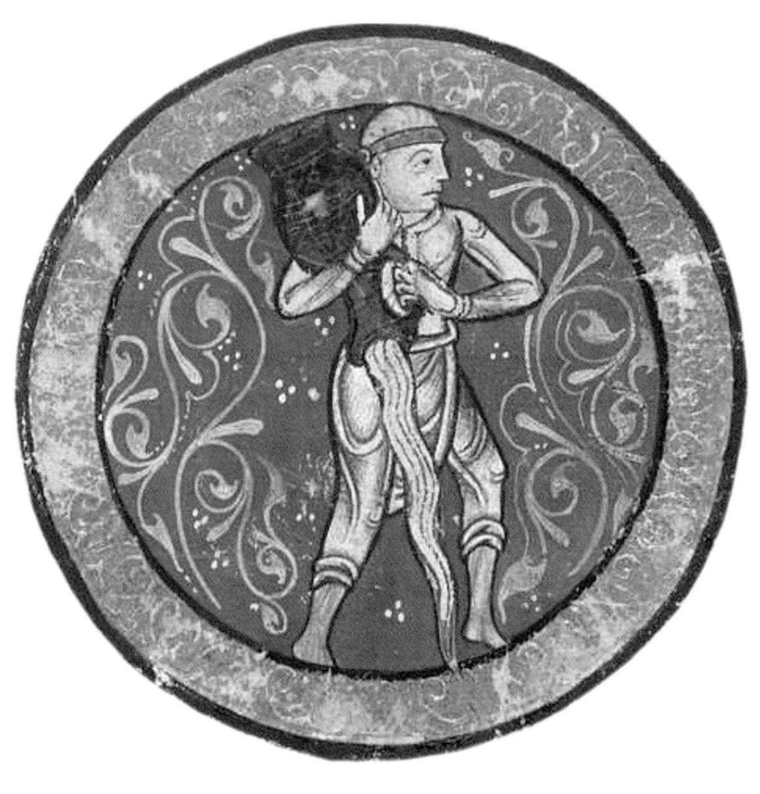

Abb. 9: Hunterian Psalter, Der Wassermann, ca. 1170

2. Kapitel: Die Romanik

Welt- und Menschenbild

Die Kunstepoche der Romanik fällt in die Zeit des Hochmittelalters, etwa von 950 – 1250; ihr Schwerpunkt lag in Frankreich und Deutschland. Damals herrschten geistliche und weltliche Macht uneingeschränkt, was die Herrschenden allerdings nicht daran hinderte, untereinander um die Verteilung von Macht, Privilegien und Pfründen zu rivalisieren. Papst, Kaisertum, hoher Adel und Geistlichkeit waren die Säulen der Gesellschaft, und sie beriefen sich direkt auf Gott, um ihre Autorität zu legitimieren. Gottes Vertreter auf Erden beanspruchten auch das Monopol auf das Heil des Menschen. Sie konnten Sünden definieren und vergeben sowie festlegen, welche Bußen dafür zu entrichten waren. Somit entschieden sie letztlich über Erlösung oder Verdammnis eines jeden Einzelnen. Eine solche Machtfülle erreichte die römisch-katholische Kirche nie mehr.

Selbst im Machtkampf mit der weltlichen Macht – dem Kaisertum und dem hohen Adel – behielt die Kirche zumeist die Oberhand. Der Höhepunkt dieser Auseinandersetzungen war der Investiturstreit (1075 – 1122), bei dem es darum ging, ob Kaiser oder Papst das letzte Wort bei der Ernennung der Geistlichkeit haben sollte. Dieser Akt, bei dem Ring und Stab als Zeichen der Macht übergeben wurden, hieß Investitur. Konkret ging es vor allem um die Ernennung von Bischöfen, die zumeist dem hohen Adel entstammten und über die der Kaiser erheblichen Einfluss auf die Kirche ausübte. Der Streit endete mit dem Wormser Konkordat, was weitgehend die Position des Papstes bekräftigte: Der Kaiser verzichtete auf das Privileg der Investitur. Zu der Auseinandersetzung gehörte auch der nachhaltig berühmte und heute sprichwörtliche «Gang nach Canossa» mit dem Kaiser Heinrich IV. seinen Kirchenbann durch Papst Gregor VII. auflösen wollte.

Vereinfacht dargestellt bestand die hochmittelalterliche Gesellschaft aus drei Gruppen:

- Den oratores, den Betenden, d.h. dem Klerus
- Den bellatores, den Kämpfenden, d.h. den Rittern
- Den laboratores, den Arbeitenden, d.h. den Bauern

Letztere bildeten über 90 Prozent der Bevölkerung, und sie bekamen von den Auseinandersetzungen zwischen Klerus und Adel nur dann etwas mit, wenn sie Kriegsdienst leisten mussten. Die Menschen lebten in Abhängigkeit auf dem Lande; sie hatten weder Anteil an der wirtschaftlichen und politischen Macht, noch an irgendeiner Art von Bildung. Durch die Geburt war ihr Schicksal festgelegt, was allerdings für alle Menschen im Mittelalter galt. Ab dem 11. Jahrhundert sorgte ein erheblich verbesserten Pflug, der Spitz- oder Räderpflug, für eine nachhaltig verbesserte Effizienz in der Landwirtschaft. Zudem ersetzte das Pferd zunehmend den Ochsen.

Die städtische Kultur spielte noch keine Rolle. Die Bauern waren jedoch keinesfalls vollkommen rechtlos. Ein Lehnssystem wies allen Beteiligten – König, Adel und Bauern – ihre Rechte und Pflichten zu. Es galt das «alte Recht», das die Abgaben klar festlegte und die Bauern vor Willkür schützte. Dies ging zurück auf den Gesetzeskodex Corpus Iuris Civilis, der 533 n. Chr. von Kaiser Justinian I. initiiert worden war. Darin wurden die alten Rechtstraditionen zusammengefasst und modernisiert.

Der Corpus Iuris Civilis wurde zu einem höchst einflussreichen Werk für die Rechtsgeschichte Europas. Im Hochmittelalter sorgte insbesondere die Rechtsschule von Bologna für die Verbreitung des Kodexes, der zur Grundlage der Rechtssprechung im Heiligen Römischen Reich Deutscher Nation wurde. Der bäuerlichen Bevölkerungsmehrheit gewährte der Kodex weit mehr Rechtssicherheit als in anderen zeitgenössischen Gesellschaften üblich.

Wenn sich die Bauern also auf das «gute alte Recht» beriefen, forderten sie Rechtssicherheit und Gerechtigkeit gleichermaßen ein. Dabei fühlten sie sich als Teil der göttlichen Ordnung.

Kunstepoche

Das geschlossene Weltbild des Hochmittelalters zeigt sich auch in der Kunst. Die Kirchen und Burgen als wichtigste Baudenkmäler der Epoche beeindrucken bis heute durch ihre feierliche, zeitlose Ruhe sowie ihre strenge Form. Die romanischen Kathedralen gelten als Wohnsitz Gottes auf Erden. Sie sind – im Gegensatz zu den gotischen – immer ein geschlossener Baukörper, ausgerichtet von Ost nach West. Ihre Basis ist das Quadrat. Der Chor im Osten, die zwei Querschiffe und die Vierung im Zentrum sind quadratisch, das Mittelschiff besteht aus zwei Quadraten. Über der Vierung thront der Vierungsturm, der Hauptturm der Kirche. Im Laufe der Zeit wurde dieses Muster erweitert, aber die Basis bleibt gleich. Die Wände bestanden aus wuchtigen Steinmassen. Das Grundprinzip orientierte sich an der römischen Basilika – eine Bezeichnung, die ursprünglich nicht für Gotteshäuser gedacht war. Sie bestand aus einem Mittelschiff und niederen Seitenschiffen, die durch Säulenreihen voneinander getrennt waren.

Ein weiteres prägendes romanisches Motiv war der Rundbogen, worauf auch die Bezeichnung der Epoche zurückgeht: *«Das Wort ‹romanisch› wurde von einem Gelehrten in die Forschung eingeführt, der sich vom Rundbogen an die Kunst der römischen Antike erinnert fühlte. Letztlich ging es wohl darum, die Kunst des 11. Jahrhunderts im Verhältnis zur künstlerischen Perfektion des 13. und 14. Jahrhunderts aufzuwerten,»*[13] urteilt der Kunsthistoriker Thuillier. Auch Rundbogenfenster waren weit verbreitet, dazu Säulen mit blockartigen Kapitellen.

Insbesondere in der frühen Epoche wurden überwiegend Klosterkirchen in diesem Stil erbaut. Es war die Zeit, als in Europa Hunderte von Klöstern gegründet wurden. Das Spektrum reichte von gigantischen Anlagen wie der Abteikirche von Cluny in Burgund bis hin zu kleinen Einsiedlerklausen in schwer zugänglichen Gebieten.

Daneben gab es eine andere wichtige Baugattung, die Wehrbauten, also Burgen und gut geschützte Schlösser. Bei aller Orientierung auf das Seelenheil achteten zumindest die Mächtigen darauf, dass ihr Leben und ihre Besitztümer nicht ungeschützt blieben. Dabei entstanden nicht rein profane Schutzbauten. Häufig floss astrologisches, geomantisches oder sonstiges spirituelles Wissen in die Konstruktion der Wehrbauten ein, etwa beim Grundriss.

Während der Hochromanik wurde die strenge Form üppiger. Figürliche Elemente aus Holz oder Bronze dienten als Schmuck und Zierde, ohne eine tragende Rolle für den Bau an sich zu spielen. Ausgesprochen populär waren Statuen oder Bilder der Gottesmutter Maria, die als Herrscherin, als thronende Madonna dargestellt wurde. Jesus am Kreuz wurde mehr als Überwinder des Leids und des Todes, als Herrscher und Richter verstanden, nicht als Leidender. Statt der Dornenkrone trug er häufig die Königskrone. Die Kunstgeschichte spricht deshalb auch vom Triumphkreuz, das zumeist zwischen Chor und Mittelschiff angebracht wurde. Diese Darstellung widerspricht der Vorstellung vom «finsteren Mittelalter».

Die romanische Malerei zeigte sich überwiegend als Buchmalerei in religiösen Texten, insbesondere den Evangelien, aber auch in Form von Wandmalereien. Die Figuren waren wenig konkret, sondern eher statisch und unpersönlich. Die Künstler stellten keine Individuen dar, sondern Typen; das galt sogar für Heilige. Die Zentralperspektive, die räumliche Darstellungen möglichst nah an der Vorlage wiedergibt und bereits der Antike bekannt war, musste hinter der Bedeutungsperspektive zurücktreten. Danach wurden hierarchische Strukturen durch die Größe der Personen wiedergegeben.

Astrologische Symbolik

Wie erwähnt, war das Mittelalter keinesfalls so finster, wie manche Redensart es vermuten lässt. Der enge Austausch mit der arabischen Welt, wo die Astrologie damals einen hohen Stellenwert besaß, beeinflusste zahlreiche Gelehrte. Einer der größten Förderer der Astrologie war Papst Silvester II. (999 – 1003), der erste Franzose auf dem Stuhl Petri und einer der bedeutendsten Gelehrten seiner Zeit. Zudem übte er als enger Berater von Kaiser Otto III. erheblichen politischen Einfluss aus. In dem Jahrhundert nach seinem Tod nahm die Bedeutung der Astrologie immer mehr zu; nicht zuletzt, weil durch Rückübersetzungen aus dem Arabischen antike Abhandlungen zugänglich wurden. Das Hauptwerk des berühmtesten antiken Astrologen und Astronomen Ptolemäus – Tetrabiblos – stand ab 1138 auf diese Art wieder zur Verfügung.

1056 kurz nach dem Pontifikat von Papst Silvester, veröffentlichten die besonders produktiven Mönche im spanischen Benediktinerkloster Santa Maria de Ripoll die bebilderte Schrift «de astronomia», als Teil eines großen Werkes über den Kosmos und die Natur. Darin ging es um die astrologische Bedeutung der Planeten. Ihr Einfluss war groß, denn Abschriften der Texte zirkulierten bald in ganz Europa.[14]

Gelehrte wie Bernardus Silvestris (1085 – 1166), Peter Abaelard (1079 – 1142), Joachim von Fiore (1130 – 1202) oder Michael Scotus (1175 – 1235) befassten sich intensiv mit der Deutung der Gestirne.

Von dem Zisterzienser-Abt Bernhard von Clairvaux (1090 – 1153), einer ebenso einflussreichen wie ambivalenten Persönlichkeit, die von tiefer Mystik wie von eiferndem Fanatismus geprägt war, ist der Ausspruch überliefert: *«Bäume und Sterne werden dich lehren, was du nie von Meistern lernen wirst.»* Auch die bekannteste Frau der Epoche, die Äbtissin und Mystikerin Hildegard von Bingen (1098 – 1179) maß dem Einfluss der Gestirne große Bedeutung bei, wenn sie auch keine Astrologin im engeren Sinne war. Sie war überzeugt, dass sich alles im Kosmos gegenseitig beeinflusst und bestimmten Rhythmen unterliegt. Unser Handeln spiegelt sich in den Sternen wider.

In spätromanischer Zeit zeigten die bedeutendsten Theologen der Epoche Albertus Magnus (1200 – 1280) und Thomas von Aquin (1225 – 1274) wie Astrologie und christlicher Glaube zu vereinbaren sei. Auf Albertus Magnus geht das Werk «Speculum astronomiae» zurück. Darin argumentiert er, sofern die Astrologie die Willensfreiheit nicht infrage stelle, könne sie den Menschen helfen, Gottes Schöpfungsplan zu erkennen, der sich in den Sternen offenbare. Damit helfe sie, zur Erkenntnis Gottes zu gelangen. Zwar wurde Alberts Autorenschaft von «Speculum astronomiae»« bisweilen angezweifelt, doch gilt dies heute als gesichert. Alberts Schüler Thomas von Aquin stellt in «De iudiciis astrorum» klar, dass Gott über den Sternen steht, doch räumt er deren Einfluss auf physikalische Begebenheiten wie den Körperbau ebenso ein wie auf den Charakter.

Der vermutlich einflussreichste zeitgenössische Förderer der Wissenschaft im Allgemeinen sowie der Astrologie im Besondern war der Stauferkaiser Friedrich II (1194 – 1250), eine sehr ambivalente Persönlichkeit. Auf der einen Seite gehen viele Grausamkeiten auf ihn zurück, die selbst für damalige Verhältnisse außergewöhnlich waren. Auf der anderen Seite zeigte er ein großes Interesse an wissenschaftlicher Forschung und neuen Erkenntnissen, wozu die Astrologie zählte. Der Kunsthistoriker Dieter Blume verdeutlicht dies mit folgenden Worte: *«Die Astrologie liefert als neu erschlossene Wissenschaft den Schlüssel zum*

Aufbau des Universums. Sie darf in einem Konzept, das die zentrale Rolle der Vernunft im Auge hat, nicht fehlen.»[15]

Der Tierkreis im Tympanon ...

Bei so viel prominentem Interesse an der Sternenkunde ist es nicht verwunderlich, dass viele romanische Bauwerke, insbesondere die Kathedralen, Darstellungen mit astrologischer Symbolik enthalten. Besonders häufig kommt der Tierkreis im Tympanon vor. Das Tympanon ist das Bogenfeld über dem Portal, das gewöhnlich mit Reliefs verziert wurde. Es symbolisiert die Grenze zwischen der sündigen, irdischen Welt und dem sakralen, göttlichen Bereich. Mehr noch als heute war allein das Betreten einer Kathedrale für die Menschen ein Akt der Initiation, der mit Bewusstheit vollzogen wurde. Darüber hinaus gilt das Tympanon als «biblia pauperum», die Bibel der Armen. Menschen, die weder Lesen noch Schreiben konnten, erhielten auf diese Art Lektionen über biblische Geschichte, weltanschauliche Zusammenhänge, Ethik und Moral.

Die großartigen romanischen Kirchen von Burgund sind ein anschauliches Beispiel für die Verbindung von Christentum und Sternenkunde. In der Saint-Lazare-Kathedrale von Autun, wo sich die Reliquien des heiligen Lazarus befinden sollen, thront Christus im Tympanon, umgeben von einer Mandorla, einem Ganzkörper-Heiligenschein, der von Engeln getragen wird. Darüber sind Sonne und Mond angebracht. Im Halbkreis über allem, der sogenannten äußeren Archivolte, der Stirnseite des Türbogens, befindet sich der astrologische Tierkreis (Abb. 10). Die einzelnen Zeichen sind in runden Medaillons dargestellt und wechseln sich mit der Darstellung von Monatstätigkeiten ab. «*Auf diese Weise wird gegenüber dem fließenden irdischen Geschehen die Zeitlosigkeit der Sterne veranschaulicht*», interpretiert der österreichische Wissenschaftler und Experte für frühmittelalterliche Handschriften, Otto Mazal, die Verbindung von

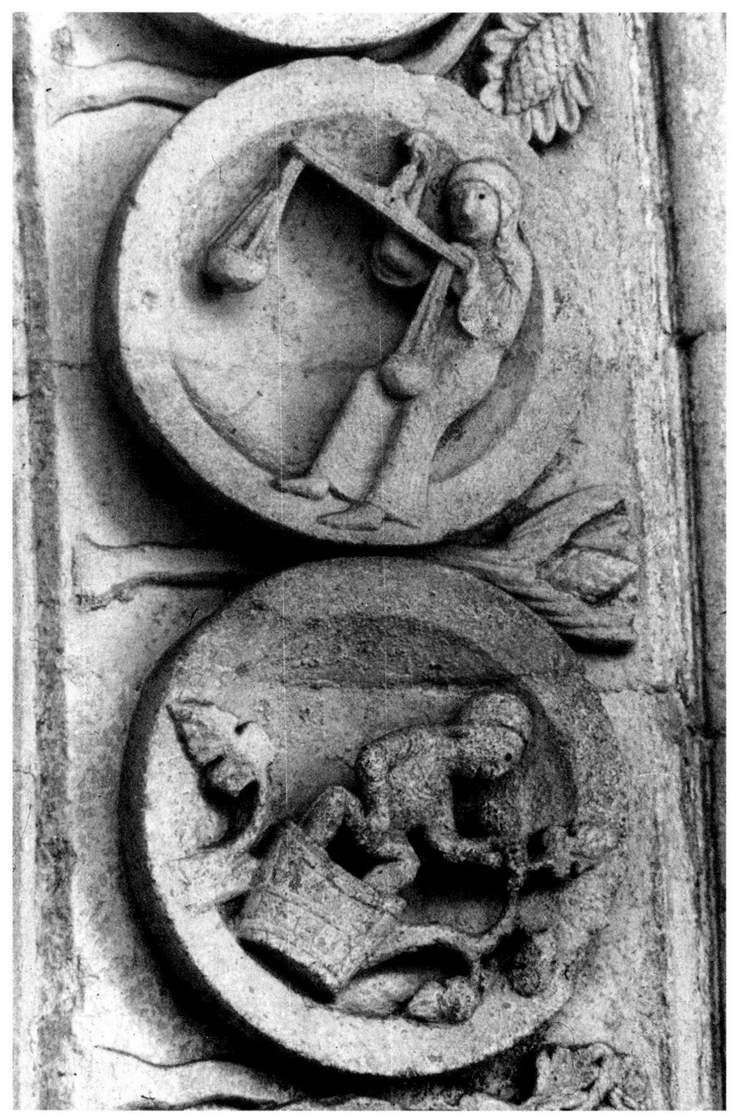

Abb. 10: Autun, Saint-Lazare-Kathedrale, Waage und Jungfrau

Sternen und praktischer Tätigkeit zur entsprechenden Jahreszeit. Und er mutmaßt weiter: «*Das komplexe Werk dürfte nach einem Vorbild aus der Buchmalerei geschaffen worden sein.*»[16]

Unter dem Einfluss des Bischofs von Autun entstand die Gestaltung der Saint-Andoche-Kirche im benachbarten Saulieu. In den dortigen Säulen-Kapitellen erscheint ein einzelnes Tierkreiszeichen, eine Schütze-Darstellung. Sie gibt Anlass zu Spekulationen. Der Schütze gilt als Wächter der Milchstraße, wie eine mittelalterliche Einweihungsschule lehrt. Tatsächlich bewegt er sich am Himmel nahe der Milchstraße. Zudem wurde der Schütze schon damals mit den Zentauren und speziell Chiron, dem Urvater der Heiler und Lehrer, in Verbindung gebracht. Manche sehen in solchen Darstellungen Symbole für geheime Zirkel, die sich außerhalb der offiziellen Kirchenlehre bewegten, dies aber nicht offen zum Ausdruck bringen konnten.

Eine ähnlich herausgehobene Schütze-Symbolik findet sich über Burgund hinaus noch in der Kirche des Pyrenäenortes Montsaunés wieder.

Nordwestlich von Autun und Saulieu liegt Vézelay mit der Sainte-Marie-Madeleine-Kathedrale, einem der wichtigsten Wallfahrtsorte der Christenheit im Hochmittelalter (Abb. 27 und 28). Sie beansprucht die Reliquien von Maria Magdalena, angeblich die Schwester das Lazarus, was aber historisch nicht haltbar ist. Gesichert ist, dass Bernhard von Clairvaux 1146 n. Chr. dort zum zweiten Kreuzzug aufrief.

Im Tympanon über dem großen Mittelportal umgibt der Tierkreis ebenfalls halbkreisförmig den Erlöser im Zentrum. Einmal mehr wechseln sich die astrologischen Symbole mit Monatsbildern ab, um die Verbundenheit mit dem Jahresrhythmus auszudrücken (Abb. 16).

In der Saint-Lazare-Kathedrale des weiter östlich gelegenen Avallon ist der Tierkreis ebenfalls in den Archivolten angelegt worden, heute jedoch nicht mehr so gut erhalten. Innerhalb all der Kathedralen finden sich an den Säulenkapitellen ebenfalls astrologische Symbole.

Nicht nur in Burgund war es üblich, im Tympanon auch den Tierkreis darzustellen. Die gleiche Symbolik findet sich im spanischen Leon in der romanischen Stiftskirche San Isidoro, die 1149 eingeweiht wurde. Hier wurden die Zeichen links und rechts vom Portal angebracht.

Der thronende Christus als Herrscher im Tympanon entspricht dem mittelalterlichen Weltbild; der Tierkreis um ihn herum dokumentiert, dass der Herr über den Kosmos sich der Sterne als sein Werkzeug bedient.

... sowie als Bodenmosaik, Apsis, Türgriff und Stele

Auch in Südfrankreich findet sich der Tierkreis in Kirchen, so in der Kathedrale St. Maurice von Vienne in der Region Rhône-Alpes. Das zwischen dem 12. und 16. Jahrhundert erbaute Gotteshaus enthält den Tierkreis an einem Marmorfries.

Die Kirche San Savino im lombardischen Piacenza enthält gleich mehrere Tierkreise, die vermutlich aus der Zeit um 1000 stammen (Abb. 11). Das Alter ist der Kirche auf den ersten Blick nicht anzusehen, denn sie wurde im Laufe von Renovierungsarbeiten mit einer barocken Fassade ausgestattet. Innen ist die romanische Basis jedoch unübersehbar. In der Kirche selbst sowie in der Krypta sind Bodenmosaike mit den Tierkreiszeichen und Monatsbildern angelegt. Sie befinden sich gemeinsam in einem runden Medaillon. Wie im Tympanon erhalten die Tätigkeiten des Alltags durch die Verbindung mit den Symbolen der kosmischen Ordnung einen höheren Sinn. Die Kunsthistorikerin Christa Hensel, die ihre Examensarbeit an der norwegischen Universität Bergen mit dem Titel «Astrologische und kosmologische Symbole in der italienischen Kunst des Mittelalters bis zur Renaissance» verfasst hat, geht davon aus, dass derartige Werke nach klaren Vorgaben angefertigt wurden: *«Die Künstler der damaligen Zeit hatten Musterbücher, wie die Sternzeichen und Monatsbilder aussehen*

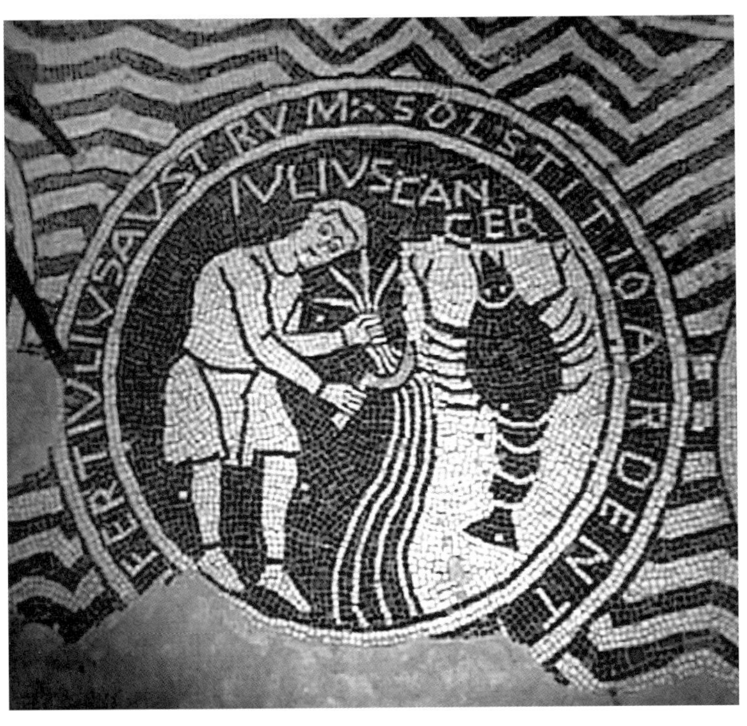

Abb. 11: Das Tierkreiszeichen Krebs. Mosaik in der Krypta von San Saviano in Piacenza

sollten. Die Vorschriften gehen bis auf Ptolemäus zurück, und viele Monatsbildermotive stammen aus der Antike … Die Astrologie hatte eine große Bedeutung im Mittelalter, man kann darum durchaus davon ausgehen, dass der Auftraggeber für das Mosaik astrologisches Wissen hatte und es hier ganz bewusst angewandt hat».[17]

Die eindeutigen Vorgaben entsprechen dem geschlossenen Weltbild der Romanik. Hensel geht noch weiter in ihrer Deutung des Mosaiks, bei dem die Tierkreismedaillons auf ungewöhnliche Art miteinander in Verbindung gesetzt wurden: *«Ersetzen wir nun die Sternzeichen mit dem jeweiligen Herrscherplaneten, dann ergibt sich ein interessantes Symbolbild. Mond und Sonne sind in der Mitte. Die Sonne war auch das Symbol für Jesus Christus und der Mond war Symbol für die christliche Kirche. An beiden Seiten von Sonne und Mond sieht man dann Merkur, einmal für das Zeichen Zwillinge und einmal für das Jungfrauzeichen. Merkur, der Planet der Kommunikation, hier Gottes Wort, befindet sich in der für Kommunikation richtigen horizontalen Linie. Die Zeichen mit Mars als Herrscher, Skorpion und Widder, sind über und unter Sonne und Mond dargestellt und bilden eine vertikale Linie. Der Wille, hier natürlich Gottes Wille, hat ja eine vertikale Richtung. Die Zeichen mit den Herrscherplaneten Venus und Jupiter, […] sind die Zeichen für Gottes Liebe und für die Moral und die Religion, und sie sind in den vier Ecken platziert, wie ein Rahmen um das Ganze.»*[18]

Im nicht weit entfernten Venedig befindet sich am Markusdom eine Sonnenuhr mit dem Tierkreis (Abb. 29). Das Gebäude stammt in der jetzigen Form aus dem späten 11. Jahrhundert, folgt allerdings byzantinischen Vorbildern mit romanischen Elementen. Die Sonnenuhr wurde kürzlich restauriert. Vor einem blauen Hintergrund strahlen die Tierkreiszeichen golden.

Auch in der «Renaissance-Metropole» Florenz reichen die künstlerisch-astrologischen Spuren in die Romanik zurück. Die älteste und einer der schönsten Kirchen der Stadt ist die Basilika von San Miniato al Monte, auf der Südseite des Arno gelegen.

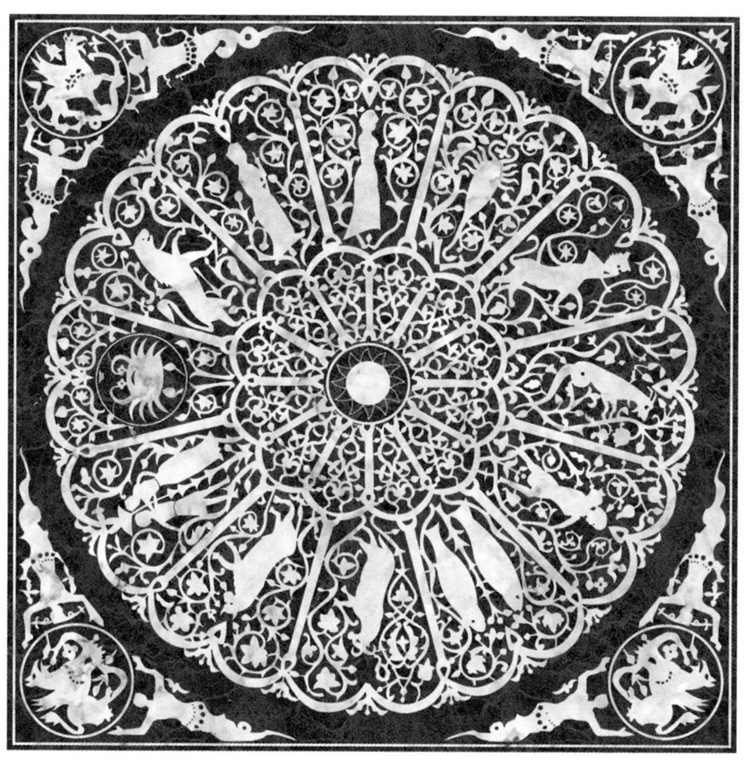

Abb. 12: Fußboden der Kirche San Miniato al Monte

Der Ort erlaubt gleichzeitig einen außergewöhnlichen Blick auf die Stadt. Der heutige Bau geht ins frühe 11. jahrhundert zurück, doch soll es bereits seit Mitte des 3. Jahrhunderts dort eine Kapelle gegeben haben, die auf den Heiligen und Märtyrer Minias zurückgeht. Im Fußboden des Mittelschiffs wurde der Tierkreis aus Marmor angelegt. Die Darstellung ist rund, von einem Quadrat umfasst. Der Krebs fällt besonders ins Auge, denn er ist als einziger noch einmal in einen Kreis eingefasst. Da Aufzeichnungen zu der Anordnung fehlen, bleiben nur Spekulationen, was der Baumeister damit ausdrucken wollte (Abb. 12).

Ein anderes bedeutendes Heiligtum der italienischen Romanik ist die Kirche San Michele auf dem Berg Pirchiriano bei Turin. Sie entstand um die erste Jahrtausendwende mit einem Portal aus Marmor, auf dem der Zodiak abgebildet war, eine der ältesten Darstellungen seiner Art in romanischen Kirchen.

Die Kathedrale von Canterbury, die in der heutigen Form aus dem späten 12. bzw. frühen 13. Jahrhundert stammt und den Übergang von der Romanik zur Gotik markiert, enthält Glasfenstern mit dem Zodiak.

Schließlich muss noch die wenig bekannte romanische Kirche der Heiligen Jungfrau Maria im britischen Copford – nordöstlich von London – erwähnt werden. Sie geht auf die Normannen zurück, wurde 995 vom Bischof von London gestiftet und in den folgenden Jahrhunderten kunstvoll ausgeschmückt. Dazu gehört eine zwischen 1140 und 1150 entstandene Apsis, die den Tierkreis enthält.

Spuren in Deutschland

In Deutschland sind ebenfalls astrologische Kunstwerke aus der romanischen Zeit zu finden, etwa in Köln. Etwas versteckt auf halbem Wege zwischen Mediapark und Appellhofplatz liegt die alte Klosterkirche St. Gereon, eine der interessantesten der an Kirchen nicht armen Stadt am Rhein. Bereits im 4. Jahrhundert wurde dort eine Kirche errichtet, die ihrerseits einen kleinen Grabbau als Vorläufer hatte. Die heutige Form stammt im Wesentlichen aus dem späten 11. Jahrhundert, wenn auch Zerstörungen im Zuge der Säkularisierung sowie während des Zweiten Weltkriegs immer wieder grundlegende Renovierungsarbeiten erfordert haben.

In der Krypta befinden sich zahlreiche beeindruckende Mosaike, die neben alttestamentarischen Motiven den Tierkreis darstellen. Sie waren ursprünglich im Langchor untergebracht, wurden aber nach dem 16. Jahrhundert in die Krypta verlegt. Ein Besuch lohnt sich unbedingt, auch wenn die Tierkreis-Mosaike im abgesperrten Bereich liegen.

In dem vermutlich bekanntesten deutschen Romanik-Kloster Maria Laach begegnet Besuchern beim Eintritt in die Kirche der astrologische Tierkreis (Abb. 30). Das Kloster wurde 1093 von Pfalzgraf Heinrich II. von Laach gestiftet und von Benediktinern geführt. Die mächtigen zweiflügeligen Bronzetüren der Kirche, laut Tuillier eine antike Tradition, enthalten Stoßgriffe, die mit den zwölf Zeichen verziert sind. Sie sind an jedem der beiden Flügel in Sechser-Reihen untereinander angebracht. Auch wenn diese Tür neueren Datums ist, kann davon ausgegangen werden, dass sich die Restaurierungsarbeiten am Original orientiert haben.

Weniger beachtet, aber nicht weniger eindrucksvoll, findet sich der Tierkreis ein zweites Mal in Maria Laach, nämlich am Rande des goldenen Mosaiks, das die Jesus-Darstellung in der Apsis über dem Altarraum umgibt. Vom Betrachter aus gesehen beginnt der Zodiak links oben neben Jesus, wo sich die Zeichen von Widder bis Jungfrau befinden. Auf der rechten Seite geht es unten weiter mit der Waage und endet am oberen Kopfende des Erlösers mit den Fischen.

Noch älter ist das ebenfalls von Benediktinern geführte St. Emmaram-Kloster in Regensburg. Bei dem Kloster befand sich eine kosmische Steinscheibe. Auf ihr sind der nächtliche Sternenhimmel, Längen- und Breitengrade sowie der Tierkreis abgebildet. Der Kunsthistoriker Dieter Blume sieht die Bedeutung der Stele darin, «die Sternenkunde auf eine solide Grundlage zu stellen».[19]

Die spätromanische Kirche St. Peter und Paul in Wormbach (Stadt Schmallenberg im Sauerland) enthält eine besondere Kostbarkeit (Abb. 13). An der Decke des Mittelschiffs befinden sich die zwölf Tierkreiszeichen in einer Größe und zentralen Stellung, die für Mitteleuropa selten ist. Sie wurden im 13. Jahrhundert von Benediktinern geschaffen, im Laufe der Zeit übermalt und 1955 bei Renovierungsarbeiten wiederentdeckt.

Die Anordnung ist bemerkenswert. Die zwölf Zeichen sind als runde Medaillons in drei Gruppen angeordnet, mit jeweils einem weiteren Symbol im Zentrum. Im Mitteljoch der Decke finden sich Stier, Zwillinge, Krebs und Löwe sowie im Zentrum ein heiliger Diakon. Im östlichen Joch sind Steinbock, Wassermann, Fische und Widder angeordnet; sie kreisen um Sonne und Mond. Die Sonne als Männergestalt schaut nach Westen; der Mond in Form einer Frau blickt nach Süden.

Im Westjoch finden sich schließlich Jungfrau Waage, Skorpion und Schütze angeordnet um einen gekrönten Mann mit einem Stab in der linken Hand. Der Naturwissenschaftler und Autor Gunther Dudda sieht in dem Wormbacher Tierkreis ein System zu Ermittlung des Datums für das Osterfest: *«Was wir sehen sind die zwölf Tierkreiszeichen, welche zusammen einen Jahreslauf darstellen, einen Kalender bilden. Was ist da sinniger als in den Kalender vielleicht auch etwas einzutragen? Etwas wichtiges und vielleicht sogar DAS Wichtigste? Da eben der höchste Feiertag Ostern ist, könnte es Sinn machen, diesen oder eben einen anderen einzutragen. Das große Problem an Ostern ist, dass es kein Festtag, sondern ein verschiebbarer Feiertag ist, welcher nur alle 19 Jahre auf das gleiche Datum fällt. Wie aber könnte man dies als Formel oder Variabel darstellen?»*[20] Dudda liefert eine Erklärung auf diese Frage in der Publikation «Wormbach und das Geheimnis der Tierkreiszeichen».

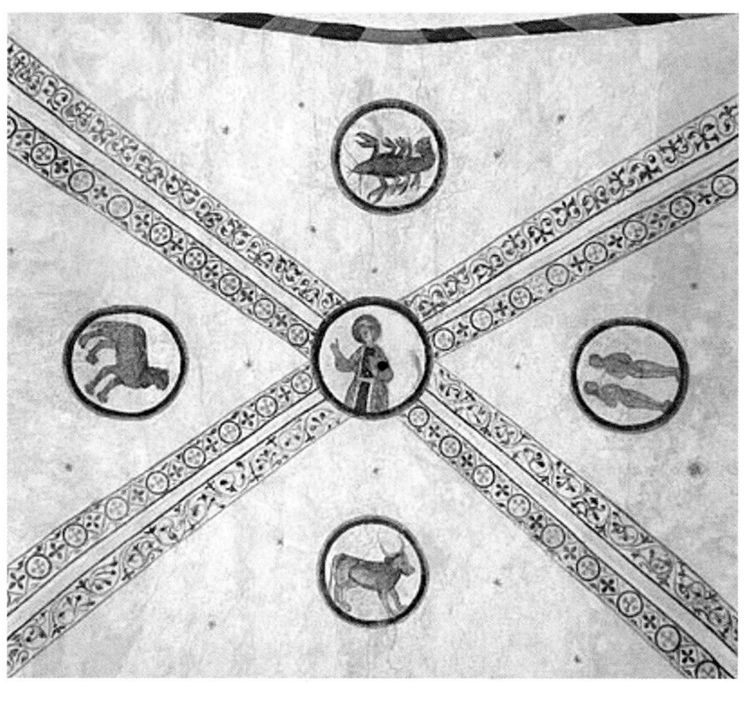

Abb. 13: Decke der Kirche St. Peter und Paul in Wormbach

Die Taufe und die Sterne

Zu den typischen Gebäuden der Epoche zählen Taufkapellen (Baptisterien). Bemerkenswert viele von ihnen enthalten den astrologischen Tierkreis. Eine der meist besuchten ihrer Art ist San Giovanni in Florenz, entstanden zwischen 1059 und 1128. Dort wurde u.a. der Dichterfürst Dante Alighieri getauft. Innen ist der Tierkreis als Fußbodenmosaik abgebildet.

Auch in dem Baptisterium von Parma, unmittelbar neben dem imposanten Dom, ist der astrologische Tierkreis in Mosaikform abgebildet. Er wurde ab 1196 von dem Bildhauer Benedetto Antelamis (ca. 1178 – nach 1200) geschaffen.

In der Kirche der Heiligen Maria in Grottaferrata, in der südöstlichen Peripherie von Rom, befindet sich ein zylinderförmiges romanisches Taufbecken. Es ist unter anderem mit dem astrologischen Tierkreis versehen. Die Kirche wird von griechisch-katholischen Mönchen verwaltet, die nach byzantinischem Ritus Gottesdienste feiern, aber den Papst als Oberhaupt anerkennen.

Auch außerhalb von Italien befinden sich Taufbecken mit Tierkreis, so in der Kirche des kleinen Ortes Saint-Evroult-de-Montfort in der Normandie. Ebenfalls klein, aber kulturhistorisch sehr bedeutend ist der Ort Brookland in der Grafschaft Kent im Südosten Englands. Die St. Augustins Kirche beherbergt nicht nur einen hölzernen Glockenturm, sondern auch ein Taufbecken, das mit den zwölf Tierkreiszeichen ausgeschmückt ist.

Angesichts dieser Auswahl allein der erhaltenen Taufbecken bzw. Taufkapellen, die mit dem Zodiak in Verbindung gebracht werden, drängt sich die Frage nach dem ‹Warum› auf? Was hat Künstler und Kirchenobere im Hochmittelalter bewogen, gerade bei der Taufe die Nähe zur Astrologie zu suchen? Da es schriftliche Quelle dazu nicht gibt, bleibt die Antwort spekulativ.

Die eine Sicht orientiert sich an der symbolischen Bedeutung, die auch für den Tympanon gilt: Die Taufe, also der Eintritt in die christliche Kirche, ist wie ein Eintritt in die kosmische Ordnung. Die Kinder wurden durch die Taufe Teil der Kirche und damit auch Teil der kosmischen Ordnung, die durch den Tierkreis symbolisiert wird.

Dagegen sieht die spanische Kunsthistorikerin Teresa Pérez-Higuera in der Verbindung eher eine Abgrenzung von der Sternenkunde: «*Wenn Geburt und Schicksal des Menschen von den Gestirnen bestimmt wären, würde der Taufritus dem neuen Christen als Wiedergeburt dienen, um diesem Fatalismus zu entkommen, so dass sein neues Schicksal unter der Obhut der Vorsehung Christi stünde.*»[21]

Ob die Gläubigen des Hochmittelalters ausgerechnet durch die Präsenz der Astrologie und ihrer Symbole auf deren Überwindung geschlossen haben, erscheint jedoch fragwürdig.

Astrologisch und wehrhaft

Wie erwähnt, war die Kirche nicht allein die Auftraggeberin von Bau- und Kunstwerken, die sich der astrologischen Symbolik bedienten. Auch Schlösser und Wehrbauten bezeugen diese Verbindung. Eines der berühmtesten und geheimnisvollsten Bauwerke aus dem Hochmittelalter ist das Schloss Castel del Monte von dem Stauferkaiser Friedrich II. Es wurde in relativ kurzer Zeit zwischen 1240 und 1250 n. Chr. errichtet, vermutlich von mehreren Bautrupps gleichzeitig.

Castel del Monte liegt im südostitalienischen Apulien. Sein Grundriss ist ein Achteck (Oktagon). In den acht Ecken stehen Türme, die ebenfalls einen achteckigen Grundriss aufzeigen; der Eingang ist nach Osten ausgerichtet. Friedrich, bekanntlich ein bedeutender Förderer der Astrologie, hat es sich nicht nehmen lassen, bei der Planung für den Bau selbst mitzuwirken. Man kann also davon ausgehen, dass nichts an dem Schloss dem Zufall überlassen wurde.

Das berühmte Oktagon gibt der Kunstgeschichte bis heute

Rätsel auf, die daraus resultieren, dass sich die große Mehrzahl der Kunsthistoriker weigert, astrologische Zusammenhänge in ihre Deutung einzubeziehen. Dabei müsste eine solche Perspektive nicht zwingend bedeuten, die Astrologie an sich anzuerkennen, sondern nur deren Bedeutung in früheren Epochen der Menschheitsgeschichte, wie der bereits erwähnte Martin Kieß darlegt: *«Als die Achteckgebäude erbaut wurden, galt über die Jahrhunderte hinweg als höchste Wissenschaft die Sternenkunde; Astronomie und Astrologie bildeten noch eine Einheit. Die geistige Elite widmete sich ihr. Wenn man Antike und Mittelalter wirklich umfassender verstehen will, muss man auch die Kenntnisse um die Sterne als Zeichen am Himmel, das heißt, die von den modernen Naturwissenschaften verachtete Sternendeutung, die Astrologie, miteinbeziehen, ohne dabei allerdings Astrologie betreiben zu müssen.»*[22] Doch diesen Respekt den Alten gegenüber verweigert die Kunstgeschichte, was nicht nur in diesem Fall eine befriedigende Deutung verhindert.

Kieß und andere Autoren sehen eine seltene Sternenkonstellation als Vorbild für Castel del Monte: Am 26. Dezember 1241, dem 47. Geburtstag von Kaiser Friedrich, gab es zum Sonnenuntergang am Himmel ein Oktogan. Wie 450 Jahre zuvor am Vorabend der Grundsteinlegung für die Pfalzkapelle in Aachen, standen Sonne, Mond, Venus, Mars, Jupiter und Saturn im 45°-Winkel zueinander. Der Aszendent und der Glückspunkt machten das Oktogan komplett. Man kann davon ausgehen, dass Georgius Fendulus, der Hauptastrologe an Friedrichs Hof, diese Konstellation frühzeitig errechnet hat, auch wenn Kieß zu bedenken gibt: *«Anders als die berühmten, gefürchteten und lange andauernden Konjunktionen zwischen Saturn und Jupiter war der Achtstern am 26. Dezember 1241 nur dem geistigen Auge der Astronomen, die immer auch Astrologen waren, sichtbar. Da die Ecken des Achtsterns gleichmäßig auf dem Tierkreis verteilt waren, konnte wegen der Ekliptikschiefe nicht der gesamte Achtstern beobachtet werden, der sich wegen des ‹schnellen› Aszendenten nach ein paar Minuten wieder auflöste.*[23]

Das dem Gründungsdatum zugrunde liegende Horoskop ist auf den *26. Dezember 1241, um 16.40 Uhr Ortszeit* ausgestellt.

Für die Sternentheorie zur Erklärung von Castel del Monte spricht zudem, dass die Himmelserscheinung und das Schloss jeweils um 8° im Uhrzeigersinn gegen die Haupthimmelsrichtungen gedreht sind.

Das bedeutendste Bauwerk des Kaisers fand einige Nachahmer, vor allem im Kerngebiet der Staufer. So Burg Wäscherschloss bei Göppingen – mit Blick auf den Hohenstaufen – das elsässische Schloss in Guebwiller, und am offensichtlichsten Schloss Kilchberg bei Tübingen. Obwohl das Schloss, das heute als Wohnsitz der Familie von Tessin genutzt wird, häufig baulich verändert und von vielen kunsthistorischen Epochen geprägt wurde, ist sein ursprünglicher Grundriss, die achteckige Burganlage, bis heute erhalten geblieben. Er entspricht ebenfalls der Sternenkonstellation vom 26. Dezember 1241. Genau 20 Jahre später wurde Schloss Kilchberg erstmals erwähnt.

Im Brückentor von Capua, einer beeindruckenden mittelalterlichen Toranlage, die von Friedrich II. in Auftrag gegeben worden war, sieht Martin Kieß ebenfalls eine astrologische Analogie: Am 8. März 1234 standen neun Planeten bzw. Punkte im 40°-Winkel zueinander. Dieses Nonagon (Neuneck) bildete demnach die Basis für die Toranlage. Heute ist von der einst imposanten Anlage nicht mehr viel zu sehen, weil sie im 15. Jahrhundert weitgehend geschliffen und durch eine Festungsanlage ersetzt wurde.

Auch bedeutende Gegenstände orientieren sich an den Sternen. Eines der eindrucksvollsten ist der Barbarossaleuchter. Er ist etwa 70 Jahre älter als Castel del Monte, basiert aber vermutlich auf einem ähnlichen Grundgedanken: Einer wichtigen, aber vergänglichen, kosmischen Konstellation sollte ein möglichst unvergänglicher Ausdruck verliehen werden. Kaiser Friedrich I. Barbarossa ließ ihn etwa um 1165 für die Aachener

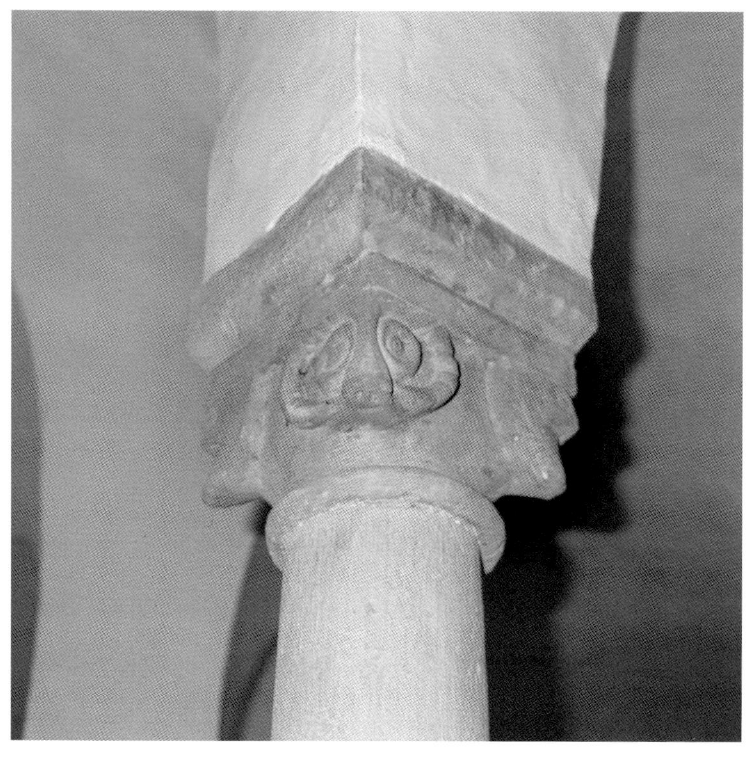

Abb. 14: Drüggelter Kapelle, Kapitell

Pfalzkapelle errichten. Das Kunstwerk ist achteckig und besteht aus vergoldetem Kupfer. Bei einem Durchmesser von 4,20 m wird es von einer 25 m langen Kette unter dem Dach gehalten. Auch in diesem Fall sorgte die ungewöhnliche Form für viele Spekulationen, deren populärste in ihm ein Symbol des himmlischen Jerusalems sieht, das von einer achteckigen Stadtmauer umgeben ist. Das mag nicht von der Hand zu weisen sein, doch darf nicht übersehen werden, dass kurz vor der Anfertigung, am *19. Februar 1162, um 12.30 Uhr,* ein Oktagon am Himmel stand, was Friedrichs Astrologen gewiss erkannt hatten.

Erwähnenswert ist in dem Zusammenhang auch die Drüggelter Kapelle oberhalb vom Möhnesee im Sauerland (Abb. 14). Sie stammt aus dem 12. Jahrhundert. Im Gegensatz zu den anderen Sakralbauten der Epoche handelt es sich um einen Zentralbau, der in Form eines Zwölfecks angelegt ist. Das gibt bis heute Anlass zu zahlreichen Spekulationen, die von einer heidnischen Weihestätte, über die Nachbildung des Heiligen Grabes in Jerusalem oder einen Kultort der Katharer bis hin zu astronomisch-astrologischen Konstellationen reichen.[24]

Der Tierkreis als Portrait

Zeichnungen, Wandgemälde und Buchillustrationen mit astrologischer Symbolik sind aus der Romanik ebenfalls bekannt, auch wenn diese künstlerischen Ausdrucksformen erst im Spätmittelalter, in der Epoche der Gotik, ihren Höhepunkt fanden. Eine beeindruckende Darstellung davon geht auf die Gräfin Adela von Blois (1056 – 1137) zurück, einer Tochter des englischen Königs William the Conquerer. Die Gräfin war eine ebenso machtbewusste wie kunstversierte Frau. Auf ihrem Anwesen ließ sie unter anderem ein Prunkzimmer gestalten, das einen Bilderzyklus des damals bekannten Kosmos enthielt. Durch zeitgenössische Schilderungen, die das Anwesen für seine edle und üppige Ausgestaltung rühmten, sind die Darstellungen überliefert.[25]

Neben der Erde und biblischen Motiven nahmen die sieben klassischen Planeten eine zentrale Stelle in der Ausgestaltung ein. Dabei handelte es sich nicht um astronomische Darstellungen der Himmelskörper, sondern um die Prinzipien der Astrologie. Die Planeten wurden gedeutet; sie waren offensichtlich eine wichtige Orientierung für die Gräfin. Die Deutung der Planeten entspricht dabei der Tradition bis zur revidierten Astrologie des 20. Jahrhunderts. Mars und Saturn wurden als Unglücksbringer, Venus und Jupiter als glückverheißend dargestellt.

Bemerkenswert ist noch, dass die Gräfin eine ausgesprochen fromme Frau war, die ihre letzten Lebensjahre im Kloster von Marcigny in Burgund verbrachte.

Ein weiteres Beispiel für die enge Verbindung von Kirche und Astrologie ist der sogenannte «Hunterian Psalter» (Abb. 9). Er ist von besonderer Bedeutung für die romanische Buchkunst. Das um 1170 entstandene Werk ist nach dem schottischen Kunstsammler William Hunter (1718 – 1783) benannt, der dieses besondere Buch erstanden und der Universitätsbibliothek von Glasgow vermacht hat. Das Buch ist auch als «York Psalter» bekannt, weil es vermutlich in oder nahe der nordenglischen Stadt York entstanden ist.

Basis des Kunstwerks sind 150 Psalmen aus der Bibelübersetzung (Vulgata) des Kirchenvaters Hieronymus sowie andere biblische bzw. liturgische Texte und Gebete. Zahlreiche Illustrationen mit Szenen aus dem Alten und Neuen Testament machen die besondere Bedeutung des Psalters aus.

Vor den religiösen Texten und Illustrationen ist ein Kalender angebracht, der die zwölf Zeichen des Zodiaks enthält. Ihre Symbolik erschließt sich auch knapp 1000 Jahre später sofort. Neben den Tierkreiszeichen erscheinen Jahreszeiten-typische Aufgaben. Offensichtlich sollte dadurch – wie im Tympanon der Kathedralen – die Verbundenheit des Menschen mit den kosmischen Zyklen verdeutlicht werden.

Über Herkunft und Besitzer des Kunstwerks ist wenig bekannt; der gängigsten Spekulation zufolge wurde es für einen Kreuzfahrer namens Roger de Mowbray angefertigt, der sich auch als Stifter zahlreicher Klöster hervorgetan hat. Es gibt aber auch Anhaltspunkte, dass es eher für ein weibliches Publikum gedacht war.

Unbestritten ist, dass der unbekannte Meister mit der Astrologie sehr vertraut war und keinerlei Berührungsängste hatte, die Tierkreiszeichen den biblischen Motiven voranzustellen. Der Hunterian Psalter ist noch heute in der Universitätsbibliothek von Glasgow zu bewundern.

Im Jahre 1180, zehn Jahre nach dem Hunterian Psalter, entstand in Schwaben ein bis heute erhaltenes «astronomisches Kalendarium und Martyrologium», der sogenannte Zwiefalter Kalender. Das als Scheibe angelegte Kunstwerk enthält im innersten Kreis die zwölf Zeichen des Zodiaks, worauf Jahreszeiten-typische Tätigkeiten folgen. Über die bloße Berechnung und Deutung der Zeit hinaus zählt das Werk noch die Märtyrer auf, denen verschiedene Tage zugeordnet waren, und die sich im Hochmittelalter so hoher Beliebtheit erfreuten, dass diese Zuordnung zumindest den Gebildeteren bekannt war. Auch darin zeigt sich die Verbindung von Astrologie und Kirche (Abb. 15).

Eines der bedeutendsten und vermutlich das prachtvollste astrologische Werk jener Zeit ist das Buch «liber astrologiae» von Georgius Fendulus. Über den Autor ist wenig, über den gestaltenden Künstler nichts bekannt. Georgius Fendulus hat am Hofe des erwähnten Stauferkaisers Friedrich II. gelebt und sich selbst als «Priester und Philosoph» bezeichnet. Liber astrologiae entstand zwischen 1220 und 1230. Fendulus war ein profunder Kenner der Astrologie – sein Illustrator ein großartiger Künstler (Abb. 31). Das Buch enthält die Tierkreiszeichen und die Planeten. Letztere erscheinen vierfach, in ihrem Domizil und im Exil (dem Gegenzeichen); in der Erhöhung und im Fall (dem Gegenzeichen der Erhöhung). Diese Zuordnung ist

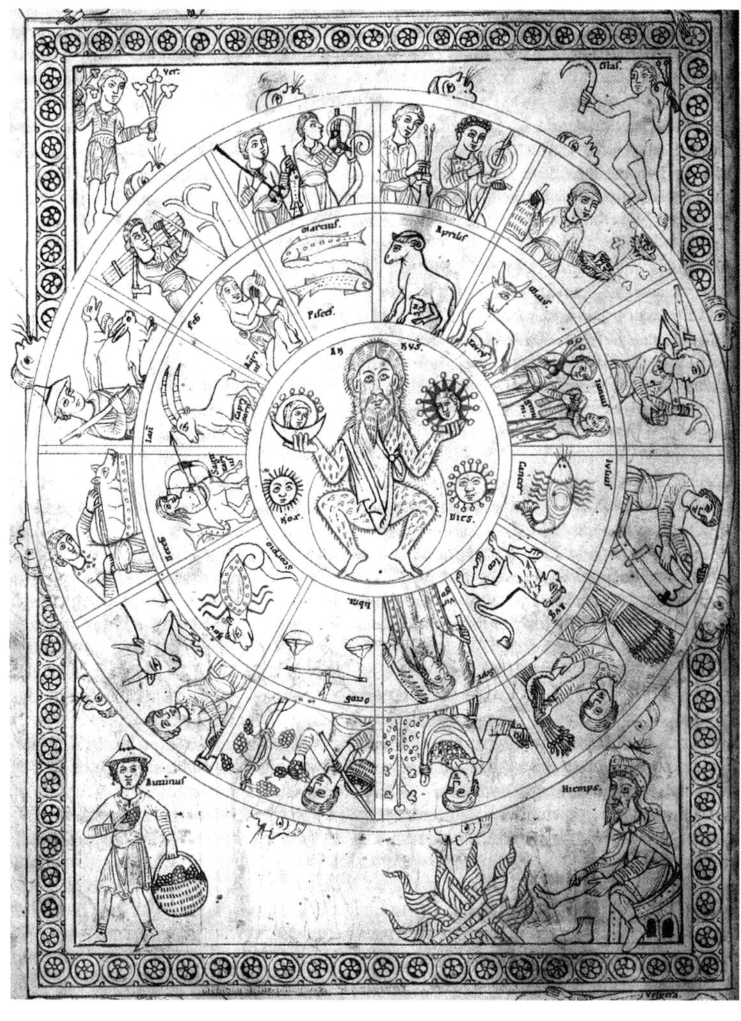

Abb. 15: Zwiefalter Kalender, um 1180

eines der wesentlichen Elemente der klassischen Astrologie, die in der heutigen Zeit häufig vernachlässigt wird.

Auch die Zeichen werden jeweils auf vier Tafeln illustriert: Die erste zeigt das Gesamtbild, darauf folgen Interpretationen der drei Dekanate, die Unterteilung in jeweils zehn Grad, was ebenfalls zu den Elementen der klassischen Astrologie gehört. Die Tafeln der Dekanate sind wiederum in drei Ebenen unterteilt. Blume vermutet darin die Darstellung der Sternbilder *«der Perser und Babylonier, der Inder sowie der Griechen»*, räumt aber auch *«Ungenauigkeiten»* ein, die *«die Lesbarkeit der Bilder erheblich vermindern»*, [26] wofür er den Maler verantwortlich macht.

Das gesamte Werk beschäftigt sich zudem intensiv mit der vorantiken astrologischen Tradition, und Fendulus versäumt nicht, dem großen persischen Astrologen und Mathematiker Albumasar aus dem 9. Jahrhundert durch ein ganzseitiges Portrait zu huldigen. Der Prachtband ist heute in der Pariser Nationalbibliothek zu betrachten.

Neben der Ausstattung der Kirchen ist die Buchkunst ein klarer Hinweis, dass der Astrologie nach Jahrhunderten des Niedergangs in der Romanik wieder eine größere Bedeutung beigemessen wurde.

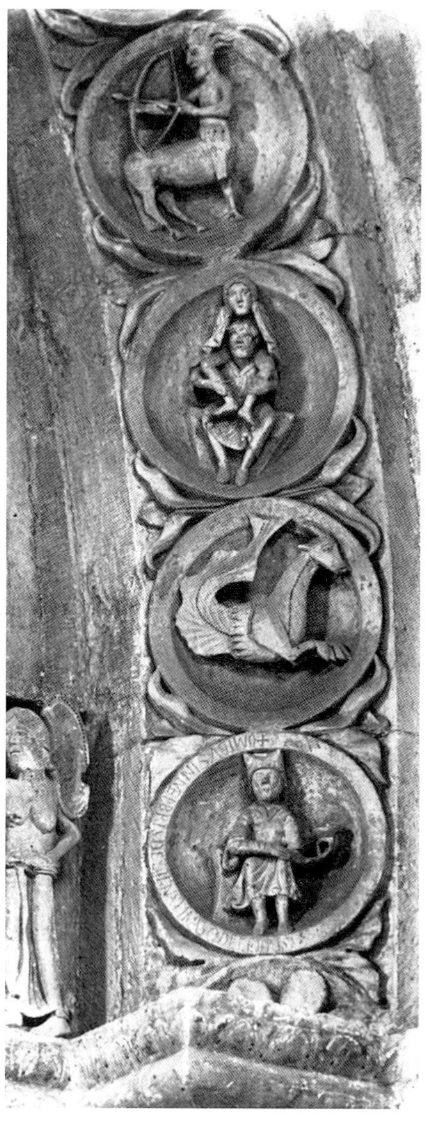

Abb. 16: Vézelay, Sainte-Marie-Madeleine-Kathedrale, Tympanon des Innenportals, Schütze und Steinbock

3. Kapitel: Die Gotik

Welt- und Menschenbild

Die Gotik begann um 1140 in Frankreich, setzte sich jedoch in den übrigen europäischen Ländern erst ca. 100 Jahre später durch. Sie dauerte bis etwa 1500; in Italien wurde sie bereits um 1420 von der Renaissance abgelöst.

Der Beginn der Gotik ging mit einem langsamen, aber tiefgreifenden gesellschaftlichen Wandel in Europa einher, der schließlich zum Beginn der Neuzeit führte. Durch eine Erwärmung des Klimas sowie die Kultivierung brachliegender Gebiete verbesserte sich die landwirtschaftliche Produktion. Der Prozess wurde durch menschliche Errungenschaften verstärkt. Neben dem verbesserten Pflug und dem Einsatz von Pferden in der Landwirtschaft wurden auch die bereits im Altertum bekannten Windmühlen wiederentdeckt und flächendeckend genutzt.

Im späten 12. Jahrhundert setzte sich die Drei-Felder-Wirtschaft durch. Diese Maßnahmen verdreifachten die Erträge der Bauern. Betrug das Verhältnis von Aussaat zu Ernte zuvor 1:3, konnten die Bauern aus einem Korn nun das Neunfache gewinnen.

Der Fortschritt führte zu Überschüssen; gleichzeitig stiegen die Ansprüche an die Metallverarbeitung erheblich. Pflüge, Hufeisen, aber auch Schwerter der Ritter verlangten einen verstärkten Abbau von Erzen, was die Rodung großer Waldgebiete beinhaltete.

Der über Jahrhunderte anhaltende Boom der Wirtschaft blieb

nicht ohne tiefgreifende gesellschaftliche Auswirkungen. Die Bevölkerungszahl stieg deutlich an, dadurch weitete sich der Handel aus und ab dem 12. Jahrhundert entstanden immer mehr Städte, in denen zwei Stände vorherrschten: die Kaufleute bzw. Händler und die zahlenmäßig weit stärkeren Handwerker. Letztere bildeten Zünfte, in denen Menschen einfacher Abstammung ihre Interessen vertreten sahen.

«Stadtluft macht frei» lautete eine geflügelte Parole. Danach konnten Leibeigene, die dem Leibherrn entkommen waren und eine Stadt erreicht hatten, nicht mehr belangt werden. Voraussetzung war allerdings, dass sie sich einer Zunft anschlossen, der Basis des handwerklichen Lebens. Obwohl vor allem die Quartiere der Handwerker nach heutigen Maßstäben unter schlimmen hygienischen Bedingungen litten, war die Stadt ein begehrtes Ziel vieler Menschen. Stadtmauern und streng bewachte Stadttore sollten deshalb nicht nur vor feindlichen Angreifern schützen, sondern auch ungebetene Gäste fernhalten, die aus purer Not ihr Glück in der Stadt versuchen wollten. Weit verbreitete Namen wie Frei-berg, Frei-burg oder auch Neustadt künden noch heute von der Epoche der ersten flächendeckenden Urbanisierung in Europa.

Die landwirtschaftlichen Überschüsse kurbelten den Handel an und neue Märkte entstanden. Das damit verbundene Berufsbild der Kaufleute und Händler erfreute sich zunächst keines guten Rufes, doch wurden sie bald zu einem wichtigen Machtfaktor. Darüber hinaus förderten sie den Austausch von Stadt und Land. Ihr Aufstieg machte deutlich, dass nicht mehr die Abstammung allein das Schicksal des Menschen bestimmte. Erfolgreiche Kaufleute entstammten zunächst nicht den führenden feudalen Schichten, auch wenn sie ihre finanziellen Möglichkeiten nutzten, um Titel und Privilegien zu erwerben.

Im 13. Jahrhundert entstanden in Italien die ersten Banken (banco = Wechselstube). Um Geld nicht mit sich herumtragen zu müssen, wurde es bei einer Bank eingezahlt, man bekam einen Wechsel dafür, gegen den man es wieder einlösen konnte.

Der Fortschritt zeigte sich in vielen Bereichen, unter anderem darin, dass ebenfalls im 13. Jahrhundert die ersten mechanischen Uhr auftauchten, die Räderuhren. Die Städte schmückten ihre Rathäuser und Kirchen damit, und manche sind noch heute zu bewundern.

Der Aufstieg der Städte rüttelte erstmals an der jahrhundertealten feudalen Ordnung und damit auch am Monopol der geistlichen Macht. Zwar behielten Papst, Kaiser und Adel viele Privilegien, aber sie herrschten nicht mehr so uneingeschränkt wie im Hochmittelalter. Die Städter entwickelten ein weit höheres Selbstbewusstsein als die ländliche Bevölkerung, auch wenn sie als Machtfaktor zunächst noch zu wenige waren.

Zwei globale Ereignisse stoppten das ungebremste Wachstum: Eine verheerende Pestepidemie, der sogenannte «schwarze Tod», wütete zwischen 1347 und 1353 in Europa und forderte etwa 25 Mio. Opfer – ein Drittel der Bevölkerung. Kurz darauf, um 1400, folgte eine sogenannte kleine Eiszeit, die das Klima deutlich nässer und kühler werden ließ.

Kunstepoche

Mit der allmählichen Öffnung der Gesellschaft öffnete sich auch die Kunst, insbesondere die Architektur. Der Begriff Gotik wurde zuerst von dem italienischen Künstler Giorgio Vasari (1511 – 1574) in Erinnerung an die germanischen Goten geprägt. Er galt als Zeichen der Geringschätzung und Abgrenzung gegenüber der Perfektion der Antike, an der sich Vasaris Epoche der Renaissance orientierte.

Inzwischen schwingt diese Geringschätzung nicht mehr mit, denn die gotischen Kathedralen dokumentieren eindrucksvoll, dass die Menschen höher hinaus wollten. Dies war zunächst umstritten. Die Traditionalisten – insbesondere in Gestalt der einflussreichen Orden sowie des feudalen Landadel – sahen in den immer höher strebenden Türmen Hochmut, ja sogar Gotteslästerung und verglichen es mit dem Turmbau zu Babylon aus dem Alten Testament, als Gott die Menschen für ihre Hybris bestrafte. Dabei gingen theologische und machtpolitische Gründe Hand in Hand, denn die Gegner des neuen Stils waren zugleich die Verlierer der gesellschaftspolitischen Umwälzungen. Die Befürworter – die meisten Königshäuser, ein Teil des Episkopats und das städtische Bürgertum – argumentierten dagegen, mit der Öffnung nach oben kämen die Menschen Gott näher, zu dessen Ehre die kühne Architektur gereiche.

So sahen sich die gotischen Baumeister, mehr noch als in der Romantik, als Verkünder des Christentums, dessen Glaubensinhalte sie durch ihre Symbolik vermitteln wollten. Die Kathedralen, die bis heute nichts von ihrer majestätischen Ausstrahlung eingebüßt haben, waren ein Gesamtkunstwerk aus Architektur, Plastik und Malerei.

Womöglich waren sie auch noch mehr. Die Naturwissenschaftler Helmut Lammer und Mohammed Y. Boudjada vertreten eine solche These: *«Nach außen hin zeigten sich die Kinder Salomons und die Kinder von Meister Jacques (Anm.: Bekannte mittelalterliche Bauhütten) weltoffen, unpolitisch, unreligiös und standen jedem offen, der bei ihnen eintreten mochte, ob Christ, Jude, Moslem oder Anhänger eines anderen Glaubens. Die Grundlage dieser Bauhütten war die Freiheit des Individuums. Ihr höchstes Ziel als selbsternannte Gesellen der Freiheit war die Vollendung des salomonischen Tempels als Gipfel allen Strebens und Perfektion. Diese Vorhaben versuchten sie […] beim Bau der großen gotischen Kathedralen zu verwirklichen.»*[27]

Um die Höhe zu bewältigen, waren architektonische Neuerungen erforderlich. Die in den Himmel strebenden Kathedralen bestanden aus keinem geschlossenen Baukörper mehr. Der Druck des Gewölbes wurde durch Strebepfeiler und -bögen abgeleitet. Sie verbanden die Stützen im Innern mit der äußeren Umfassungsmauer. Häufig wurden die nötigen Stützen in Form von Skulpturen errichtet, die in die Architektur eingebunden waren; die Säulenheiligen. Zu den Neuerungen zählten auch hohe, großflächige, durch Spitzbögen geschlossene Fenster. Sie gaben Raum für ornamentalen Fensterschmuck. Überhaupt konnte die Fassade durch die Ableitung der Schubkräfte nach außen freier gestaltet werden, ja *«man kann sogar behaupten, dass der Außenbau ein ästhetisches Eigenleben führte».*[28]

Es kennzeichnet den allmählichen gesellschaftlichen Wandel, dass erstmals seit der Antike wieder große Bauaufträge für Projekte nicht sakraler oder militärischer Art vergeben wurden. In den aufstrebenden Städten entstanden Rathäuser und andere Einrichtungen mit viel Raum für Gemälde, Fresken und Mosaike. Viele wurden von Türmen geschmückt, auch wenn diese nicht die Höhe der Kirchen erreichten. Auch Plastiken mit Motiven vom höfischen Leben wie Jagd- und Spielszenen bezeugen, dass Kunst nicht länger nur sakral war.

Die Malerei entwickelte sich nur langsam und blieb zu Beginn der Gotik eher statisch oder additiv. Figuren wurden nebeneinander gestellt, und der Bedeutendste erscheint am größten. Ein Übergang deutet sich in den Werken von Giotto (1260 – 1337) an, dem Wegbereiter der Moderne. Er überwand die unräumliche Gestaltperspektive und schaffte ein in seiner Wirklichkeitsnähe bis dahin unerreichtes Bild vom Menschen und seiner Welt. Zu Beginn des 15. Jahrhunderts setzte der Hof der Herzoge von Burgund neue Maßstäbe, was vor allem Jan van Eyck aus Flamen zu verdanken war. Er gilt als Vorläufer des Naturalismus, denn er perfektionierte Lichtgebung, Linear- und Luftperspektive und hatte ebenso einen ausgeprägten Blick fürs Detail. Seine Genauigkeit bei der Wiedergabe der Motive war unübertroffen.

Bei der Wahl der Motive blieb die Religion dominant, doch deutete sich auch hier ein allmählicher Wandel an. Das höfische Leben mit seinen Festen nahm zunehmend mehr Raum ein.

Mit dem Bau der Kathedralen erreichte die Glasmalerei einen Höhepunkt, auch wenn die gotischen Künstler nicht deren Erfinder waren. Die bunten Fenster der Kathedralen stellen ganze Geschichten dar, deren Wirkung durch das einfallende

Sonnenlicht noch verstärkt wird. Neben der Höhe lag darin die besondere Ausstrahlung der Bauwerke.

Große Bedeutung erlangte zudem die Buchmalerei. Bis ins Hochmittelalter hinein war die Produktion von Büchern weitgehend den Klöstern vorbehalten. Das änderte sich ab dem späten 12. Jahrhundert. Der Adel, die immer mächtiger werdenden Kaufleute sowie die neu gegründeten Universitäten beanspruchten für sich ebenfalls das Privileg der Buchproduktion. Zunächst bildeten religiöse Themen weiterhin den Schwerpunkt; sogenannte Haus- oder Stundenbücher verstanden sich als moralische Richtschnur.

Die Bücher waren aber nicht einfach nur eine Sammlung von Texten, sondern sie waren Kunstwerke. Die Motive sind weniger starr als noch in der Romanik; Lichteffekte, Tiefenwirkung und ein langsamer Übergang zur perspektivischen Darstellung zeichnete die gotische Buchmalerei aus.

Monumentalmalerei und Fresken, die Wände – nicht nur in Kirchen – geschmückt haben, sind aus dem Mittelalter kaum noch erhalten geblieben.

Astrologische Symbolik

Zwar wurde die Astrologie von der Kirche offiziell weiterhin eher misstrauisch betrachtet, doch ihr gesellschaftlicher Einfluss wurde immer offenkundiger; und damit auch ihr Einfluss auf die Kunst. Die Kirchenlehrer Albertus Magnus und Thomas von Aquin hatten maßgeblichen Anteil daran, dass die Ablehnung der Astrologie durch die Kirche allmählich überwunden wurde.

In einem Punkt blieb die Gotik der romanischen Tradition treu, der Tierkreis erschien häufig im Tympanon der Kathedralen, also an der Stelle, der die profane von der sakralen Welt trennt. Unter dem Tierkreis und dem alles überragenden Christus trat der Mensch in Gottes Reich ein.

Zu den einflussreichen Förderern der Astrologie und ihrer

künstlerischen Darstellung zählten gekrönte Häupter. Der französische König Karl V. (1338 – 1380) und sein Neffe zweiten Grades, Wenzel IV. von Böhmen (1361 – 1419), erwarben sich dabei besondere Verdienste. Karl, auch der Weise genannt, sammelte Gelehrte und Künstler an seinem Hof, die antike Texte übersetzten und epische Werke schufen. Unter den Höflingen spielte der italienische Astrologe und Arzt Tommaso di Pizzano eine wichtige Rolle, die allerdings noch von seiner Tochter übertroffen wurde. Christine de Pizan (1365 – 1430) gilt als die erste französische Schriftstellerin, die von ihren Werken leben konnte. Die griechische Mythologie war eine wichtige Quelle ihrer Inspiration, und dabei bezog sie sich auch auf die Planetengötter, um ihre Vorstellungen von Moral und Tugend zu vermitteln. Zudem besorgte sie selbst die Illustrierung ihrer Schriften.

Der böhmische König Wenzel IV. griff die Tradition seines Vaters und Vorgängers Karl IV. (1316 – 1378) auf und machte den Prager Hof zu einem Sammelbecken von Künstlern und Wissenschaftlern. So entstanden zahlreiche aufwändig illustrierte Handschriften, von denen manche astrologische Themen und Motive beinhalteten.

Mit dem Aufstieg der Städte, zunächst in Italien, aber im Laufe der Zeit auch in anderen Teilen Europas, waren Astrologen und Künstler nicht länger nur auf Klerus und hohen Adel angewiesen, sondern es eröffneten sich ihnen neue Perspektiven. Die aufstrebenden neuen Mächte der Kaufleute und Bankiers hatten das große Bedürfnis, ihren Reichtum in repräsentativen Gebäuden zur Schau zu stellen, und viele von ihnen wurden mit astrologischen Symbolen geschmückt. Die Aufwertung der Astrologie ging so weit, dass im 14. Jahrhundert erstmals astrologische Texte in die Volkssprachen übersetzt wurden.[29]

Erheblichen Einfluss auf die Entwicklung hatten die Dichter Andalo di Negro (1260 – 1334) und sein Schüler Giovanni Boccaccio (1313 – 1375). Seiner Zeit entsprechend unterschied Andalo di Negro nicht zwischen Astronomie und Astrologie; er betätigte sich als Naturwissenschaftler vor allem mit geografischen Studien, beschäftige sich aber auch mit der antiken Mythologie und der Sternendeutung. Seine astrologisch-mythologischen Arbeiten wurden von dem sehr viel berühmteren Giovanni Boccaccio fortgeführt. Boccaccio ist einer der wichtigsten Wegbereiter der Renaissance und des Humanismus, unter anderem deshalb, weil er die antike Mythologie und Philosophie für die Sternendarstellung und -deutung neu erschlossen hat; ähnlich wie Christine des Pizan. Gerade in der spätgotischen Epoche wurden die Planeten verstärkt mit den Attributen der antiken Götter dargestellt, was sie auch für heutige Astrologen besonders vertraut macht.

Zu nennen ist außerdem noch der weitgehend vergessene flämische Augustiner-Abt, Mathematiker und Astrologe Lubertus Hautscilt (1347 – 1417), der weit über seine Heimat hinaus eine der einflussreichen Persönlichkeiten der spätmittelalterlichen Epoche war.

Tierkreis zur Ehre Gottes

In den Kathedralen von Chartres, Amiens, Paris und Reims, die zu den Höhepunkten gotischer Architektur zählen, ist der Tierkreis abgebildet; in Chartres und Paris gleich mehrfach. Neben dem Tympanon, dessen Bedeutung bereits im Zusammenhang mit der Romanik beschrieben wurde, findet er sich in den Fenstern und an Säulenkapitellen. Das Tierkreiszeichenfenster von Chartres mit dem Zodiak und den Monatsbildern, die jeweils untereinander angeordnet sind, beeindrucken selbst hartnäckige Astrologie-Skeptiker. Auf einem blauen, zumeist kreisförmigen Hintergrund überwiegen grüne und rote Farbtöne bei der Gestaltung der einzelnen Zeichen.

Im Gegensatz zu der geschlossenen Romanik fallen bisweilen Besonderheiten in der Anordnung auf. Im Tympanon von Chartres befindet sich der Tierkreis, gemeinsam mit Monatsbildern, über dem linken Portal, dem sogenannten Himmelfahrts-Portal (Abb. 17 und 18). Allerdings sind es nur zehn Zeichen: Zwillinge und Fische fehlen. Sie finden sich über dem rechten Portal. Das lässt Raum für Spekulationen. Offenkundig sollen diese beiden Zeichen herausgehoben werden. Sie werden traditionell durch zwei miteinander verbundene Halbkreise dargestellt. Im Fall der Zwillinge symbolisieren sie das Oben und Unten oder den unsterblichen und sterblichen Teil des Menschen; bei den Fischen das Links und Rechts, den Aufgang und Untergang oder das Ich und das Du.

Wie bereits erwähnt, gehen manche Autoren davon aus, dass die Erbauer der Kathedralen geheimen gnostischen Zirkeln angehörten, die im Widerspruch zur offiziellen Lehre der Kirche standen. Ihre tiefere Botschaft, zu der die Astrologie als wesentlicher Bestandteil gehörte, wurde durch Symbole verschleiert und war nur für Eingeweihte erkennbar.[30]

Unverhüllt zeigt sich der Tierkreis, gemeinsam mit Monatsbildern, im linken Seitenportal der Westfassade der Kathedrale von Amiens, dem sogenannten Firminiusportal als Sockelrelief. Aber auch das Unverhüllte gibt bisweilen Anlass zur Spekulation. An Pfeilern der Westfassade der Kathedrale Notre Dame in Paris sind die Zeichen untereinander in ungewohnter Reihenfolge dargestellt. Da die Baumeister gewöhnlich über ein profundes astrologisches Wissen verfügten, wird das vermutlich nicht irrtümlich entstanden sein. Erklärungen dafür sind nicht überliefert.

Die Pariser Kathedrale enthält zudem eine der schönsten gotischen Fensterrosen. In ihr ist Maria, umgeben von den Königen von Juda, dem Tierkreis und Monatsbildern abgebildet.

In der Abteikirche St. Denis leuchtet der Tierkreis ebenfalls in einem Glasfenster, das den anderen nicht nachsteht. In der Mitte befindet sich Christus, der Herrscher, im Kreis darum zwölf Monatsbilder, um die herum der Tierkreis angeordnet ist.

Von besonderer Schönheit ist die Kathedrale Notre Dame von Lausanne, die 1150 n. Chr. im romanischen Stil begonnen, doch

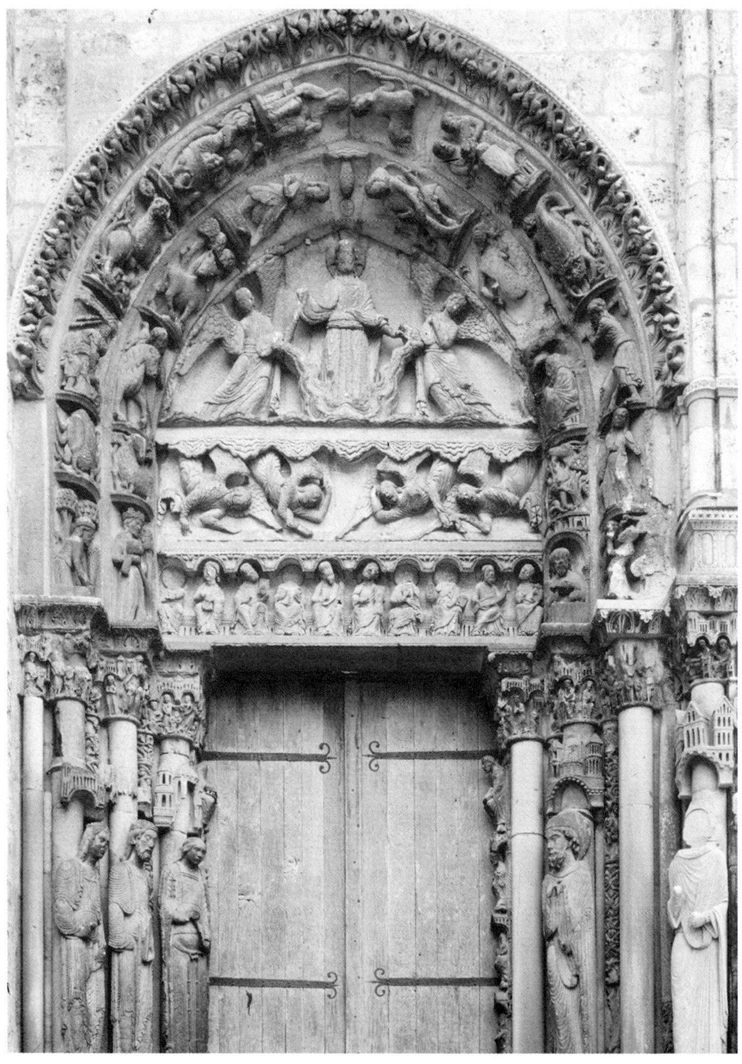

Abb. 17: Chartres, Himmelfahrtsportal. Im Tympanon befindet sich der Tierkreis, allerdings nur zehn Zeichen: Zwillinge und Fische fehlen. Sie finden sich über dem rechten Portal.

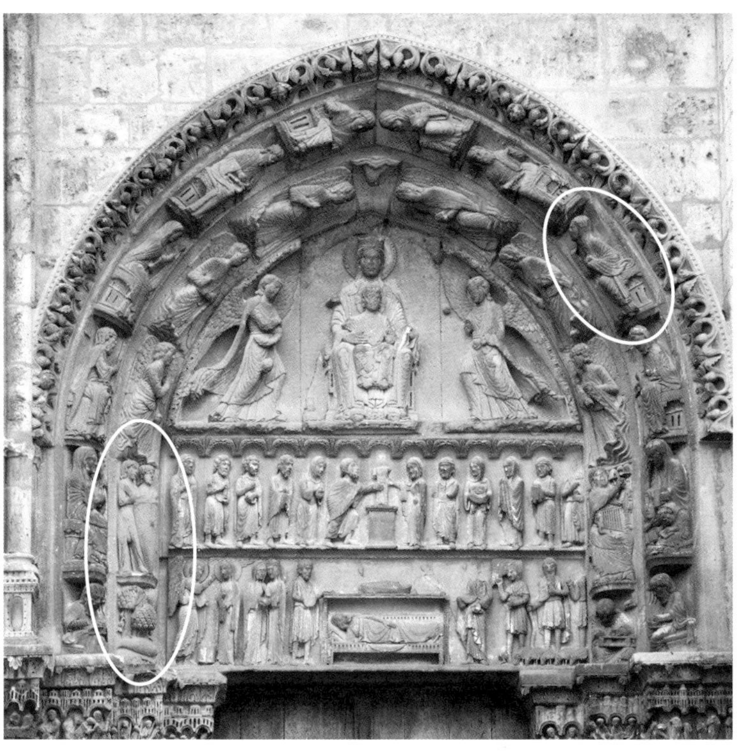

Abb. 18: Rechtes Seitenportal des Königsportals der Kathedrale von Chartres, links das Tierkreiszeichen der Zwillinge, darunter das der Fische, rechts die Astronomie

überwiegend von der Frühgotik geprägt wurde. Ein Kennzeichen der Gotik ist die bereits erwähnte Glasmalerei, die in Lausanne – und überhaupt in der Westschweiz – einen ersten Höhepunkt erlebte. Im südlichen Querschiff der Kathedrale befindet sich ein Glasfenster in Form einer Rose, das um 1235 entstanden ist. Der Astrologe Fred Krotky schwärmt von der Komposition. *«Eine einzigartige Kosmologie des mittelalterlichen Weltbildes entfaltet sich in der Fensterrose, die im symbolischen Himmelblau der Kathedrale das Abbild der Sonne darstellt. Um Gott-Christus im Zentrum der Rose kreisen in Gruppen die Rundbilder der vier Jahreszeiten und zwölf Monate, dann in vier Gruppen mit je fünf Medaillons die vier Elemente, die zwölf Tierkreiszeichen und die zwei Weissagungskünste sowie Sonne und Mond. Es folgen die Dreiergruppen der vier Flüsse des Paradieses mit den acht Demi-Medaillons der Fabeltiere des Weltendes. Schließlich umrunden an der Peripherie die Kleinrundbilder der acht Weltenwinde das im Durchmesser etwa neun Meter große Glasgemälde der achtstrahligen Rose.»*[31]

Zu erwähnen sind schließlich noch das Straßburger Münster mit seiner berühmten Sternen-Uhr (Astrolabium), die den Tierkreis enthält, eine Darstellungsform, die in der Renaissance ihre höchste Blüte erlebte.

Astrologische Symbole als Element der Gestaltung

Zahlreich sind astrologische Symbole an sakralen Gebäuden in Florenz zu bewundern. Giotto, der nicht nur der bedeutendste Maler seiner Epoche, sondern auch ein wegweisender Bildhauer war, schmückte die Fassade des Glockenturmes (Campanile) zu Florenz mit den sieben Planeten sowie den sieben kardinalen Wissenschaften, zu denen die Astrologie zählte. Andrea Pisano (1295 – 1349) vollendete das Werk nach Giottos Tod. Die Besonderheit der christlichen Tradition zeigt sich darin, dass Jupiter in einer Mönchsrobe sowie mit Kreuz und Kelch erscheint. Die

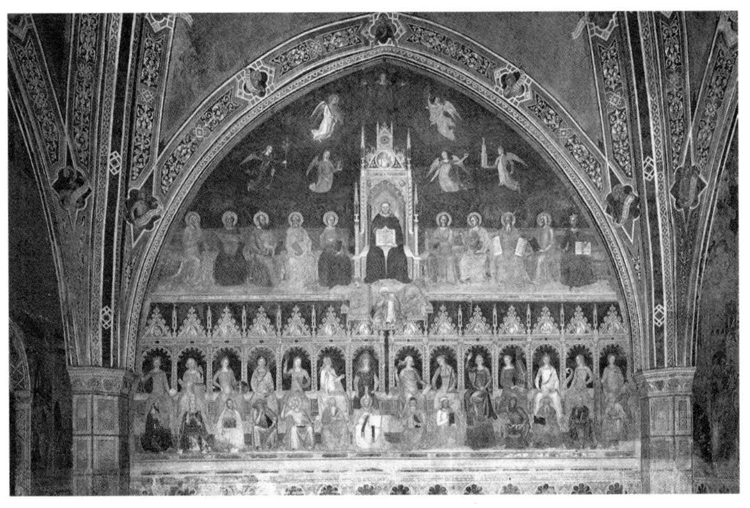

Abb. 19: Thomas v. Aquin, umgeben von den sieben Planeten, Andrea da Bonaiuto, Santa Maria Novella, Florenz, ca. 1379

kosmischen Darstellungen sind Teil eines Werkes, das die Entwicklung der Menschheit seit ihren Anfängen wiedergibt. Die Darstellungen auf dem Glockenturm haben zahlreiche andere Künstler beeinflusst.

Zwischen den Jahren 1366 und 1368 hat Andrea da Bonaiuto (Beginn des 14. Jahrhunderts – 1379) den Kapitelsaal des Dominikaner-Klosters Santa Maria Novella in Florenz gestaltet. Die strengen Glaubenslehrer haben dabei den wichtigsten Gelehrten aus ihren Reihen, Thomas von Aquin, in den Mittelpunkt gestellt. Drumherum sind die Planeten zu sehen, einmal mehr in allegorischen Bildern, die sich am Vorbild des Glockenturms der Kathedrale orientieren (Abb. 19). Neben den gleichen Symbolen korrespondieren die Planeten auch hier mit den sieben Wissenschaften; dem monastischen Jupiter entspricht die Musik.

In Padua schuf Guariento di Arpo (1320 – 1370), ein einheimischer Künstler, Fresken im Hauptchor der dortigen Eremitenkirche, die ebenfalls die Tierkreiszeichen enthalten.

Den Übergang von der Gotik zur Renaissance dokumentiert unter anderem die Kathedrale von Rimini, auch bekannt als Tempio Malatestiano oder Malatesta-Tempel. Die von den Franziskanern errichtete, ursprünglich gotische Kirche wurde von Renaissance-Künstlern renoviert und erweitert, bis Fürst Sigismondo Pandolfo Malatesta (1417 – 1468) sie zu seiner Grabstätte machte.

Zu ihren Besonderheiten zählt ein Planetenzyklus, der zwischen 1453 und 1456 entstanden ist. Es handelt sich dabei um große Reliefs, die in den Seitenkapellen des Kirchenschiffs angebracht sind. Ihnen gegenüber befinden sich die sieben kardinalen Wissenschaften; also ebenfalls eine Anordnung, die an den Glockenturm von Florenz erinnert und vermutlich auch von diesem beeinflusst war. Die Planetendarstellungen entsprechen ganz der antiken Mythologie, die eine bedeutende Basis der Astrologie war. So sind die Attribute, mit denen Venus, Mars, Jupiter und die anderen ausgestattet sind, noch heute jedem Astrologen vertraut. Der Kunsthistoriker Blume sieht darin eine bewusste Verbindung und beschreibt den Tempio Malatestiano als *«das früheste, mir bislang bekannte Beispiel eines derartigen synkretistischen Bildungsprogramms, in dem es darum geht, die grundsätzliche Übereinstimmung von Heidentum, Judentum und Christentum demonstrativ vorzuführen.»*[32] Dabei dient die Astrologie als Medium, was in der Renaissance vollendet werden wird.

Spätgotische Architektur mit Elementen der Renaissance dokumentiert das Hieronymus-Kloster in der portugiesischen Hauptstadt Lissabon (Stadtteil Belém). Es war ein sichtbarer Ausdruck für den Beginn der portugiesischen Weltherrschaft, denn der Bau begann, nachdem Vasco da Gama den Seeweg nach Indien entdeckt hatte. Es beherbergt auch die Sarkophage der bedeutendsten Seefahrer des Landes, darunter Vasco da Gama sowie einiger Könige. Auf einem Platz vor dem Kloster ist ein halber Tierkreis in Form von Pflastersteinen angelegt. Er beginnt mit dem Steinbock und endet mit den Zwillingen. Das heißt, es wurden nur die Winter- und Frühlingszeichen berücksichtigt. Was zu dieser Auswahl geführt hat, ist nicht eindeutig geklärt.

«Kommunale Selbstdarstellung»

Der gesellschaftliche Wandel, der sich maßgeblich im Aufstieg der Städte manifestierte, bot Künstlern die Möglichkeit, auch an nicht-sakralen Bauwerken astrologische Zusammenhänge darzustellen. Der Kunsthistoriker Blume spricht in dem Zusammenhang von *«kommunaler Selbstdarstellung»*.[33]

Allein alle italienischen Orte aufzuzählen, für die das zutrifft, würde den Rahmen sprengen, deshalb seien nur die wichtigsten Paläste und Bürgerhäuser erwähnt und Zusammenhänge aufgezeichnet. In Padua, seit 1222 Universitätsstadt und bis 1405 eigenständig, schuf Giotto (1266 – 1337) im großen Saal des Palazzo della Ragione, des Palastes der Vernunft, zu Beginn des

14. Jahrhunderts großflächige Fresken der Planeten und Tierkreiszeichen (Abb. 34). Die Planeten sind als Personen dargestellt und ihren jeweiligen Herrscherzeichen zugeordnet. Bei dem Zodiak finden sich auch zahlreiche christliche Motive, die vermutlich jüngeren Datums sind.

Padua geriet 1405 unter die Herrschaft von Venedig. Symbol für die Macht des selbstbewussten Stadtstaates ist seit über einem Jahrtausend der Dogenpalast (Palazzo Ducale), Sitz von Rat und Regierung. Ständige Erweiterungen ließen ihn zu einem der bedeutendsten Profanbauten der Gotik werden. Mitte des 14. Jahrhunderts wurde im Südflügel von dem Bildhauer Filippo Calendario ein Planetenzyklus an den Säulenkapitellen angebracht, der – wie andere seiner Art – in eine übergeordnete kosmische Geschichte eingebunden ist. Auch hier zeigt der Künstler ein großes Verständnis von der Astrologie, denn neben den Planeten erscheinen die Herrscherzeichen.

Der Schweizer Astrologe Bruno Huber sieht astrologische Zusammenhänge jedoch nicht nur in der offenkundigen äußeren Darstellung, sondern auch in der Zahlensymbolik der Gesamtkonstruktion: «*Auf der Erdgeschossebene sind zweimal achtzehn schwere Säulen aufgesetzt, darüber auf dem sogenannten Loggia-Stockwerk 35 + 36 = 71 feinere Säulen. Die Zahlen müssten Astrologen aufmerksam werden lassen. Sechsunddreißig: die Gesamtzahl aller Dekane im ganzen Tierkreis; damals eine grundlegende wichtige Unterteilung in der Horoskopdeutung [...]. Und dann die Zahl einundsiebzig. Sie ist eine der beiden möglichen Präzessionszahlen, die andere wäre zweiundsiebzig. Zwischen diesen beiden liegt nämlich der exakte Wert von 71,71 Jahren = die Bewegung des Frühlingspunktes um ein Jahr. Die Frage, die sich die Erbauer gestellt haben müssen, war: wie stellt man eine Kommastelle in einer Säule dar? Antwort: indem man eine Säule von zwei Seiten sehen lässt. Und tatsächlich – von jeder Seite des Gebäudes aus sieht man volle 36 Pilare.*»[34]

Inspiriert von Giotto gestaltete Ambrogio Lorenzetti (1290 –

1348) Mitte des 14. Jahrhunderts im neuen Saal des Palazzo Pubblico in Siena ebenfalls einen Planetenzyklus, symbolisiert durch Personen und begleitet von den Herrscherzeichen. Bei der Ausgestaltung des Raumes, der auch als Sitzungssaal diente, ging es offenbar nicht nur um zeitgemäßen Wandschmuck. Blume sieht in den Darstellungen eine politisch-moralische Orientierung für die Stadtväter: «*Die Ausmalung dieses Sitzungssaales konfrontiert den Betrachter mit großen Schautafeln, in denen das Idealbild einer guten Regierung entfaltet wird. [...] Dem steht dann kontrastierend das Schreckensbild der Tyrannis gegenüber. [...] Die Wandelsterne werden gemäß der kosmologischen Reihenfolge wiedergegeben, beginnend mit Saturn, Jupiter und Mars über der schlechten Regierung, gefolgt von der Sonne, die in der Mitte der Stirnwand hervorgehoben ist, sowie Venus, Merkur und Mond oberhalb der Auswirkungen der guten Regierung.*»[35]

Schließlich sind noch das Kastell Rocca di Angera oberhalb des Lago Maggiore in der Lombardei sowie Foligno in Umbrien zu nennen.

Das Kastell Angera war ein wichtiger Stützpunkt bei den Auseinandersetzungen um die Vorherrschaft in Mailand im 13. Jahrhundert. Dabei beherrschten die Ghibellinen (Kaisertreuen) im Spätmittelalter die lombardische Metropole. Ab 1280 ließen sie als Zeichen ihres Triumphs das Kastell prunkvoll gestalten, was weit über die gewöhnliche Ausstattung einer militärischen Anlage hinausging. Neben der Huldigung an die Sieger wurden auch die Planeten mit ihren Herrscherzeichen auf Fresken abgebildet.

In Foligno, bis 1439 eine mächtige Stadt in Mittelitalien, herrschte das Geschlecht der Trinci, das sich im gleichnamigen Palazzo verewigte. Dort ließen die Trinci um 1410 einen Planetensaal im spätgotischen Stil anbringen (Abb. 33). Sie nahmen bereits vorweg, was die Renaissance geprägt hat, nämlich den Rückgriff auf die antiken Symbole, die es heute noch leicht machen, die entsprechenden astrologischen Zuordnungen zu

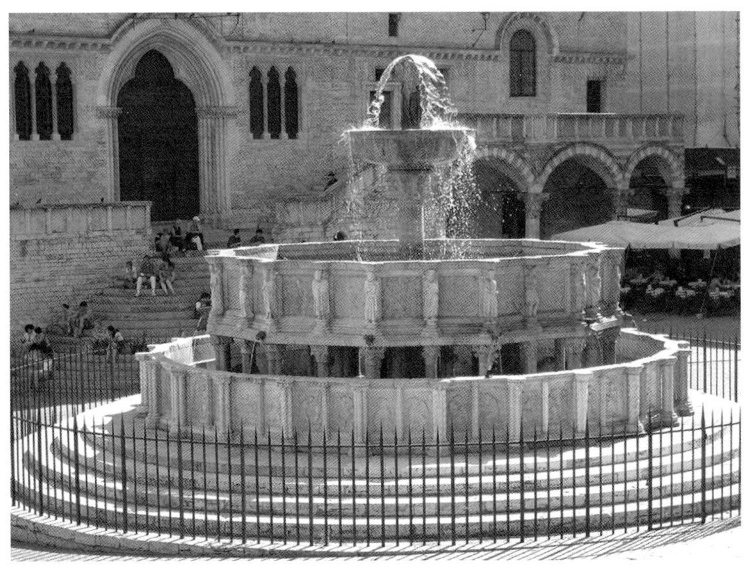

Abb. 20: Der große Brunnen von Perugia in Umbrien, geschaffen zwischen 1275 und 1278 von Niccoló und Andrea Pisano.

erkennen; etwa der Merkur als Götterbote und übertragen als Kommunikator, oder Saturn in dunkler Kleidung mit einer Sense, was die Arbeit symbolisiert, die bei ihm unverzichtbar ist, um ein Ziel zu erreichen. Saturn verteilt eben keine Geschenke. Zudem weist die Sense auf den Tod, die Endlichkeit, hin, für die ebenfalls Saturn stand.

Bedauerlicherweise sind einige der großen Wandmalereien weitgehend zerstört und kaum noch rekonstruierbar, wie etwa die Venus. Und was für Foligno gilt, gilt für zahlreiche andere astrologische Darstellungen an oder in Profanbauten, die weit mehr als Kirchen immer wieder durch Kriege und Eroberungen zerstört wurden. Manche wurden wieder aufgebaut, doch andere gingen für immer verloren.

Die aufstrebenden Städte machten Tierkreis- und Monatsbilder für alle sichtbar; etwa an großen Rathausuhren, auch wenn diese Darstellungsform erst in der Renaissance ihren Höhepunkt erreichte.

Ein anderes Beispiel, das nicht vergessen werden darf, ist der große Brunnen von Perugia in Umbrien, der zwischen 1275 und 1278 von Niccoló und Andrea Pisano geschaffen wurde. Die äußere Einfassung wird durch 24 Skulpturen gebildet, den Tierkreiszeichen mit den Monatsbildern (Abb. 20).

Buch-Kunst

Im 13. Jahrhundert nahm das Interesse an illustrierten Büchern einen erheblichen Aufschwung. Der bereits erwähnte Prachtband «liber astrologiae» von Georgius Fendulus ist ein Ausdruck davon. 1288 schrieb der Okzitanische Franziskaner und Troubadour Matfre Ermengaud eines der eindrucksvollsten Werke seiner Zeit, das – reichhaltig verziert – einen großen Einfluss ausübte. Bekannt wurde es unter dem Namen «Breviari d'amor» (Geschichten der Liebe). Darin verbindet er die Liebe zu Gott mit der idealistisch-erotischen Liebe der Troubadoure.

Doch Matfre Ermengaud hatte auch einen großen intellektuellen Ehrgeiz. Er wollte nicht weniger als das gesamte religiöse, naturwissenschaftliche und philosophische Wissen seiner Zeit zusammenfassen.

Nach einem theologischen Beginn beschreibt er das «Studium der Natur», wobei der astrologische Zodiak und die Planeten eine zentrale Stellung einnehmen. Aus heute nicht mehr nachvollziehbaren Gründen hält sich der Troubadour jedoch nicht an die klassische Reihenfolge der Tierkreiszeichen. Seine Anordnung ist folgendermaßen (von oben im Uhrzeigersinn): Waage / Stier / Widder / Steinbock / Schütze / Wassermann / Skorpion / Fische / Zwillinge / Krebs / Jungfrau / Löwe. Den Steinbock stellt er nach der babylonischen Tradition als Ziegenfisch dar.

Mit den Ausschmückungen gehört «Breviari d'amor" zu den schönsten Beispielen der frühgotischen Buchmalerei.

Der bereits erwähnte Andalo di Negro schuf neben geografischen und dichterischen Werken im Jahre 1323 auch ein astrologisches Kompendium, in denen er das Wissen seiner Zeit über die Sternendeutung zusammenfasste. Die einzelnen Abschnitte sind mit vergoldeten Miniaturen der Planeten und Sternzeichen versehen. Das Kunstwerk ist heute in der Pariser Nationalbibliothek zu bewundern.

Was bei di Negro schon angedeutet war, erreichte ein Jahrhundert später einen ersten Höhepunkt: das Buch als Kunstwerk.

Stunden- und Hausbücher

Die spätgotische Kunst entwickelte die Stunden- und Hausbücher zur Perfektion. Sie lösten den hochmittelalterlichen Psalter ab und waren zunächst als Andachtsbuch für das Stundengebet gedacht. Das war eine in der mittelalterlichen Kirche weit verbreitete Praxis des regelmäßigen Gebets, das – je nach Tradition

– acht- oder siebenmal, später fünfmal täglich ausgeführt wurde. Der Zyklus begann mit der Laudes um 3.00 Uhr morgens. Im ausgehenden Mittelalter wurde das Stundenbuch vor allem beim lesekundigen Adel immer populärer; es diente als privates Andachtsbuch.

Und was zur Ehre Gottes geschah, konnte nicht prunkvoll genug sein. So wurde jede Seite eines Stundenbuches zu einem wahren Kunstwerk, vor allem in Frankreich und Flandern. Zu den bedeutendsten zählten Très Riches Heures sowie das Turin-Mailänder Stundenbuch, die beide für den Herzog Jean de Berry erstellt wurden, das Stundenbuch des Herzogs von Bedford und des Lorenzo I. Medici, oder das Gebetbuch Jakobs IV. von Schottland und seiner Gemahlin Margaret Tudor. Sie sind heute nicht nur in Museen anzuschauen, sondern auch als erschwingliche Faksimiles allgemein verfügbar.

Neben gebetstechnischen und theologischen Anleitungen kam es in Mode, die Stundenbücher mit wunderschönen Tierkreis- und Jahreszeitenmotiven zu schmücken, offenbar nach dem Vorbild des Tympanon in den Kathedralen.

Diese als Monatsbilder bezeichneten Werke waren ein wesentlicher Bestandteil der mittelalterlichen und neuzeitlichen bildenden Kunst und beschränkten sich nicht nur auf den sakralen Raum. Bisweilen erscheinen sie auch abgewandelt als vierteiliger Zyklus der Jahreszeiten.

Das bereits zu seiner Zeit bekannteste und am meisten bewunderte Stundenbuch war Très Riches Heures («Sehr Reiche Stunden») (Abb. 21 und 35). Sein Auftraggeber, der Herzog Jean de Berry (1340 – 1416), war ein Bruder des französischen Königs Karl V., dem Weisen sowie ein Neffe des deutsch-böhmischen Kaisers Karl IV. Als machtbewusster Regent tat er sich ebenso hervor wie als großzügiger Förderer der Künste. Jean de Berry war stark beeinflusst von dem Augustiner Lubertus Hautscilt, der dem Herzog eine von ihm selbst illustrierte Abhandlung des klassischen persischen Astrologen Albumasar aus dem 9. Jahrhundert geschenkt hat.

An seinem Hof arbeiteten unter anderem die niederländischen Miniaturmaler Herman, Paul und Johan von Limburg, die in dem Genre als größte Meister ihrer Zeit galten. Sie schufen Très Riches Heures zwischen 1410 und 1416 und dazu noch andere Stundenbücher.

Très Riches Heures verbindet die Tierkreisdarstellung mit Monatsblättern, wobei die Zeichen im Halbkreis über dem Motiv angebracht sind. Diese Seiten sind die bekanntesten Motive aus dem Buch. Die astrologische Verbundenheit von Auftraggebern und Künstlern zeigt sich auch in einer beeindruckenden Darstellung des Homo Signorum, des sogenannten Tierkreiszeichenmannes. Das war im Mittelalter eine weit verbreitete medizinische Darstellung, wonach die zwölf Tierkreiszeichen einer bestimmten Region des Körpers zugeordnet sind, beginnend mit dem Widder für den Kopf bis zu den Fischen für die Füße. Diese Darstellung bildet bis heute die Basis für die Astromedizin.

Das Kunstwerk befindet sich heute im Schloss Chantilly, etwa 50 km nordöstlich von Paris. Es ist jedoch nur Kunstexperten zugänglich. Laien müssen sich mit einem Faksimile begnügen.

Das Stundenbuch, insbesondere die Monatsblätter, werden von der Kunstgeschichte heute teilweise kritisch bewertet. So schreibt Teresa Pérez Higuera: «*Innerhalb dieser weiten Räume der freien Natur verbinden sich die Feldarbeiten mit dem heiteren und unbekümmerten Hofleben. Dabei wird dieser soziale Gegensatz jedoch zu einem Vorwand, um die guten Beziehungen der Grundherren wiederzugeben, die die Bauern aufsuchen. […] Doch vor allem sind es die in Gruppen arbeitenden Bauern, die elegante und harmonische Bewegungen zeigen, was so weit geht, dass sie nicht wie Feldarbeiter aussehen, sondern wie verkleidete Adelige, die sich bei einem fröhlichen Zeitvertreib amüsieren und sich nicht mit erschöpfenden Tätigkeiten abmühen.*»[36]

Demgegenüber propagiert der Semiotiker und Bestsellerautor Umberto Eco eine andere Sicht: «*Es wird nicht respektlos sein, wenn wir uns vorstellen, dass der Duc de Berry im Zwielicht der Kirche die Bilder seines Buches so gierig verfolgte, wie wir heut-*

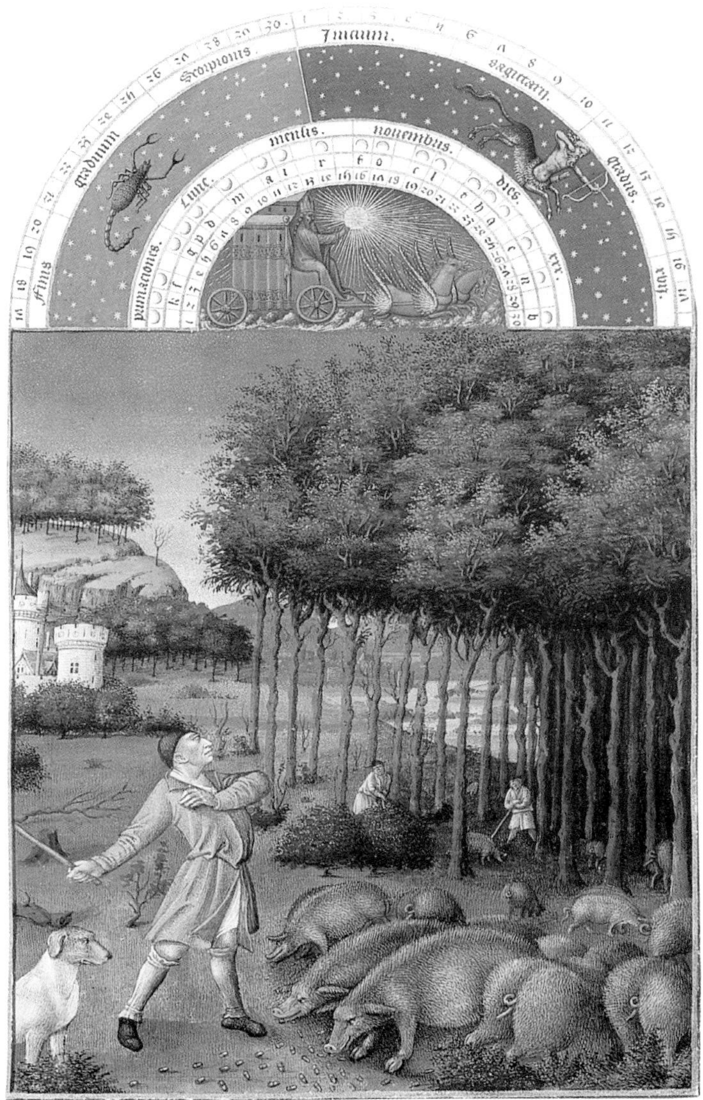

Abb. 21: Très Riches Heures

zutage die Bilder im Fernsehen. Als bewundernswerter Kompromiss zwischen Mystik und Ästhetik, Pflicht und Vergnügen, Meditation und freiem Spiel der Phantasie verhelfen uns die Trés Riches Heures zu einem guten Verständnis des Mittelalters, einer Epoche, in der die Manifestationen der öffentlichen Tugend mit Manifestationen der öffentlichen Freizügigkeit einhergingen.»[37]

In seiner Ausstrahlung kommt das Stundenbuch des Herzogs von Bedford dem Très Riches Heures vermutlich am nächsten. In ihm sind Monatsbilder und Tierkreiszeichen auf einem Blatt nebeneinander dargestellt und bis in die Details mit großer Sorgfalt gestaltet.

Im Gegensatz zu den Stundenbüchern haben die spätmittelalterlichen Hausbücher eher profanen Charakter, doch *«ihre Themen reichen weit über den alltäglichen ‹Hausgebrauch› hinaus: Nicht nur Rezepte gegen Verstopfung und für die Herstellung von Seifen finden sich darin, sondern mit Anleitungen zu Verteidigung und Kriegsführung, Kapiteln zu Turnierkunst oder Liebeswerben bis hin zu Abhandlungen über Gedächtniskunst und Astrologie umfasst es weite Bereiche ritterlichen Lebens und spätmittelalterlicher Geisteswelt,»*[38] so in der Einleitung zu dem bekanntesten deutschen Hausbuch der Fürsten zu Waldburg Wolfegg, das nach 1480 erstellt wurde.

Damit ist das Stichwort gegeben, die Astrologie war das verbindende Glied zwischen Stundenbüchern und Hausbüchern. Die sakralen wie die profanen Künstler bzw. Auftraggeber bedienten sich gleichermaßen der Astrologie, um ihre Welt zu erklären. Makro- und Mikrokosmos werden zueinander in Beziehung gesetzt; auch in weltlichen Angelegenheit begreift sich der Mensch als Teil einer größeren Ordnung.

Der Künstler des Hausbuchs der Fürsten zu Waldburg Wolfegg war mit der Astrologie ebenso vertraut wie seine Kollegen in kirchlichen Diensten. Die Planeten werden in Gestalt von Persönlichkeiten symbolisiert, die von ihren jeweiligen Zeichenherrschern begleitet ihre Bahnen am Himmel ziehen (Abb. 22). Unter ihnen leben oder erleiden die Menschen die entsprechen-

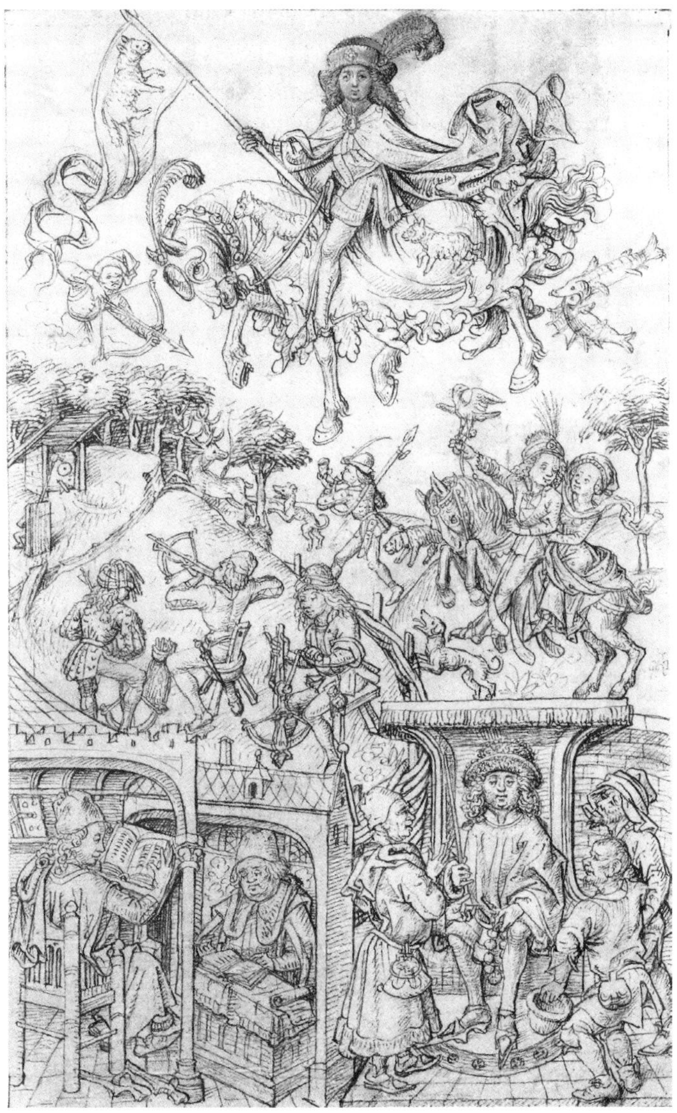

Abb. 22: Merkur und seine Kinder. Aus: Das Hausbuch der Fürsten zu Waldburg Wolfegg, entstanden nach 1480

den Qualitäten: Beim Mars geht es ausgesprochen militant und brutal zu, Saturn bringt Härte und Not, Jupiter dagegen Wohlstand, Merkur Bildung und Venus erlaubt weltliche Genüsse jeder Art. So dokumentieren die Planetenbilder nicht nur die spätmittelalterliche Interpretation der Astrologie, sondern auch die verschiedenen Facetten des Alltags der Menschen, der in diesem Fall keineswegs idealisiert wird.

Das Hausbuch, das als «nationales Kulturgut» gilt, wurde lange im Stammsitz der Familie, dem Schloss Wolfegg in Oberschwaben, aufbewahrt und nach einigen juristischen Auseinandersetzungen an einen anonymen «inländischen Käufer» veräußert. Es ist jedoch komplett als Faksimile mit sachkundigen Kommentaren zugänglich.

Bücher, Drucke und Kalender dieser Art gab es – gerade nach der bahnbrechenden Erfindung des Buchdrucks von Johannes Gutenberg – zahlreiche, und sie alle aufzuführen, würde den Rahmen dieser Abhandlung sprengen. Deshalb sei nur noch auf einige wenige hingewiesen.

Zu den frühesten Werken dieser Art gehören die Basler Holzschnitte von 1430. Auf einem Blatt sind die Planeten mit Herrscherzeichen und Beschreibung dargestellt, auf einem anderen «ihre Kinder», das heißt die mit den jeweiligen Planeten verbundenen Tätigkeiten. Sie sind weit weniger wertend dargestellt als im Hausbuch der Fürsten zu Waldburg Wolfegg. Saturn erscheint zwar als hagerer, älterer Mann, doch seine Kinder fahren mit dem entsprechenden Einsatz eine gute Ernte ein und wirken keinesfalls ausgemergelt. Offenbar gab es auch im Spätmittelalter nicht nur die einseitige Festlegung der Planeten. Der Zyklus befindet sich heute im Museum Otto Schäfer in Schweinfurt. Sie geht auf den Industriellen zurück, der bedeutende Buchdrucke vom Mittelalter bis heute gesammelt und diese öffentlich zugänglich gemacht hat.

Bemerkenswert ist noch das kalendarische Hausbuch des Konrad Rösner aus dem Jahre 1445. Es enthält wie Très Riches Heures einen Tierkreiszeichenmann sowie die Darstellung der

Planeten «und ihrer Kinder». Womöglich diente es den Fürsten zu Waldburg Wolfegg als Vorlage, denn die inhaltliche Konzeption ist ähnlich, die künstlerische Umsetzung jedoch unterschiedlich. Die Darstellung ist kreisförmig, oben thronen die Planeten, symbolisiert als Personen und begleitet von ihren Zeichenherrschern. In der unteren Hälfte sind die damit verbundenen Aktivitäten dargestellt. Das in Passau entstandene Werk wird heute in der Landesbibliothek in Kassel aufbewahrt; über seinen Auftraggeber und Besitzer Konrad Rösner ist nichts bekannt.

Nach einer ähnlichen Struktur beschreiben auch das Tübinger Hausbuch sowie das Hausbuch des Meisters Joseph die Planeten. Beide sind um 1475 entstanden und befinden sich in der Tübinger Universitätsbibliothek.

Diese Kompositionen machen den Stellenwert der Astrologie im Hochmittelalter deutlich. Sie führte kein isoliertes Dasein wie vielfach heute, wenn es nur darum geht, etwas über «sein» Horoskop zu lesen, am besten mit präzisen Voraussagen, sondern sie war Teil des allgemeinen Weltbildes. Dass es dabei Unterschiede zwischen den gebildeten Schichten und der bäuerlichen Landbevölkerung gab, liegt auf der Hand. Doch das Bewusstsein von der Astrologie als Teil des Kosmos, als Teil von Gottes Plan, war allgegenwärtig.

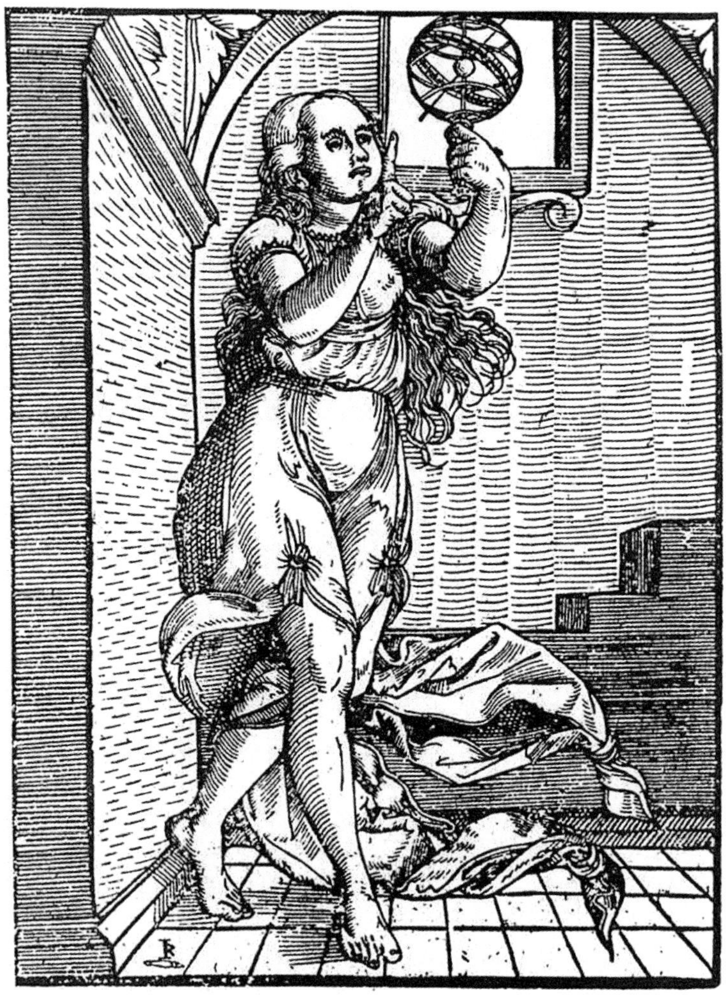

*Abb. 23: Meister IR, «Astrologie», Holzschnitt
2. Hälfte 16. Jahrhundert*

4. Kapitel: Die Renaissance

Welt- und Menschenbild

Die Renaissance begann im frühen 15. Jahrhundert in Italien und erreichte am Ende des Jahrhunderts das restliche Europa. Sie währte bis zum frühen 17. Jahrhundert. Astrologisch wurde die Epoche von einer Neptun/Pluto-Konjunktion in den Jahren 1398 bis 1400 eingeleitet, ein Ereignis, das alle 493 bzw. 494 Jahre stattfindet. Zwar waren die Planeten zu der Zeit noch nicht gesichtet, doch das hindert sie nicht, ihre Wirkung zu entfalten. Beide Planeten symbolisieren Wandel und Umbruch, Neptun eher auf eine subtile, aber nicht weniger grundlegende Art. Pluto verlangt das Loslassen bzw. Absterben, wie die Natur in seinem Zeichen, dem Skorpion, um Platz für neues Leben zu schaffen. Dies schafft sich im astrologischen Zyklus im Zeichen Widder nach einer Epoche des Rückzugs und Chaos wieder seinen Raum. Begegnen sich beide Planeten, dann sind durchgreifende globale Umwälzungen unvermeidlich, jedoch nicht nur auf der äußeren Ebene, sondern auch im kollektiven Bewusstsein. Das lässt sich bei einem genauen Studium dieser Konjunktion und der damit verbundenen globalen Entwicklungen überzeugend nachweisen, sprengt aber den Rahmen dieses Werkes.

Der ein halbes Jahrtausend währenden Epoche zwischen einer Neptun/Pluto-Konjunktion wird nachgesagt, dass sie mit einem Jahrhundert von Chaos und Unsicherheit beginnt, auf das dann etwa vier Jahrhunderte folgen, in denen die Menschheit zu Fortschritt auf allen Ebenen befähigt ist.

Der Interpretation entspricht, dass eine für das christliche Europa dramatische Katastrophe am Beginn der Epoche stand, der Fall Konstantinopels 1453. Nach jahrzehntelanger Belagerung nahmen türkische Truppen die Stadt ein, die mehr als ein Jahrtausend das Machtzentrum der Christenheit gewesen war. Dadurch flohen viele griechische Gelehrte nach Italien und brachten ihr Wissen über die Antike mit, das in Mitteleuropa weitgehend verloren gegangen war oder nur noch in arabischen Übersetzungen vorlag.

Der Name Renaissance bedeutet «Wiedergeburt» – nämlich der Werte der Antike, ein Begriff, der allerdings aus dem 19. Jahrhundert stammt.

Sah sich der Mensch im Mittelalter in eine göttliche Ordnung eingefügt, aus der weder die Herrscher noch das gemeine Volk ausbrechen konnten, entdeckte er nun das Diesseits und damit Individualität, Freiheit und Grenzenlosigkeit des Geistes sowie wissenschaftliche Methoden zur Ergründung der Schöpfung. Freude am Leben und an der Schöpfung waren die Folge. Die Menschen waren überzeugt, mit Hilfe der Wissenschaft alle Geheimnisse der Natur ergründen zu können. Insofern war die Renaissance das Tor zur Neuzeit, denn sie ermöglichte all das, was unser Dasein prägt: Erfindungen und Entdeckungen vom Buchdruck bis zur Unterwerfung fremder Kontinente, die Reformation, die Etablierung des heliozentrischen Weltbilds sowie das Bewusstsein eines mit unveräußerlichen Rechten ausgestatteten Individuums.

Der Nachweis des heliozentrischen Weltbilds war eine folgenschwere Erkenntnis, die als Erste der drei großen Traumata der Menschheit gilt. Es folgten Darwin und die Lehre von der Evolution sowie Freud und die Bedeutung des Unbewussten.

Bereits in der Antike gab es Spekulationen über das heliozentrische Weltbild, die vor allem auf den griechischen Astronomen Aristarchos von Samos (310 – 230 v. Chr.) zurückgehen. Die Mehrheit der Wissenschaftler und erst recht die Vertreter der Religionen blieben jedoch bis zum ausgehenden Mittelalter bei der These, dass sich die Erde im Zentrum des Universums befinde. Fast 2.000 Jahre nach Aristarchos erbrachte Nikolaus Kopernikus (1473 – 1543) den Beweis für das heliozentrische Weltbild. Auch wenn heute klar ist, dass dies nur für unser Sonnensystem gilt, verlor der Mensch seine zentrale Position im Kosmos.

Das hatte durchaus emanzipative Folgen, denn damit wurde die Macht der Kirche geschwächt. Wenn die Erde als Gottes Schöpfung nicht mehr im Mittelpunkt stand, konnten seine Vertreter auf Erden auch nicht länger das Zentrum der Macht für sich beanspruchen. Viele Kirchenfürsten passten sich dem neuen Geist an, indem sie den Verlust ihrer Macht durch Pracht und Prunk kompensierten.

Dagegen wehrte sich der Augustinermönch Martin Luther (1483 – 1546), der mit der Reformation den entscheidenden Anstoß gab, das Machtmonopol der katholischen Kirche zu brechen.

Befreit von der alles dominierenden Vormundschaft der Kirche, entfaltete der Mensch sein Potential durch zahlreiche Erfindungen und Entdeckungen. Eine der folgenreichsten – bereits vor der Reformation – war der Buchdruck durch Johannes Gutenberg (ca. 1400 – 1468). Der Mainzer Patriziersohn benutzte bewegliche Lettern statt ganzer Holzstöcke, mit denen zuvor Abschriften von Büchern bewältigt wurden. Diese Technik verbreitet sich rasch in ganz Europa und setzte eine Medienrevolution in Gang, die wiederum Bewegungen wie die Reformation erleichterte.

Zu den bedeutenden Ereignissen der Epoche zählten auch Entdeckungsfahrten. Christof Kolumbus (1451 – 1506), Vasco da Gama (1469 – 1524), Ferdinand Magellan (1480 – 1521) und andere bezeugten mit ihrem Aufbruch in weitgehend unbekannte Weltmeere ein hohes Vertrauen in die eigenen Fähigkeiten – aber auch in die damit verbundene Überheblichkeit, die Kehrseite der Emanzipation. Die versehentliche Entdeckung Amerikas durch Kolumbus, bzw. die Entdeckung des echten

Seeweges nach Indien durch Vasco da Gama oder die erste Weltumseglung durch Magellan bedeuteten für die Einheimischen Unterwerfung, Ausbeutung und Tod. Die immensen Reichtümer aus den Kolonien bildeten schließlich den Grundstein für die Industrialisierung und Urbanisierung in Europa.

Aber es gab auch die Philosophie des Humanismus, dessen wichtigster Vertreter Erasmus von Rotterdam (ca. 1466 – 1536) war. Er hat Ethik, Moral und Selbstreflexion stärker als zuvor in die Religion einbezogen und eingefordert. Dabei bezog er sich auch auf griechisch-antike Vorbilder. Einen Gegenpol vertrat der Staatsphilosoph Niccolò Machiavelli (1469 – 1527), der eine selbstbewusste Machtpolitik der Fürsten legitimierte.

Kunstepoche

Mit den geistesgeschichtlichen Veränderungen und dem daraus resultierenden neuen Welt- und Menschenbild nahmen die Städte eine immer bedeutendere gesellschaftliche Stellung ein. Das verstärkte die bereits in der Spätgotik angelegte Entwicklung, wonach neben den kirchlichen Trägern auch die Kommunen zu wichtigen Auftraggebern der Kunst wurden. Während des Mittelalters beschränkte sich das noch weitgehend auf Italien, doch zu Beginn der Neuzeit boten in ganz Europa die freien Städte und mächtigen Fürstenresidenzen den Künstlern ein Forum. Italien, wo es keine zentrale Macht gab, sondern einflussreiche Stadtrepubliken miteinander um Macht und Einfluss sowie um Prestige und Symbolik wetteiferten, blieb jedoch der Vorreiter. Die Stadtväter benutzten die Kunstwerke, um ihr Selbstbewusstsein zu demonstrierten. Beispielhaft dafür sind die florentinischen Davidfiguren von Donatello (1386 – 1466) und Michelangelo (1475 – 1564).

Die Künstler selbst waren sich ihrer Bedeutung bewusst. Sind selbst die größten Künstler, Baumeister und Architekten des Mittelalters kaum bekannt, weil sie sich als Erfüllungsgehilfen eines göttlichen Plans gesehen haben, so stellten sich die Künstler der Renaissance selbstbewusst auf eine Stufe mit ihren Werken und identifizierten sich für alle sichtbar mit ihnen. Sie rückten das Individuum in den Mittelpunkt der Darstellungen und gaben ihm unverwechselbare, manchmal sogar autobiografische Züge, wie eine Christusdarstellung von Albrecht Dürer (1471 – 1528): Der Künstler selbst wird zum Weltenschöpfer. Überhaupt wurden in der Renaissance erstmals Selbstportraits verfasst, wobei sich Dürer auch hier besonders hervortat.

Ungeachtet der Veränderungen blieb der Klerus ein wichtiger Auftraggeber; so erhielt der Petersdom zwischen 1506 und 1626 seine endgültige Gestalt. Die von Michelangelo gestaltete Sixtinische Kapelle, seine «Pieta», Raffaels (1483 – 1520) Sixtinische Madonna oder Leonardo da Vincis (1452 – 1516) Werke «Das letzte Abendmahl» und «Mona Lisa» zählen zu den wichtigsten Werken der Kunstgeschichte schlechthin.

In der Architektur wurden ausgehend von dem Florentiner Bildhauer Filippo Brunelleschi (1377 – 1446) Räume konstruiert, in denen die Maße in einem genau bestimmten Verhältnis zueinander standen, um die perfekte Harmonie zu erreichen. Dabei orientierten sich die Künstler an der Musik, die von einem Ton ausgeht und ihn in Halbe, Viertel oder Achtel zerlegt. Zu Brunelleschis wichtigsten Werken zählen der Dom von Florenz mit seiner gewagten Kuppelkonstruktion sowie die Kirche San Lorenzo. In ihrem Begehren, Harmonie zu kreieren, bedienten sich die Architekten der einfachen geometrischen Grundformen von Kreis und Quadrat. Bei den Säulen und Kapitellen griffen sie auf die griechischen Vorbilder (dorisch, ionisch, korinthisch) zurück.

Die Landschaftsmalerei nahm einen erheblichen Aufschwung, veränderte sich und beeinflusste sogar Kunstwerke kirchlicher Auftraggeber. Altarbilder, Deckengemälde und Fresken zeigten die Heiligen, Jesus und sogar Gott selbst häufig in menschlicher Form, umgeben von vertrauten Landschaftsbildern, statt einem einfarbigen (zumeist goldenen), wenig lebendigen Hintergrund.

Entsprechend dem Grundtenor der Epoche wurden auch die antiken Götter- und Sagengestalten verstärkt zum Gegenstand der Kunst.

Insgesamt waren Motive aus der Natur nicht länger nur Kulisse, sondern wurden ins Zentrum der Darstellung gerückt. Albrecht Altdorfer (um 1480 – 1538) gilt als der Maler, der 1522 erstmals ein Naturmotiv ohne jegliche Personen geschaffen hat. (Donaulandschaft mit Schloss Wörth). Die Künstler erfassten den dreidimensionalen Raum einer Landschaft und stellten ihn dar. Die Zentralperspektive wurde errechnet und die aus der Antike bekannte Luftperspektive neu entdeckt.

Die Veränderung der Perspektive in der Kunst hatte auch grundlegende Auswirkungen auf die Sicht der Welt, wie der Philosoph Jean Gebser (1905 – 1973) beschreibt: *«Die Perspektive, deren Erlernung und deren allmählicher Besitz ein Hauptanliegen des Renaissancemenschen gewesen war, bringt außer der Erweiterung des Weltbildes in der durch sie bewirkten Räumlichung gleichzeitig eine Verengerung zum Ausdruck, an deren Folgen wir heute leiden. [ ] Ihre positive Folge ist: sie konkretisiert sowohl den Menschen als den Raum; die negative Folge ist: sie stellt den Menschen in einen Teilsektor, so dass er nur dieses Teilsektors ansichtig wird: er löst aus dem Ganzen nur jenes Stück heraus, das sein Blick oder sein Denken umfassen kann, und vergisst der daneben, darüber oder der möglicherweise auch hinter ihm liegenden »Sektoren«; damit ist die Anthropozentrik gegeben, welche die einstige Theozentrik, wie man sie nennen könnte, ablöste.* [39]

Die seit dem 13. Jahrhundert bekannte Malerei mit Öl wurde perfektioniert, was zu einer eindrucksvolleren Wirkung und Abstufung der Farben führte. Insgesamt wurden dadurch Licht und Schattendarstellungen, Atmosphäre und Raumwirkung erheblich intensiviert.

Obwohl damit alle Voraussetzungen für eine realistische Naturdarstellung gegeben waren, handelte es sich dabei nicht um das zentrale Ziel der Renaissance-Künstler. Ihnen ging es –

analog zur Architektur und Musik – eher darum, eine ideale Landschaft zu kreieren, die die allgemeine Vorstellung von Schönheit widerspiegelte. Perspektivisch waren viele dieser Gemälde vollkommen realistisch, aber sie sollten Harmonie, nicht die reale Natur vermitteln.

Realistisch-idealisiert war auch die Darstellung des Menschen. Die meisten Künstler besaßen eine große anatomische Kenntnis; das gilt im besonderen Maße für Leonardo da Vinci, das Universalgenie der Renaissance. Doch nicht nur er studierte Körperproportionen, Bewegungen, Muskel- und Sehnenzüge.

Bei der konkreten Umsetzung des Wissens wurden ebenfalls Ideale geschaffen. Die Aktdarstellungen der Epoche zeigen nichts Geringeres als den perfekten Körper. Der Mensch sollte vollkommen sein; die Umsetzung der Renaissance-Grundstimmung.

Die bereits im Mittelalter begonnene Tradition der Stunden- und Hausbücher sowie der Kalenderblätter wurde fortgeführt; die Anfertigung technisch anspruchsvoller und künstlerisch wertvoller astronomischer Uhren an Rathäusern und Kirchen erreichte ihren Höhepunkt.

Der Übergang von der Renaissance zum Barock wird bisweilen als eine eigene Stilrichtung angesehen, dem Manierismus. Er leitet mit seinen pathetischen Darstellungen zum Barock über.

Astrologische Symbolik

Die Renaissance war der kulturgeschichtliche Höhepunkt für die Verbindung von Kunst und Astrologie. Viele kirchliche und weltliche Fürsten konsultierten regelmäßig ihre Hofastrologen. Papst Julius II. (1503 – 1513) ließ nach seiner Wahl den geeigneten Zeitpunkt der Krönung von seinen Astrologen errechnen. Gleichzeitig war er ein großer Förderer der Künste und gab unter anderem die Sixtinische Kapelle in Auftrag.

Mächtige Fürstenhöfe und Adelsfamilien wie die Medici, Chigi oder Sforza-Viconti sowie selbstbewusste Städte boten Astrologen Brot und Entfaltungsmöglichkeiten. Für die bedeutendsten Künstler wie Leonardo da Vinci, Raffael, Tizian, Dürer und viele andere, war die Sternendeutung eine selbstverständliche Basis der Inspiration, und auch die Wissenschaft unterschied noch nicht zwischen Beobachtung und Deutung der Sterne. Ihre einflussreichsten Vertreter wie Johannes Kepler (1571 – 1630) beschäftigten sich intensiv mit der Astrologie. Sie waren davon überzeugt, dass ihre Forschungen und Entdeckungen dazu dienten, Gottes Ordnung besser zu verstehen und den Menschen verständlich zu machen; eine Ordnung, die sich im Kosmos ausdrückt. Auch das Horoskop wurde als Möglichkeit betrachtet, sich diese Ordnung zu erschließen. So befasste sich Kepler in seinem bedeutendsten Werk «harmonice mundi» (Weltharmonik) nicht nur mit den Umlaufbahnen der Planeten, sondern er versuchte vor allem nachzuweisen, dass das Universum in sich eine einzige göttliche Harmonie bildet, die sich durch Klang ausdrückt. Die Horoskope selbst wurden in quadratischer Form gezeichnet.

Angesichts der alles durchdringenden Astrologie resümiert der italienische Professor für Philosophiegeschichte und Kulturphilosophie, Eugenio Garin (1909 – 2004), dessen Forschungsschwerpunkt die Renaissance war: *«Die Astrologie verbindet sich also mit ganz verschiedenen Bereichen: Religion, Politik, Medizin und Wissenschaft. Gleichzeitig kennt sie die unterschiedlichsten Anwendungsformen und präsentiert sich als Geschichtsphilosophie oder Ontologie, als fatalistischer Naturalismus oder als Astralkult – und anderes mehr. […] Umso entschiedener muss eine These zurückgewiesen werden, die inzwischen zu einem Stereotyp avancierte: Die Behauptung, dass in der Renaissance eine klare Trennung zwischen Astrologie und Astronomie (d.h. zwischen divinatorischer und mathematischer Astrologie) stattgefunden habe.»*[40]

Im Zentrum der kirchlichen Macht

In der Schatzkammer des Petersdoms befindet sich unter anderem das Grab von Papst Sixtus IV. (1471 – 1484). Um den Sockel herum sind die zehn Wissenschaften dargestellt, darunter die Astrologie. An der erläuternden Wandtafel von heute wurde daraus die Astronomie.

Die Kathedrale San Pedro von Bologna, die nach Bränden und anderen Zerstörungen ab 1575 grundlegend renoviert wurde, enthält aus dieser Zeit den astrologischen Tierkreis, der um eine Darstellung des Meridians angelegt wurde. Die Komposition geht auf den Mathematiker und Dominikaner Ignatio Danti (1536 – 1586) zurück.

In Florenz verbindet die Medici-Kapelle kommunale und geistliche Macht in besonderer Weise. Die Familie Medici, deren Aufstieg auf dem Wolltuchhandel basierte, gehörte seit dem 14. Jahrhundert zu den einflussreichsten Dynastien von Florenz und später der gesamten Toskana. 1420 wurde die alte Sakristei von San Lorenzo, der ältesten Kirche der Stadt, in die Familienkapelle der Medici umgewandelt. In der Kuppel über dem Altarraum ist der komplette Zodiak mit den Planeten abgebildet. Dabei handelt es sich um ein Horoskop, ausgestellt auf den *4. Juli 1442, 10.30 Uhr.* Zu dem Zeitpunkt befanden sich alle damals bekannten Planeten oberhalb der AC-DC-Achse. Welcher Person oder welchem Ereignis das Horoskop galt, konnte bis heute nicht eindeutig geklärt werden. Bemerkenswert an dem Kunstwerk ist, dass eine reale Himmelskonstellation äußerst naturgetreu wiedergegeben wurde, während sich die sonstigen astrologischen Darstellungen der Epoche symbolischer Bilder bedienten.

Auch außerhalb Italiens griff die sakrale Kunst astrologische Symbole auf. Eines der schönsten Beispiele dafür ist der Isenheimer Altar von Matthias Grünewald (ca. 1470 – 1528). Der Wandaltar mit doppelseitig bemalten Flügeln wurde zwischen 1512 und 1515 für das Antoniter-Kloster in Isenheim bei Colmar

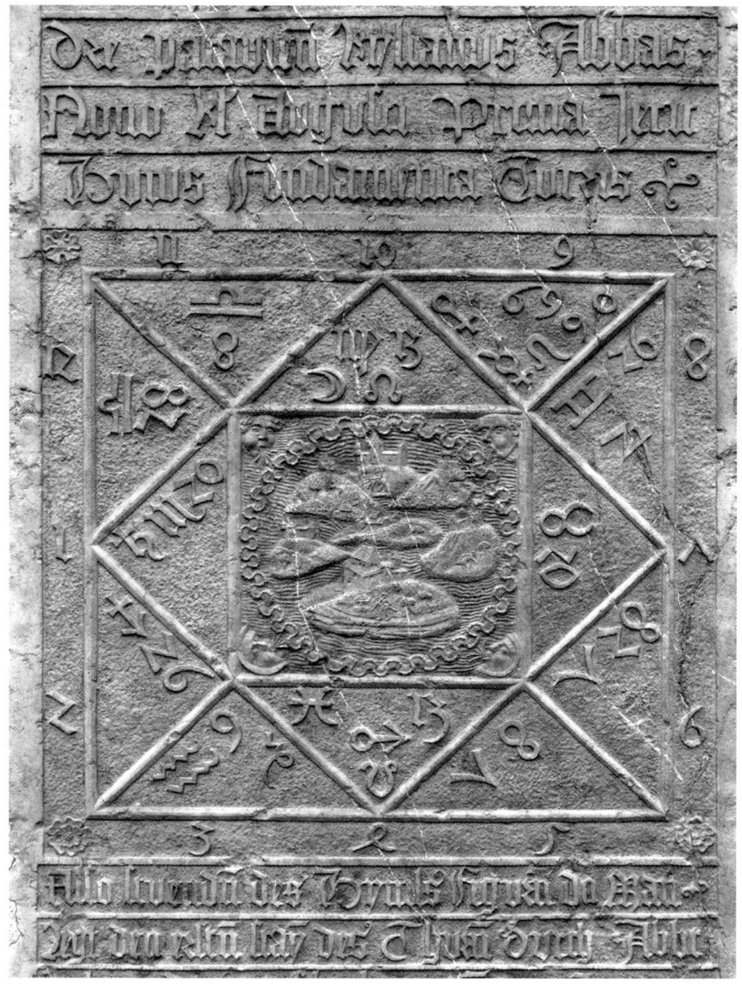

Abb. 24: Im Kloster Niederaltaich zwischen Regensburg und Passau gingen die Bauherren so weit, dass sie auch das Horoskop der Grundsteinlegung am 24. Juli 1514 um 15:00 Uhr dargestellt haben. Es befindet sich in einer Steinplatte am südlichen der beiden Kirchtürme.

im Elsass geschaffen. Heute ist er im Colmarer Museum Unterlinden zu bewundern. Vordergründig zeigt er die Menschwerdung, den Opfertod und die Verklärung Jesu in ausdrucksstarken Bildern. Grünewald stellt dabei den Tierkreis dar und ordnet Christus dem Löwen zu, dem Herrscherzeichen schlechthin. Auch Maria ist von zwölf Sternen umgeben, die den Tierkreis symbolisieren.

Im Zentrum der weltlichen Macht

Der päpstliche Bankier Agostino Chigi (1466 – 1520) war eine der einflussreichsten Persönlichkeiten seiner Zeit und ein bedeutender Kunstmäzen. In seiner Villa Farnesina ließ er im Sala di Galatea den Zyklus «Sternenbilder» als Deckengemälde erstellen. Das reichte ihm jedoch nicht als astrologische Verbindung. Im selbstbewussten Stil seiner Zeit gab er zudem die schmuckvolle Ausgestaltung seines eigenen Horoskops dazu in Auftrag.

Ein großer Förderer der Kunst war auch Fürst Borso d'Este (1413 – 1471) von Ferrara. Ihm ist es zu verdanken, dass der Ort in der Emilia-Romagna (Nord-Italien) zum Schauplatz einer der bekanntesten astrologischen Darstellungen überhaupt wurde: Die Fresken im Salone dei Mesi des Palazzo Schifanoia, dem Sitz der Familie Este, bezeugen das hohe Wissen der Zeit von der Astrologie. Erstellt von dem Maler Francesco del Cossa (um 1435 – 1477) bestehen die zwölf Wandgemälde aus jeweils drei Teilen. Im oberen Teil werden die Zeichenherrscher in symbolischen Bildern dargestellt. In der Mitte folgen die drei Dekane, interpretiert als Junge, Reife und Alte. Unten schafft das Hofleben aus der Epoche des jeweiligen Zeichens den Bezug zum Alltag der gehobenen Schichten (Abb. 37).

An Borso d'Estes Hof wurden zudem Kupferstiche geschaffen, die zahlreiche zeitgenössische Motive wie die freien Künste, Gestalten der antiken Mythologie sowie die Planeten darstellen.

Der Kunsthistoriker Blume sieht in der Gestaltung eine sehr bewusste Anordnung: *«Fünf Gruppen von jeweils zehn Bildern sind hierbei durch die Klassifizierung mit Ziffern und Buchstaben in eine klare, didaktisch und hierarchisch strukturierte Ordnung gebracht worden. Vermutlich in durchaus erzieherischer Absicht sollte auf diese Weise humanistisches Gedankengut mit Hilfe des neuen grafischen Mediums im Umlauf gebracht werden. [...] Die abschließende oberste Reihe führt schließlich die sieben Planeten als kosmische Mächte vor. Sie werden durch die Personifikationen der achten Sphäre der Fixsterne, des primo mobile als grundlegendes Bewegungselement sowie der prima causa als göttliche Ursache, zur erforderlichen Zehnerzahl ergänzt.»*[41]

Die letzte Verantwortung für die astrologische und sonstige Gestaltung der Besitztümer der Familie d'Este lag in der Hand des Hofmalers Cosmé Tura (1430 – 1495). Für seine eigenen Werke wählte er gern biblische und mythologische Themen, die er häufig sogar zusammenführte. Ein Resultat davon ist das Ölgemälde «Die Madonna des Tierkreises». Es ist heute in der Gallerie dell'Accademia in Venedig zu sehen (Abb. 38).

In Florenz beeinflusste die allgegenwärtige Astrologie ganz konkret die Architekten. Der Grundstein für den Palazzo Strozzi, Sitz einer wohlhabenden Kaufmannsfamilie, wurde am 6. August 1489 nach astrologischen Berechnungen gelegt. Er gilt bis heute als einer der bedeutendsten Profanbauten der Stadt.

Erwähnenswert ist noch die umbrische Metropole Perugia. Der dortige Palazzo dei Priori enthält zahlreiche kunsthistorisch bemerkenswerte Räume. Astrologisch interessant ist der Collegio de Cambio, der «Geldwechselraum», der 1452 erbaut wurde. Zwischen 1498 und 1500 entstand dort ein Deckenfresko mit eindrucksvollen Darstellungen der Planetengötter. Ihre Kraft und Vitalität nimmt bereits barocke Elemente vorweg. Die Gestaltung dieses und anderer Räume lag in der Hand des Malers Perugino (ca. 1445 – 1523). Er war damals der Lehrer

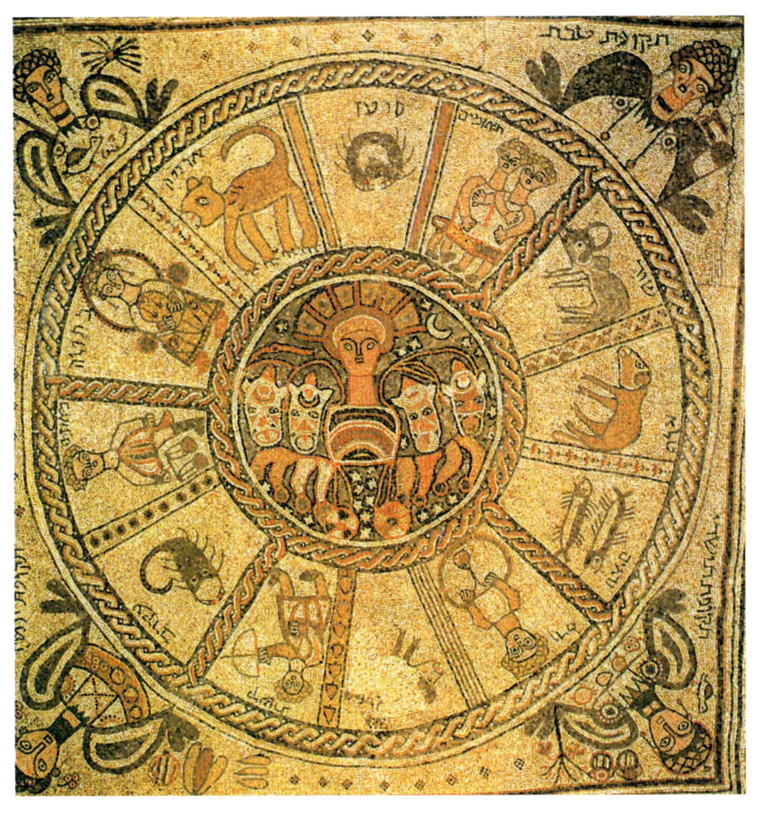

Abb. 25: Fußbodenmosaik mit dem astrologischen Tierkreis in der Synagoge von Bet Alpha, 6. Jahrhundert

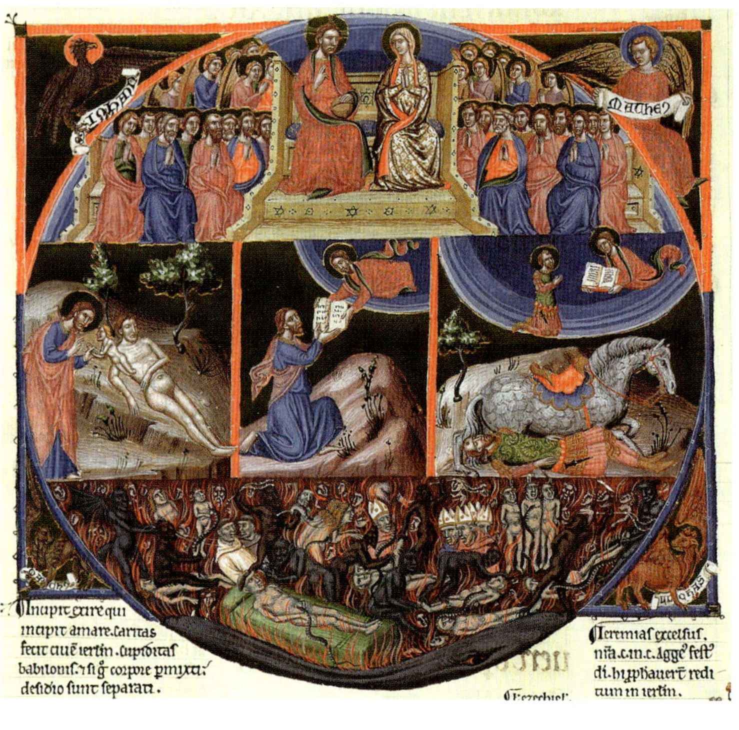

Abb. 26: Utrechter Psalter, um 830 n. Chr.

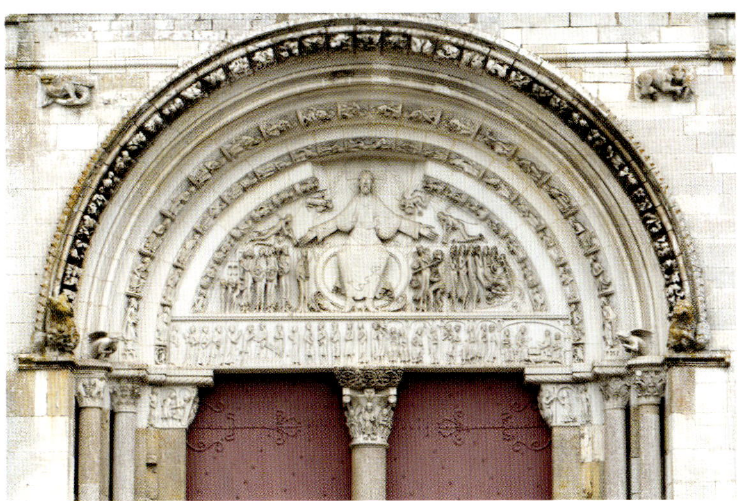

Abb. 27: Vézelay, Sainte-Marie-Madeleine-Kathedrale, Tympanon über dem Mittelportal mit Tierkreis halbkreisförmig um den Erlöser im Zentrum.

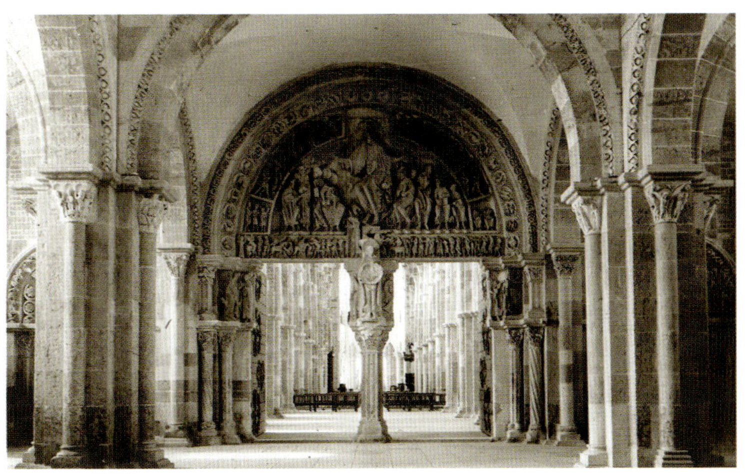

Abb. 28: Vézelay, Sainte-Marie-Madeleine-Kathedrale

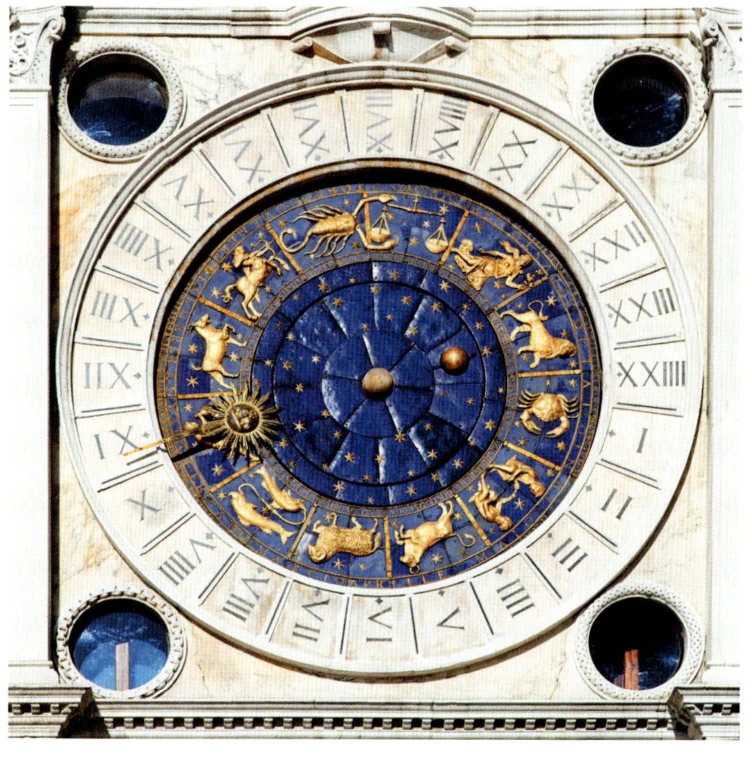

Abb. 29: Sonnenuhr mit dem Tierkreis am Markusdom in Venedig, spätes 11. Jahrhundert

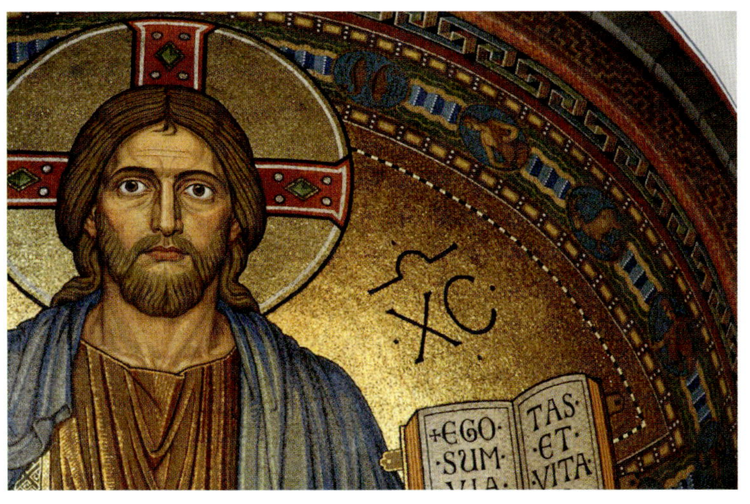

Abb. 30: Maria Laach, Tierkreis am Rande des goldenen Mosaiks, das die Jesus-Darstellung in der Apsis über dem Altarraum umgibt.

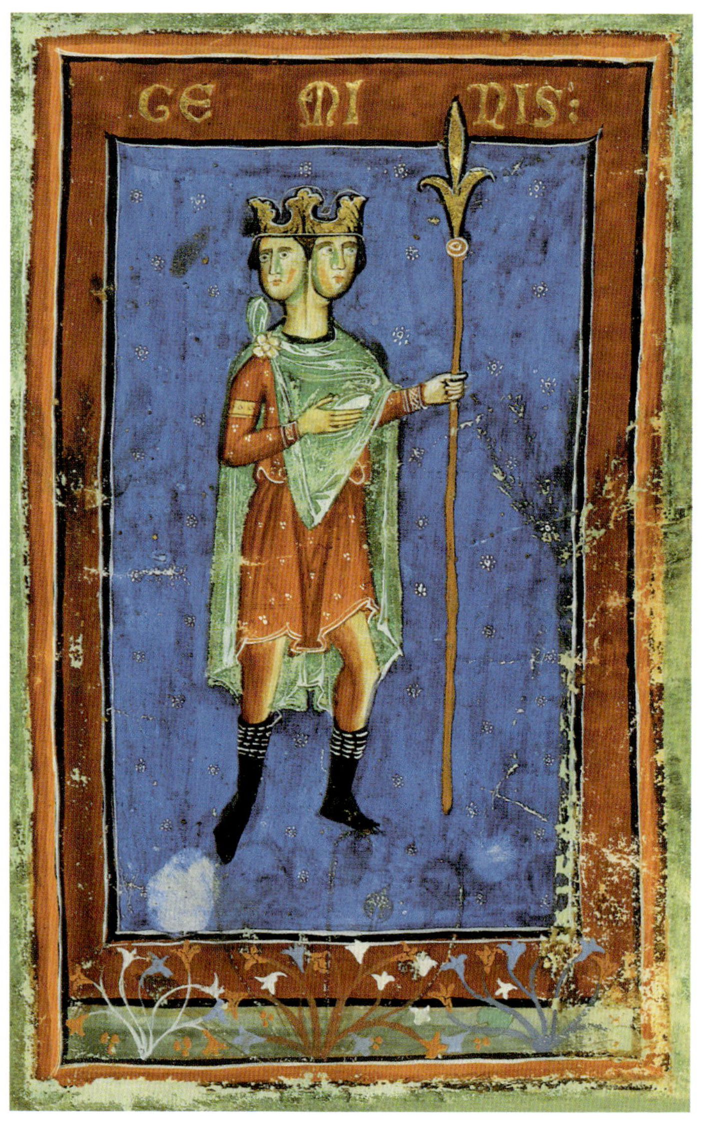

Abb. 31: Georgius Fendulus, «Liber astrologiae», entstanden zwischen 1220 und 1230. Zwillinge

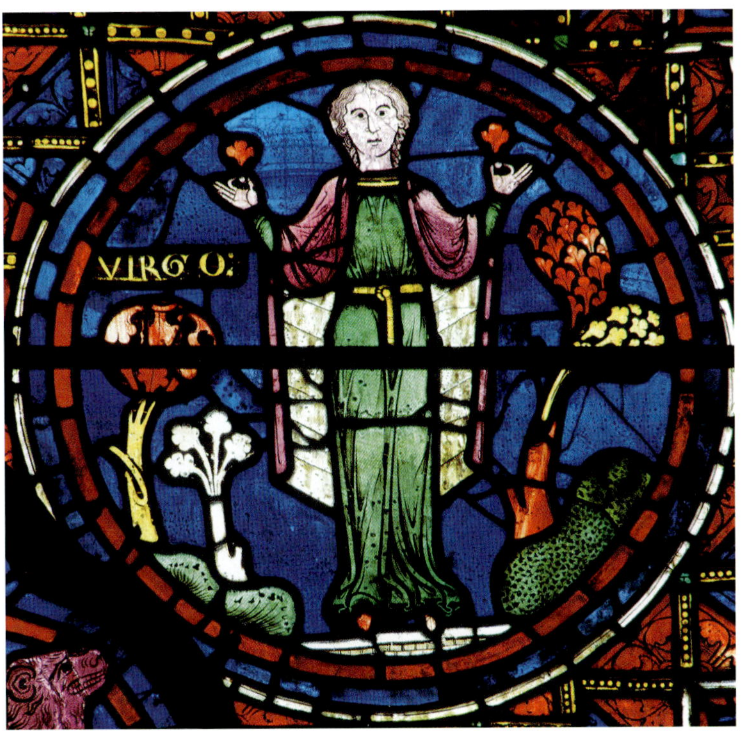

Abb. 32: Tierkreiszeichenfenster von Chartres mit dem Zodiak und den Monatsbildern, Jungfrau

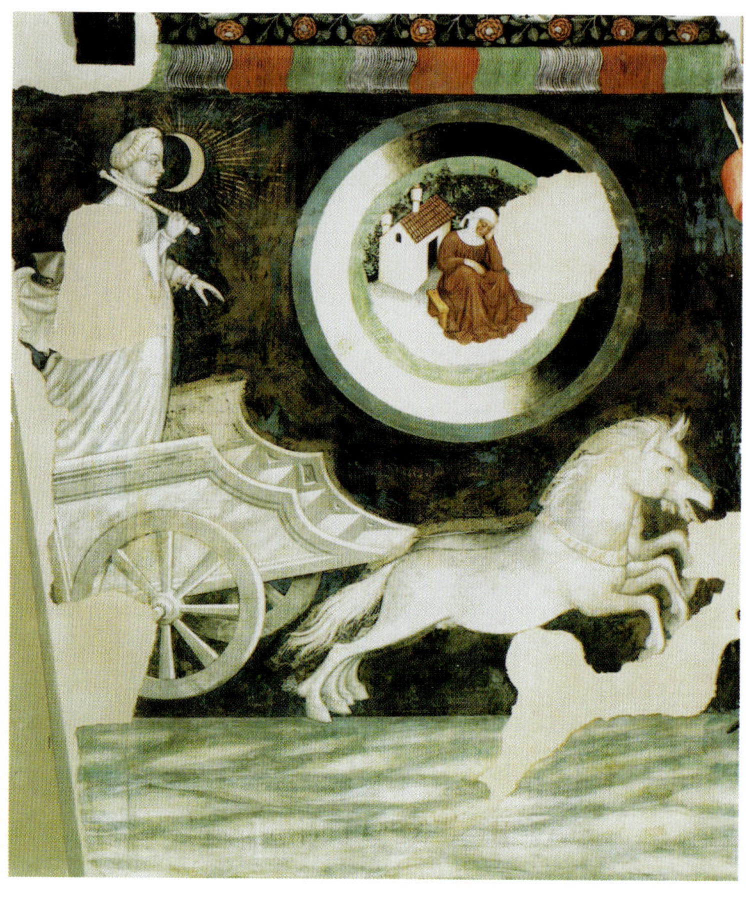

Abb. 33: Luna, Planetensaal im Palazzo Trinci, Foligno, um 1410

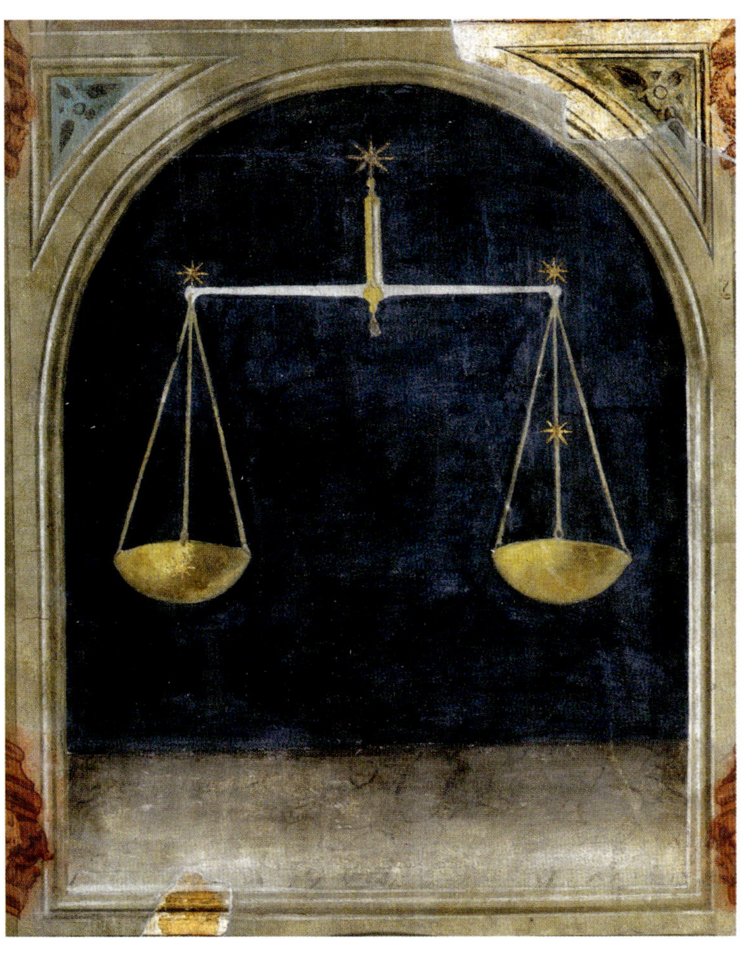

Abb. 34: Giotto di Bondone, Sternzeichen Waage. Fresko. Padua, Palazzo della Ragione

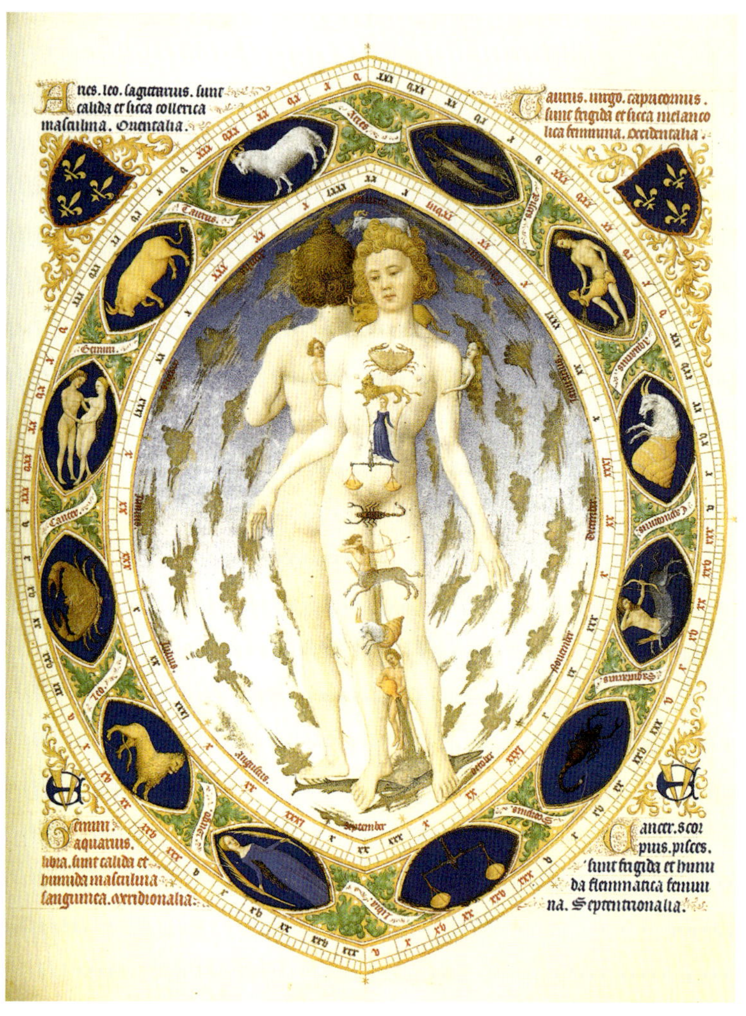

Abb. 35: Der Tierkreiszeichenmann aus dem Stundenbuch Très Riches Heures

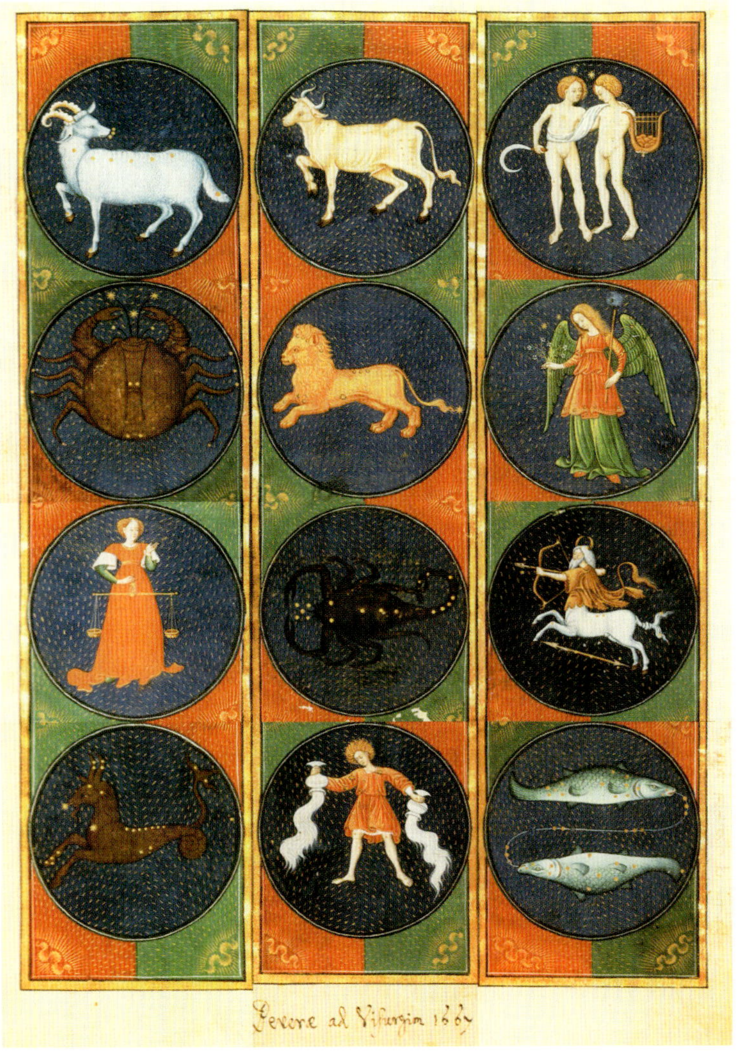

Abb. 36: Die zwölf Tierkreiszeichen aus einem italienischen Stundenbuch. Um 1475

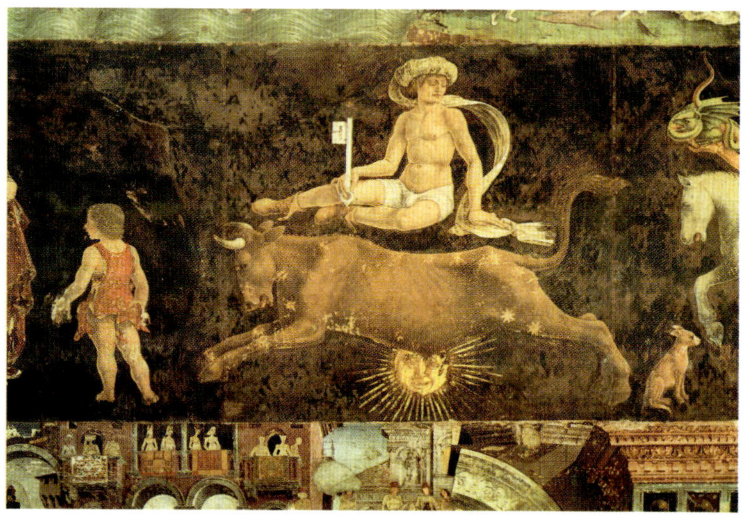

Abb. 37: Francesco del Cossa (1435 – um 1477), Das Tierkreiszeichen Stier, Ferrara, Freskenzyklus im Palazzo Schifanoia

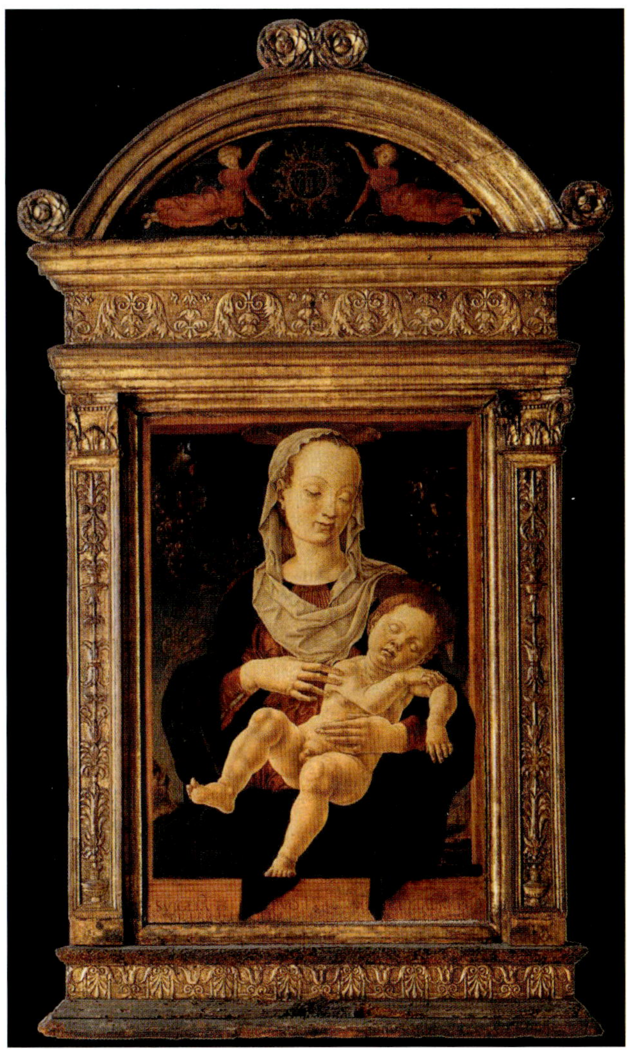

Abb. 38: Cosmè Tura (1459 – 63), «Die Madonna des Tierkreises».
Temperamalerei, 121 x 69 cm (mit Rahmen)
Gallerie dell'Accademia, Venedig

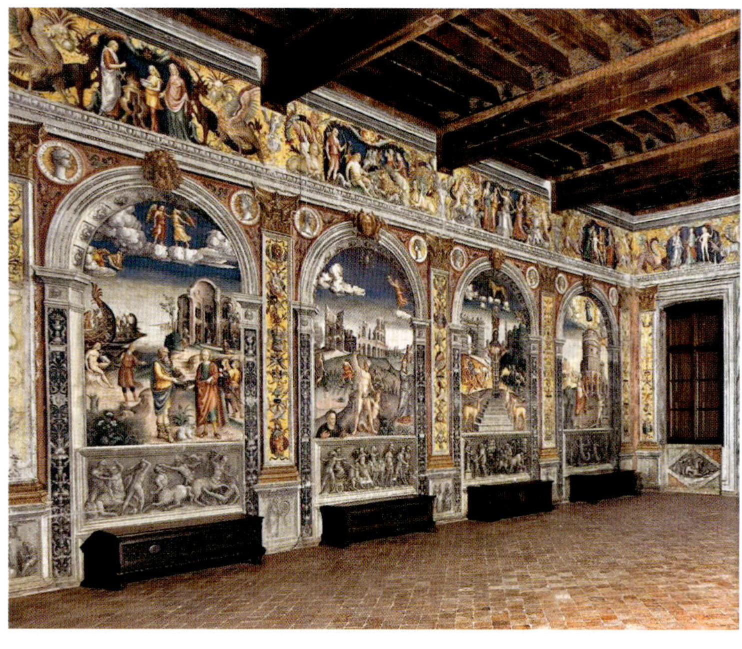

Abb. 39: Ehrerbietung an den antiken Astrologen Manilius im Palazzo del Te, Mantua, errichtet 1524 von Markgraf Federico II. Gonzaga.

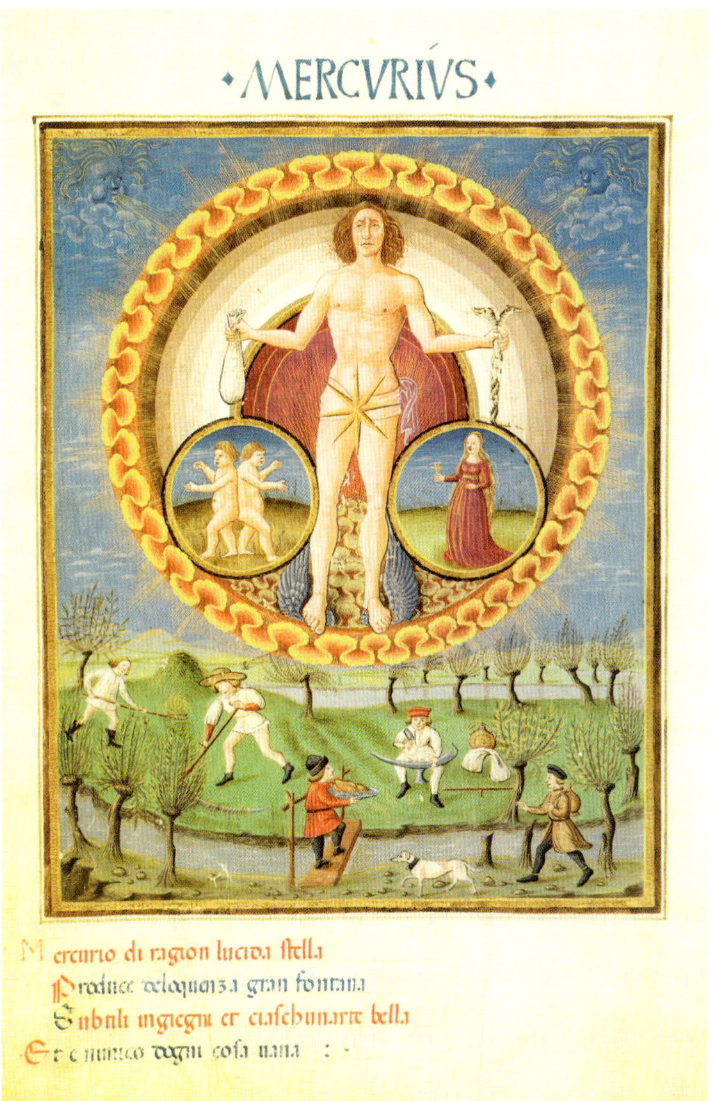

Abb. 40: Renaissance-Stundenbuch «De Sphaera», um 1470

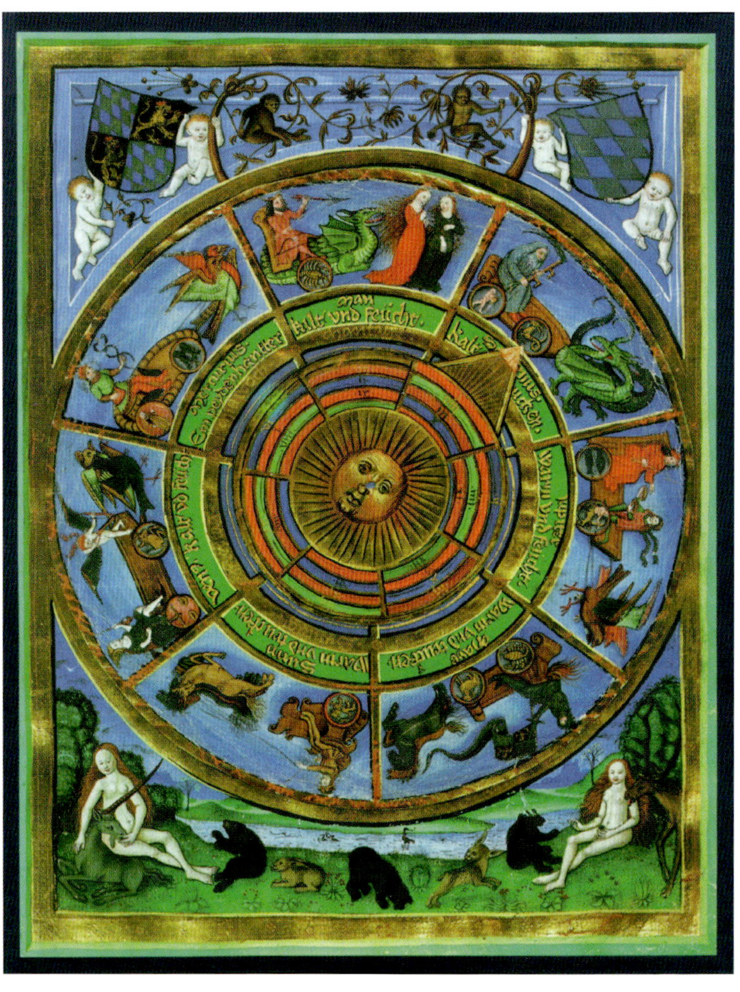

Abb. 41: Das Heidelberger Schicksalsbuch, geschaffen in Regensburg von dem Miniaturenmaler Berthold Furtmeyr (vor 1460 – 1502)

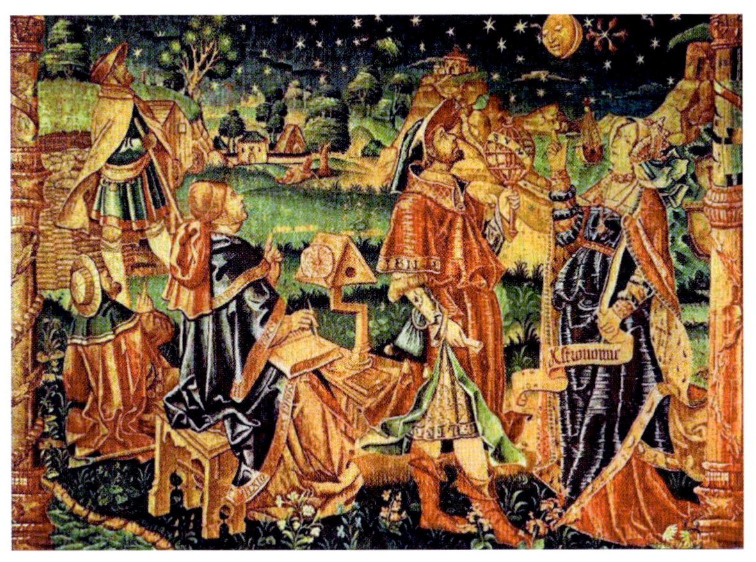

Abb. 42: Bilderteppich (Gobelin) eines unbekannten französischen Künstlers aus dem 16. Jahrhundert.

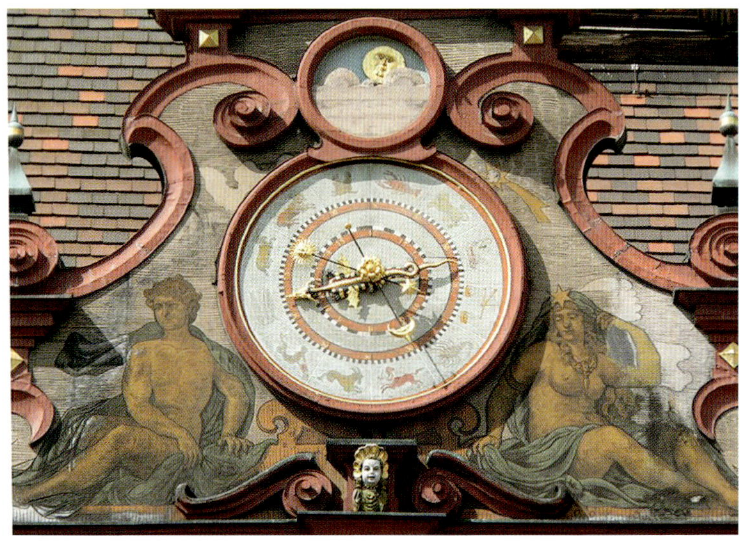

Abb. 43: Astrologische Uhr am Rathaus von Tübingen

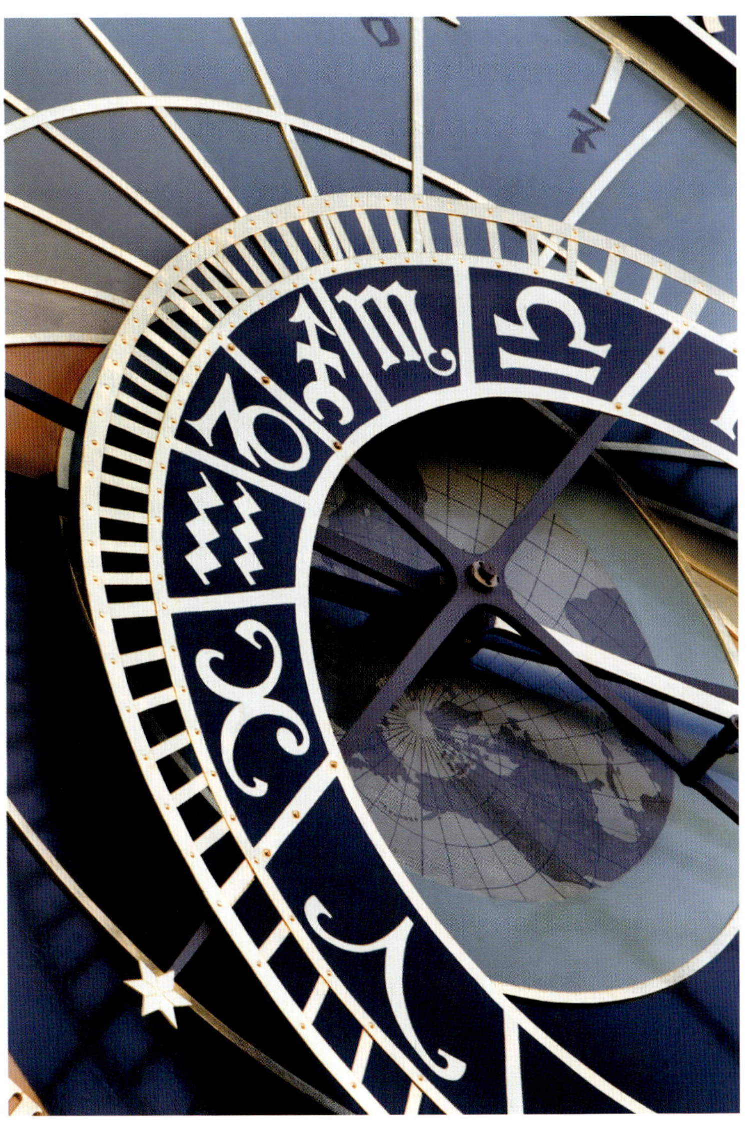

Abb. 44: Rathausuhr von Prag

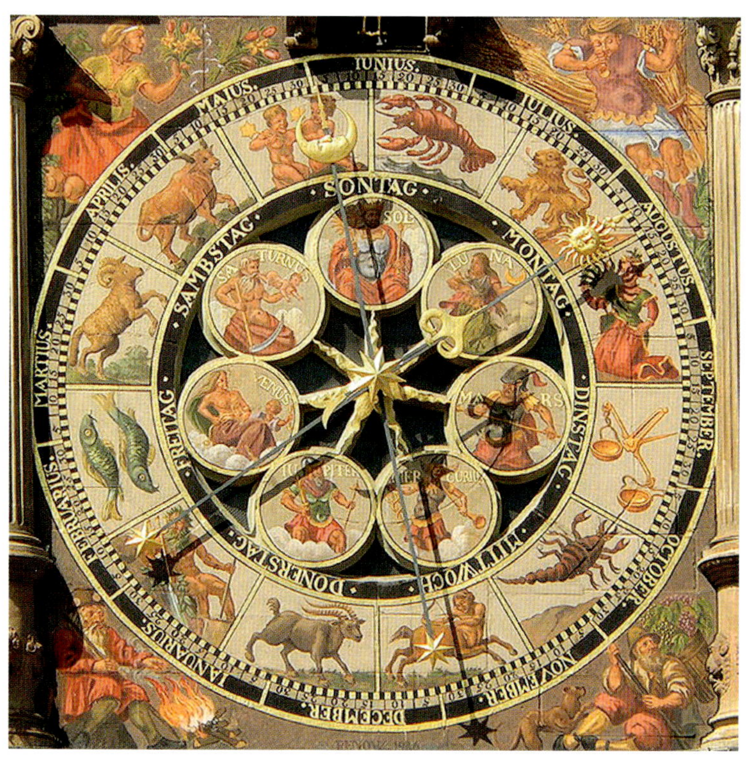

Abb. 45: Astrologische Uhr am Rathaus von Heilbronn

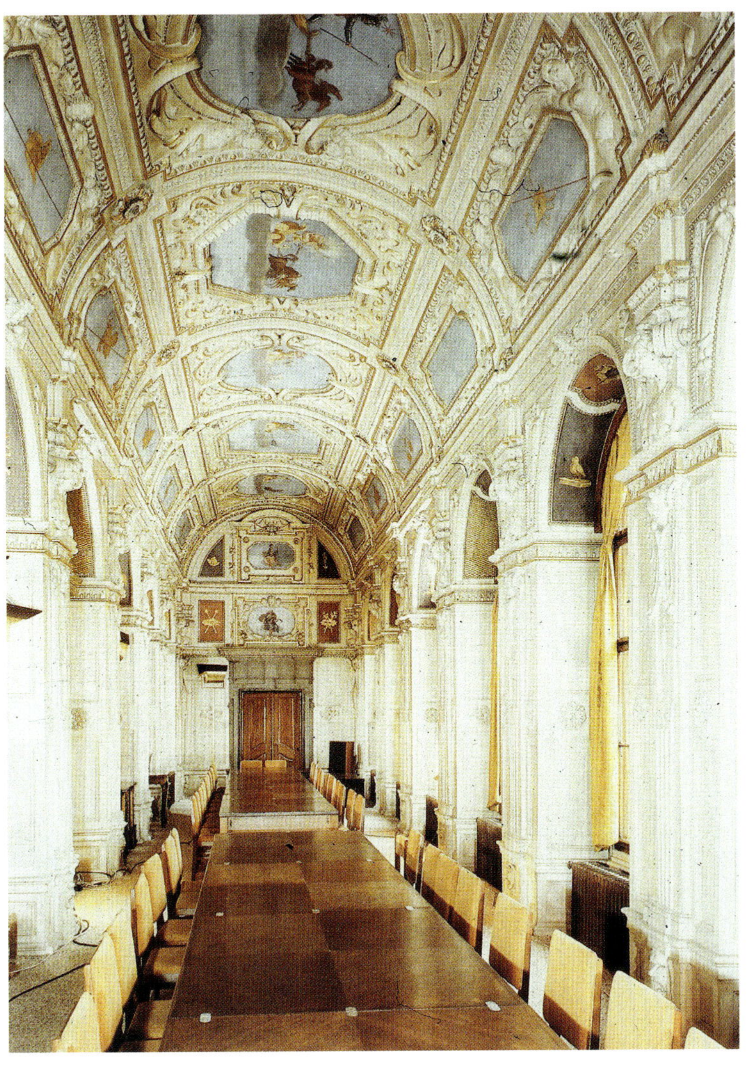

Abb. 46: Wallenstein- (oder Waldstein) Palais, Astrologischer Korridor

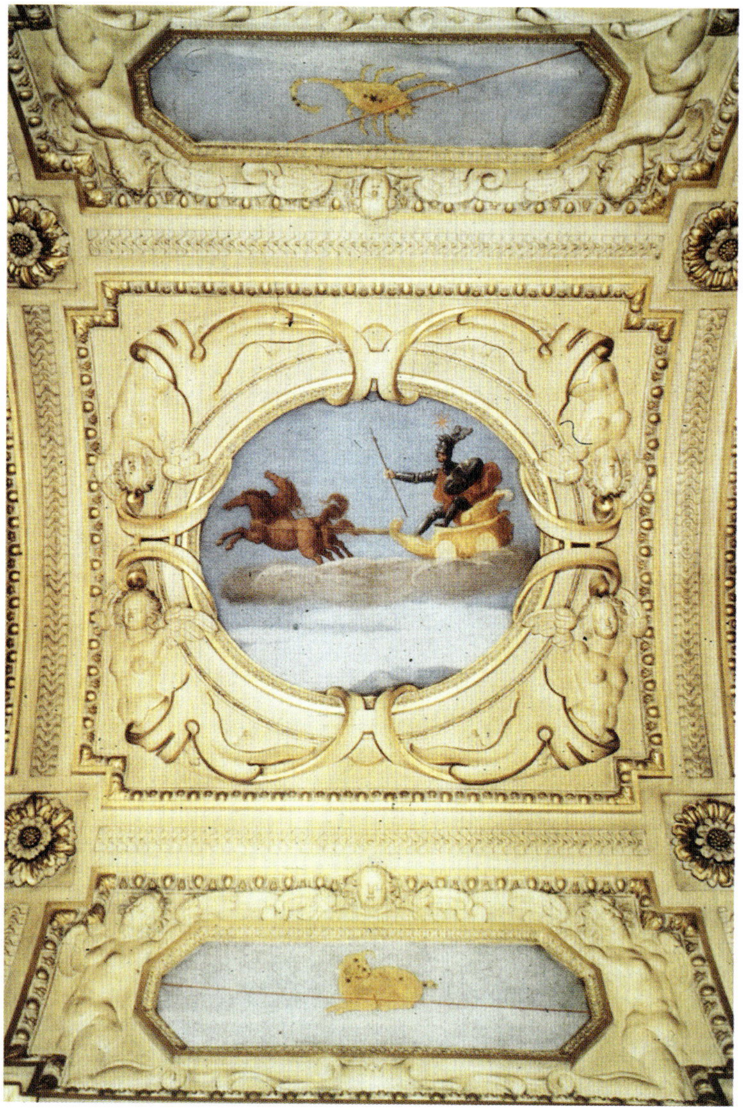

Abb. 47: Wallenstein- (oder Waldstein) Palais, Astrologischer Korridor, Wallenstein Palais – Mars in Skorpion und Widder

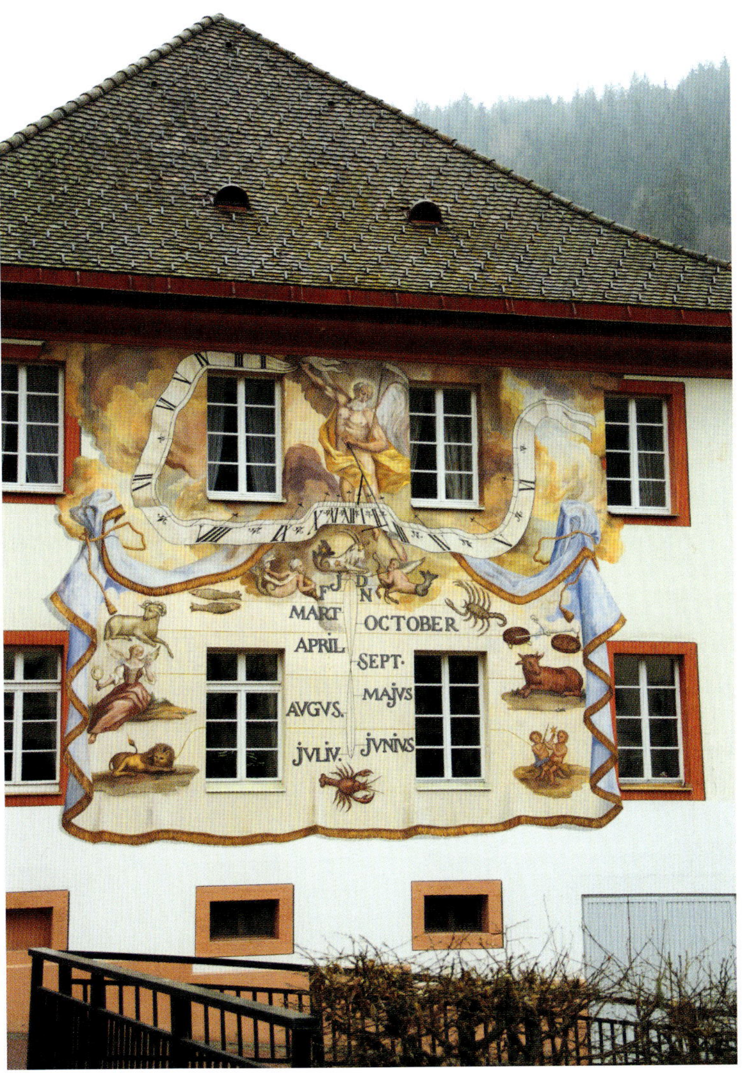

Abb. 48: Joseph Anton Morath, Tierkreis- und Sonnenuhr am Amtsgebäude von St. Blasien im Südschwarzwald

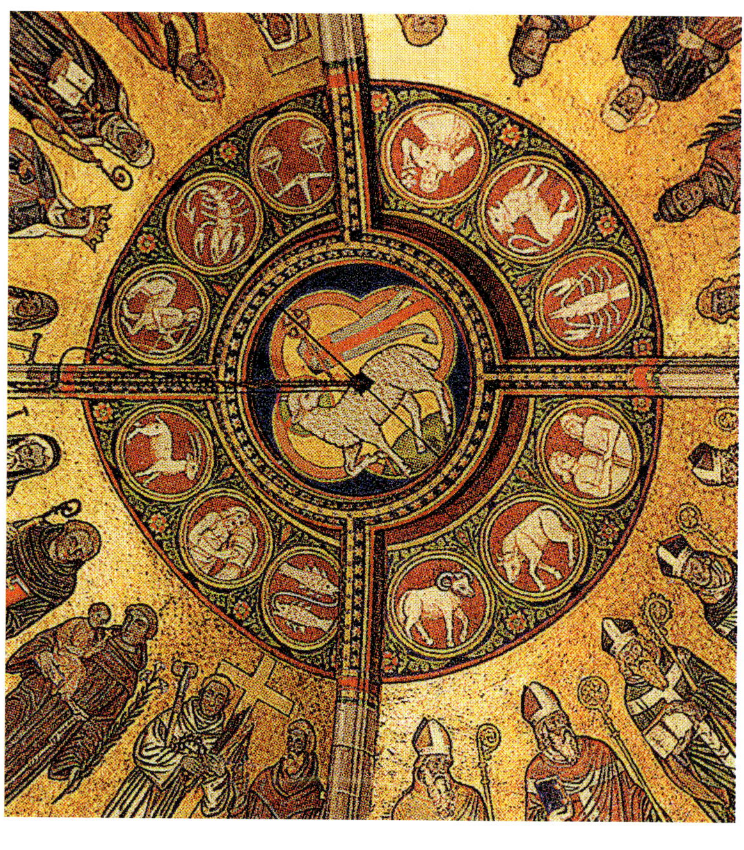

Abb. 49: Peter- und Pauls-Kirche im elsässischen Obernai

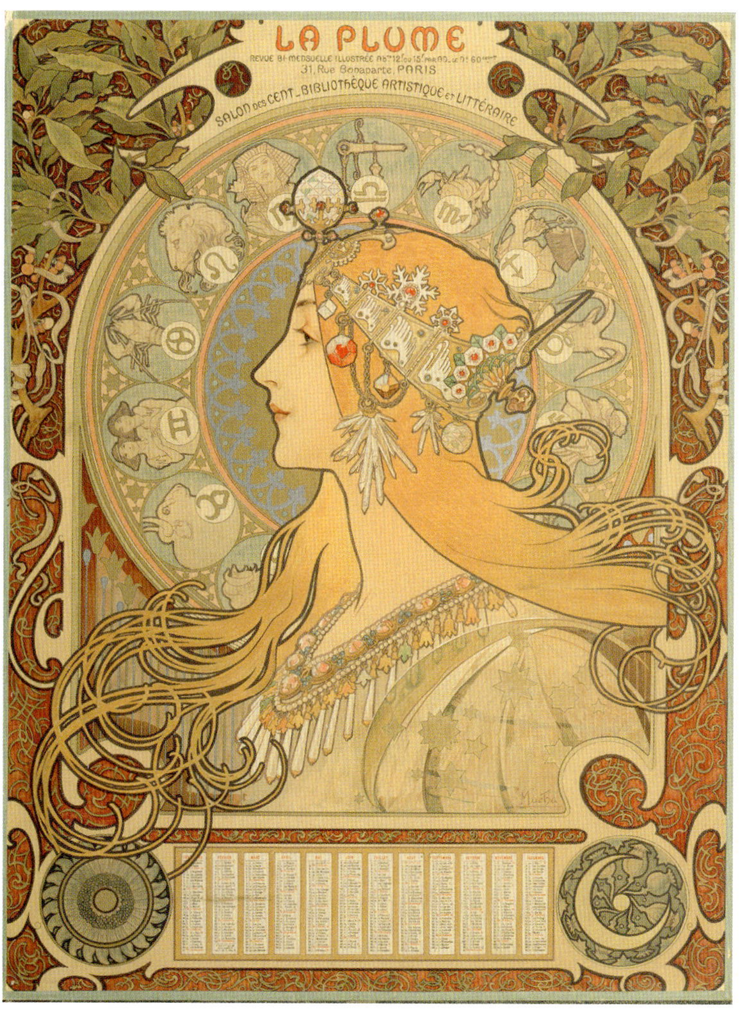

Abb. 50: Alfons Mucha (1860 – 1939). Farblithografie «Zodiak».

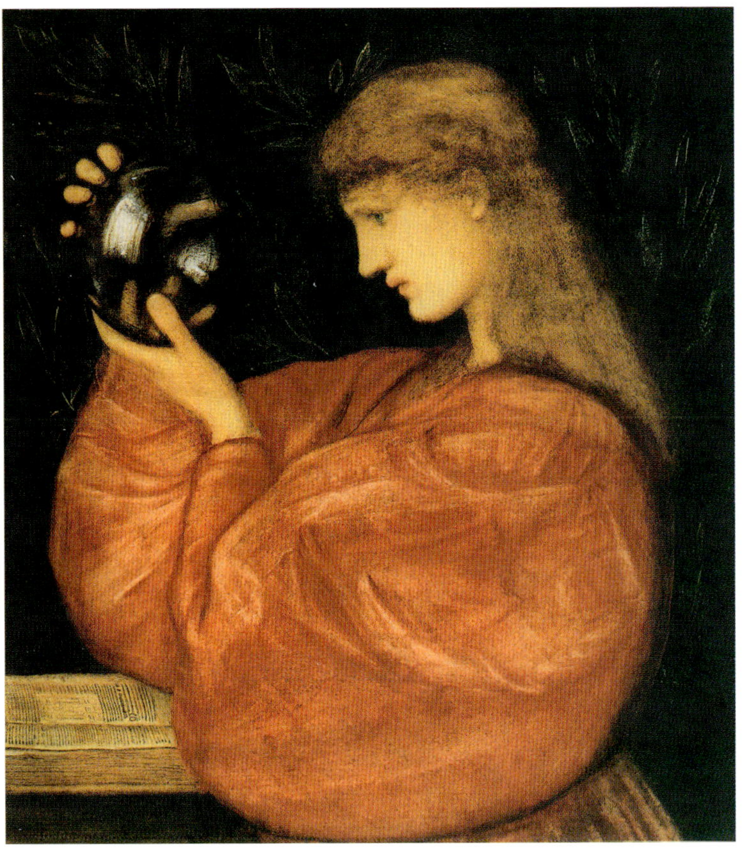

Abb. 51: Edward Burne-Jones (1833 – 1989). «Astrologia»

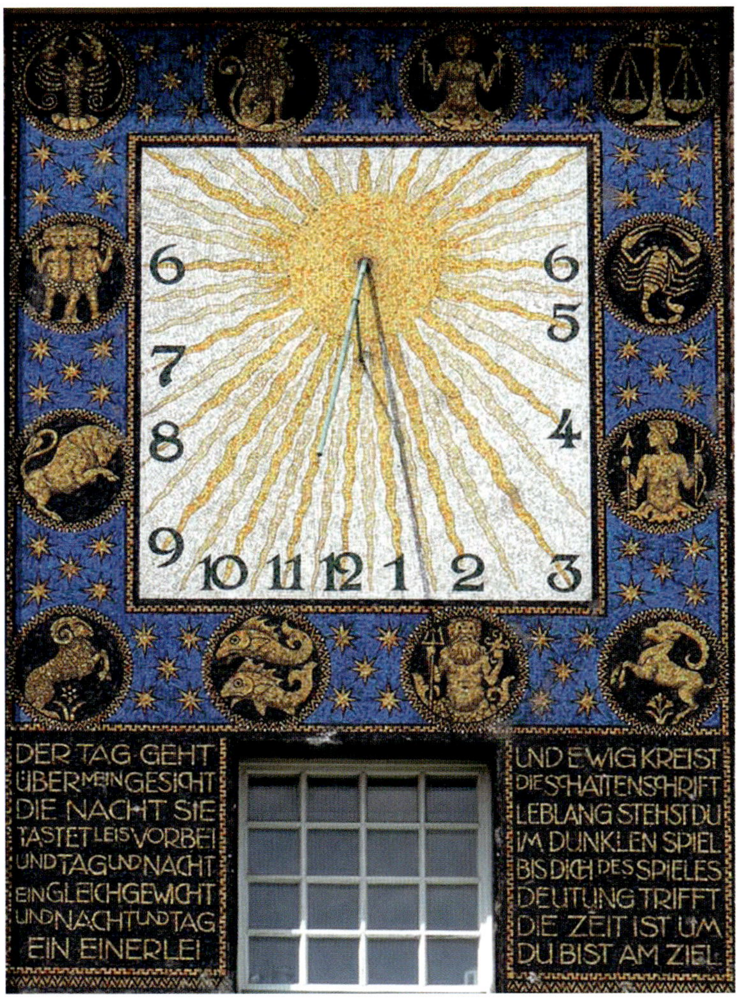

Abb. 52: Darmstadt, der sogenannte Hochzeitsturm, 1907 errichtet

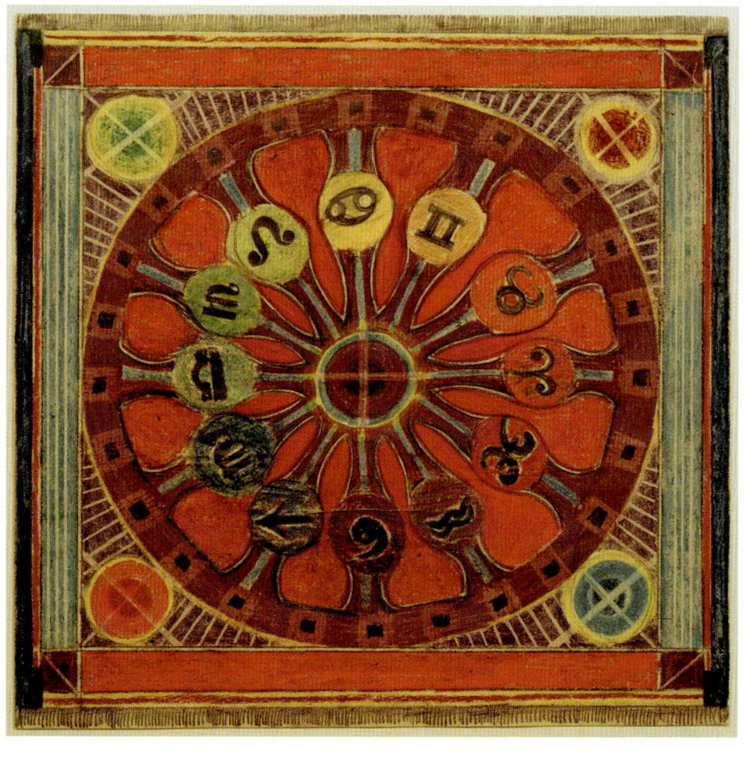

Abb. 53: Johannes Itten (1888 – 1967), Teppichentwurf

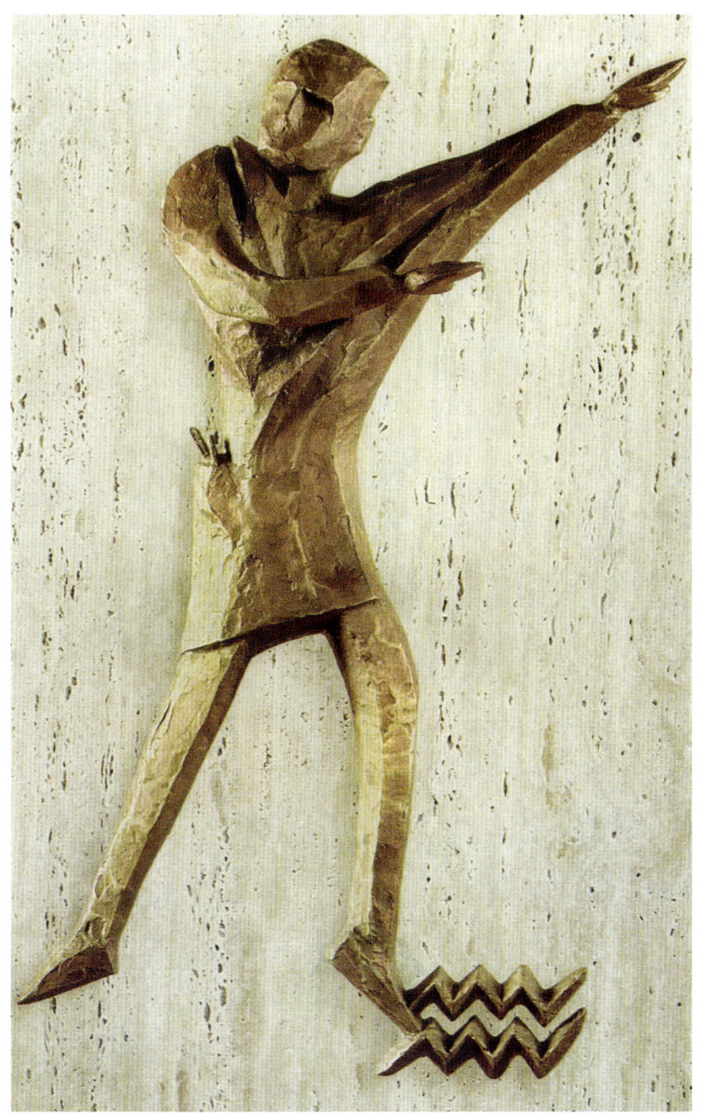

Abb. 54: Knud Knudsen (1916 – 1998), «Die zwölf Temperamente. Eine Figurenreihe zur Selbsterkenntnis und zur Beurteilung anderer». Wassermann

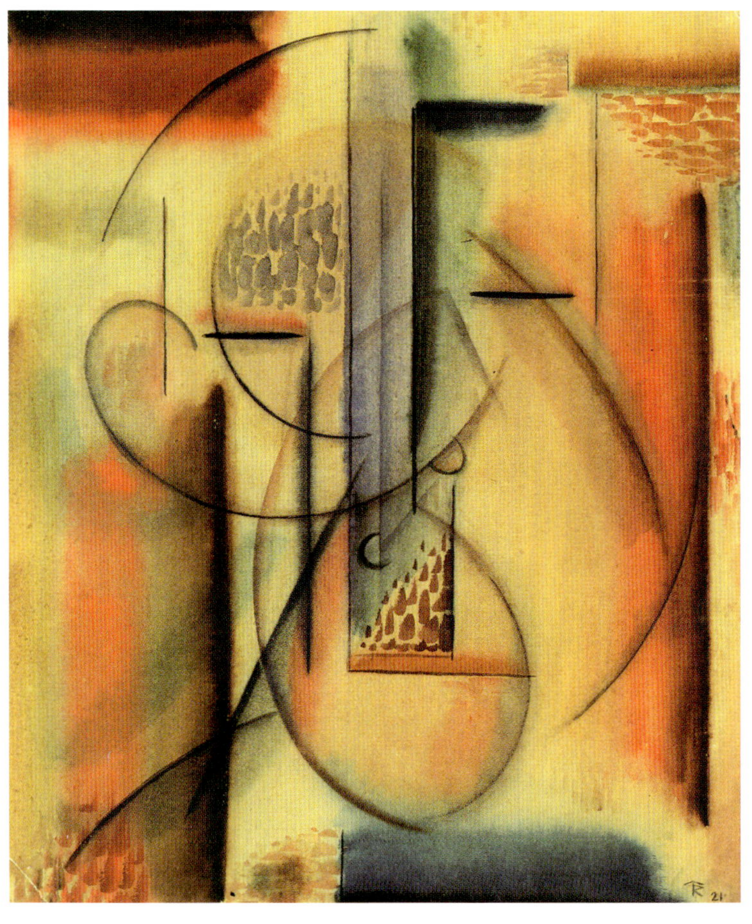

Abb. 55: Thomas Ring (1892 – 1983), Saturn

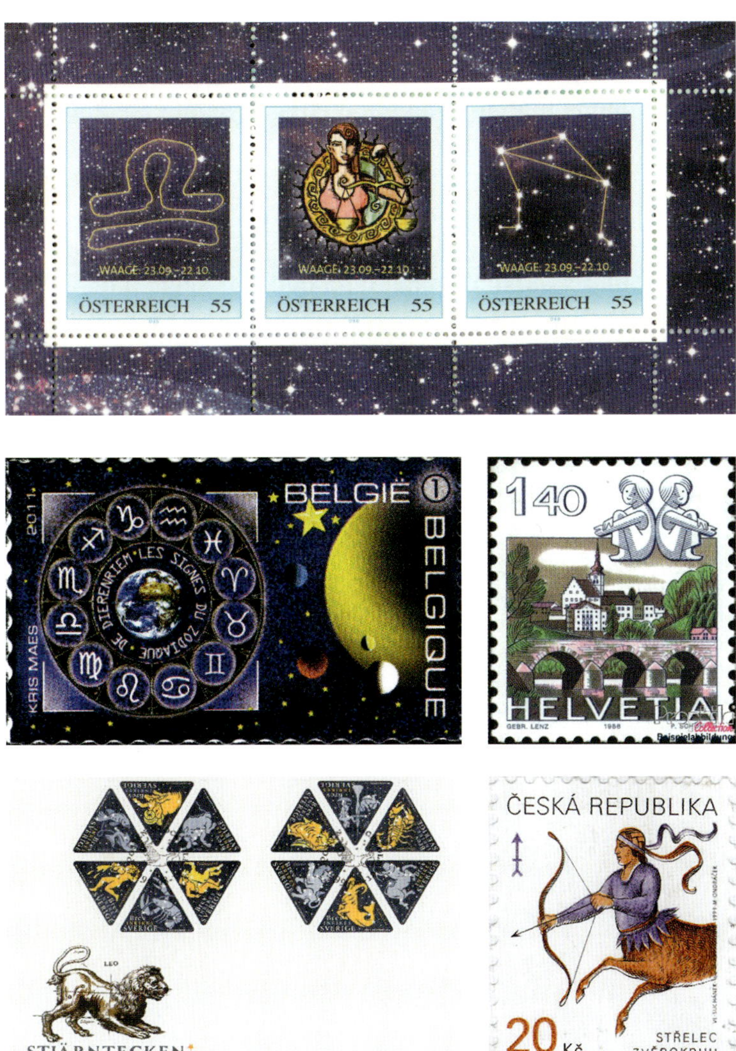

Abb. 56: Briefmarken aus verschiedenen Ländern

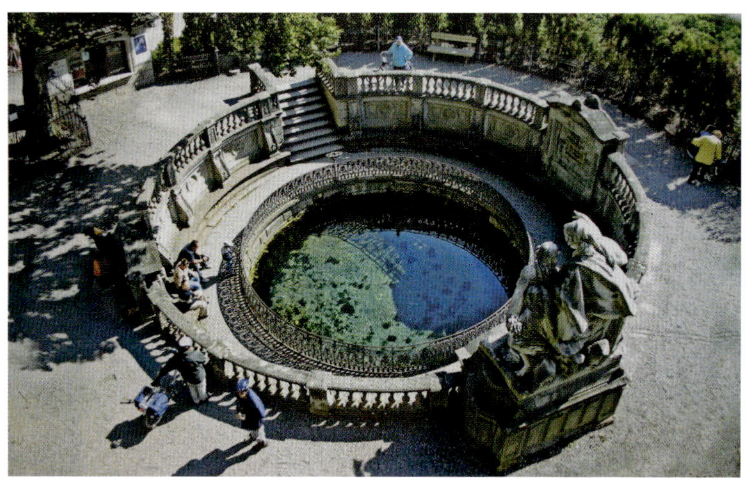

Abb. 57: Donauquelle

des jungen Raffael, so dass das Renaissance-Genie womöglich selbst daran beteiligt war, doch das ist nicht gesichert.

In Mantua ließ der Markgraf Federico II. Gonzaga 1524 ein Lustschloss errichten, den Palazzo del Te. Es wird dem Manierismus zugeordnet. In ihm wurde ein Fresko geschaffen, das eine Ehrerbietung an den antiken Astrologen Manilius darstellt (Abb. 39).

Auch in den Alpen wurde der Astrologie gehuldigt. In Teglio, einem kleinen Ort im Norden der Lombardei, unmittelbar an der Schweizer Grenze, steht der Palazzo Besta. Ein Deckengemälde zeigt den Tierkreis anhand eindrucksvoller Zeichnungen. Ebenso finden sich in Südtirol ähnliche Zeugnisse. Obwohl die Region zu Beginn der Neuzeit noch von den Habsburgern regiert wurde, war der Einfluss der italienischen Stadtstaaten auf Kunst und Kultur sichtbar. Das bezeugt etwa die Churburg, im Osten von Südtirol, Region Vinschgau. Sie wurde ab 1250 erbaut. Ihre Hauptattraktion, das Jakobszimmer, stammt allerdings aus der Renaissance. Neben den Erinnerungsstücken an Jakobus Pilgerreisen überwiegt im Raum eine durchaus diesseitsbetonte Stimmung. Die imposante, geschnitzte Kassettendecke zeigt in ihrer Mitte Jupiter, ihm zur Seite thronen Sol und Luna, umgeben von den zwölf Tierkreiszeichen. Lebensfroh wie die Putten und Speisenträger in den Nischen sind auch die Malereien an der Wand, die sich bei näherem Hinsehen als personifizierte Monatsdarstellungen entpuppen.

Zu den schönsten Beispielen der astrologisch inspirierten profanen Architektur zählt das Kammerzell-Haus in Straßburg. Es gilt als das am besten erhaltene Fachwerkhaus der Elsassmetropole. Sein Obergeschoss wurde 1589 errichtet. An der Fassade zum Münster hin zeigt der wundervolle Schmuck von Fenstern und Eckpfosten die Tierkreiszeichen. Sie sind an den Balken unter den Fenstern angebracht.

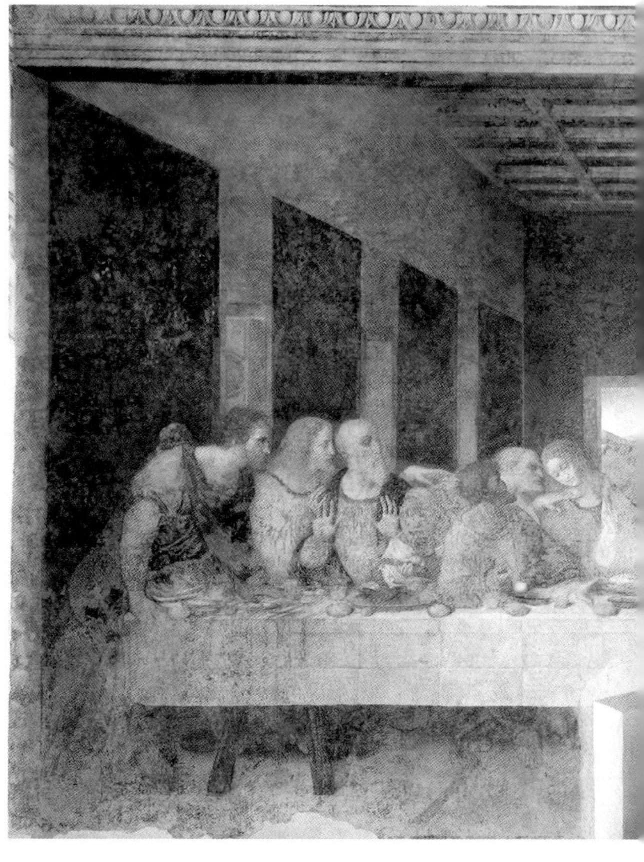

Geheimnisvolle Malerei

Einige der bedeutendsten Renaissance-Maler haben astrologische Motive verschlüsselt umgesetzt. Das bekannteste Beispiel dafür ist das bereits erwähnte Fresko «Das letzte Abendmahl» von Leonardo da Vinci (Abb. 58). Der große Künstler, Erfinder,

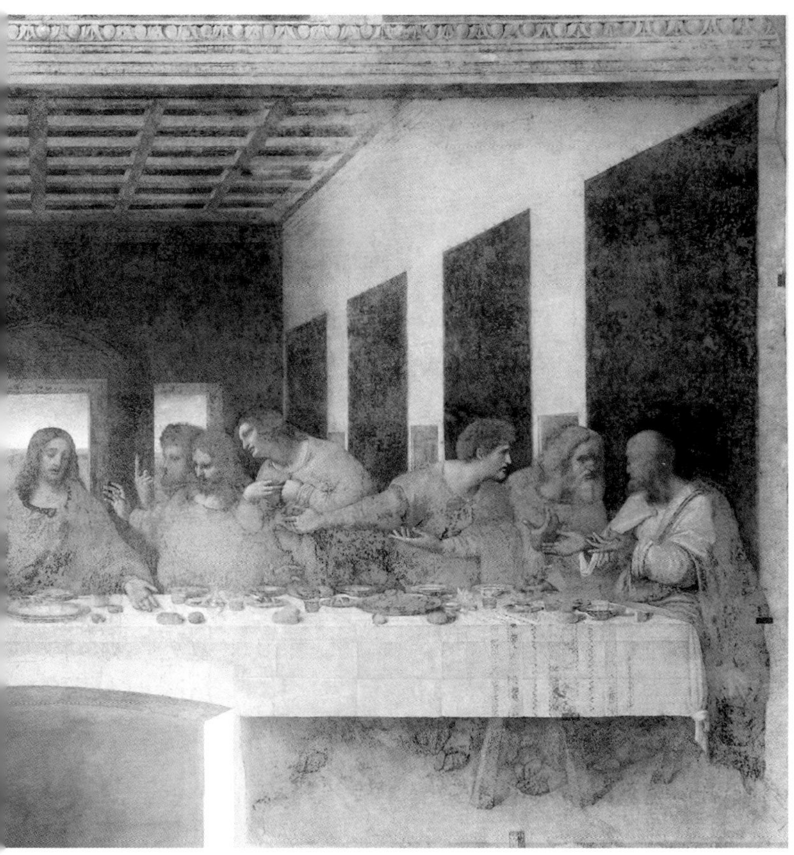

Abb. 58: «Das letzte Abendmahl» von Leonardo da Vinci

Forscher und Visionär hat sich intensiv mit mystischen und spirituellen Lehren befasst. Das letzte Abendmahl legt Zeugnis davon ab. Die zwölf Jünger, die mit Jesus an einem Tisch sitzen, symbolisieren den astrologischen Tierkreis; das ist allzu offenkundig sichtbar.

Die Gruppe der Jünger beginnt rechts mit dem Apostel Simon,

der für das Tierkreiszeichen **Widder** steht. Der starke Kopf und die dynamischen Hände, die in die gleiche Richtung zeigen, machen das deutlich. Auf ihn folgt Thaddäus, Symbol für den **Stier**. Der kräftige Stiernacken sowie die zu sich hingekehrten Hände betonen die auf das Körperliche gerichteten Energien des Stiers. Danach kommt Matthäus, Repräsentant der **Zwillinge**. Die für alles offene und sich nicht festlegende Zwillingsenergie wird durch Kopf und Hände angezeigt, die in verschiedene Richtungen weisen. Diese Jüngergruppe symbolisiert auch die Frühlingszeichen.

Darauf folgen die Sommerzeichen, zunächst in Gestalt von Philippus. Er steht für den **Krebs**, wie die zarten, weichen und verletzlich wirkenden Zügen unschwer deutlich machen. Von allen Aposteln wirkt er am weiblichsten, und nicht umsonst ist Krebs dem Mond zugeordnet, der urweiblichen Energie. Es folgt Jakobus der Ältere, Vertreter des **Löwen**. Die selbstsichere Gestik, u.a. an den ausgebreiteten Armen erkennbar, spricht eine klare Sprache. Hinter ihm, kaum erkennbar, der ungläubige Thomas, Symbol für die unscheinbare **Jungfrau**. Wenn sie sich jedoch äußert, dann kritisch und belehrend, wie der erhobene Zeigefinger verdeutlicht.

Damit ist die Hälfte des Tierkreises durchlaufen und in der Mitte erscheint Jesus, die **Sonne**, um die sich alles dreht.

Links davon beginnen die Herbstzeichen. An Jesus Seite sitzt Johannes, der Lieblingsjünger und Repräsentant der **Waage**. Die Sehnsucht nach Liebe und Harmonie ruht in all seinen Zügen, die ähnlich weiblich wirken wie die von Krebs Philippus. Manche Interpreten sehen in Johannes auch eine Anspielung auf Maria Magdalena, was der astrologischen Deutung nicht widerspricht, sondern sie ergänzt. Ganz anders die Ausstrahlung des nächsten Jüngers, Judas, der Verräter. Er steht mit seinem dunklen, grimmigen Ausdruck für die Energie des **Skorpions**, das Zeichen für Tod und Wandel. Auf ihn folgt **Petrus**, der **Schütze** unter den Aposteln. Er wirkt dynamisch und energisch, aber nicht so zielstrebig wie etwa der Widder; eher etwas chaotisch.

Schließlich beanspruchen die Winterzeichen ihren Platz. Sie beginnen mit Andreas, dem Vertreter des **Steinbocks**. Er wirkt unnahbar, aber auch klar und entschieden. Seine Hände setzen deutliche Grenzen. Durch seine Fähigkeit zur Abgrenzung macht er den unerschütterlichsten Eindruck von allen. Darauf folgt Jakobus der Jüngere, der **Wassermann**-Typ. Er hält Körperkontakt mit Andreas und Petrus neben ihm, denn dem Wassermann ist der Kontakt mit Gleichgesinnten ein hohes Ideal. Bartholomäus beschließt die Runde so wie die **Fische** den Tierkreis. Mit einer gewissen Gelassenheit schaut er dem hektischen Treiben zu, ohne wirklich beteiligt zu sein. Interessanterweise sind allein von ihm die Füße zu sehen. Sie sind dem Tierkreiszeichen Fische zugeordnet.

Da das Original im Speisesaal des Dominikanerklosters Santa Maria delle Grazie in Mailand sehr bald aufgrund der Feuchtigkeit beschädigt war, wurde es immer wieder restauriert. Den Restauratoren waren die astrologischen Zusammenhänge weniger vertraut, sie haben deshalb auch anderen Jüngern Füße gemalt, wie manche Darstellungen zeigen. Im Original war nur Bartholomäus damit ausgestattet.

Die Missverständnisse um das Abendmahl begleiten die Kunstgeschichte bis heute, weil sich ihre Vertreter weigern, die astrologische Bedeutung in Betracht zu ziehen. Zu welch peinlichen Interpretationen das führt, demonstriert der Niederländer Patrick de Rynck, der den Anspruch erhebt *«alte Meister entschlüsseln und verstehen»* zu können. Über das Abendmahl schreibt er: *«Leonardo wählte bei seiner Darstellung die Reaktion der Apostel auf die Mitteilung Christi, dass ihn jemand verraten werde. […] Bei Lukas lautet die Stelle: ‹Da fragte einer den anderen, wer von ihnen das wohl sei, wen er meinte.› (Lukas 22,23) Das ist genau der Augenblick, den Leonardo hier dargestellt hat: eine Gruppe erregter, verwirrter und emotional reagierender Männer.»*[42]

Man könnte von perfekter Projektion sprechen. Ähnlich tiefgründig verschlüsselt ist Tizians (ca. 1488 – 1576) Werk «Die himmlische und die irdische Liebe» (Abb. 59). Es zeigt eine nackte und eine bekleidete Frau an einem Brunnen sitzend. Das Rätsel beginnt bereits mit dem Titel, der nicht von Tizian stammt. Uneins sind sich die Kunsthistoriker auch darüber, welche der beiden Frauen welche Form der Liebe repräsentiert. Gegen die vordergründige Deutung, dass es sich bei der Bekleideten um die himmlische und bei der Nackten um die irdische Liebe handelt, spricht schon die Symbolik, dass die Nackte ein Räuchergefäß gen Himmel hält; seit altes her ist dies ein Symbol für die Opferung an die Götter. Einmal mehr liefert die Astrologie die Erklärung. Offensichtlich wollte Tizian die zwei Erscheinungsformen der Venus zeigen, die Venus als Morgenstern und die Venus als Abendstern. Venus als Morgenstern steigt nach oben und ist dem körperlich-sinnlichen Stier zugeordnet. Nacktheit kann helfen, alle Sinne zu sensibilisieren. Venus als Abendstern geht unter und ist der ästhetischen Waage zugeordnet. Sie ist in geschmackvolle, üppige Gewänder gekleidet.

Botticelli (ca. 1444 – 1510) gibt mit seinem seltsamen, fast etwas befremdlichen Gemälde «Venus und Mars» (Abb. 60)der Kunstgeschichte ebenfalls Rätsel auf, die nur astrologisch gelöst werden können. Das Gemälde zeigt beide Götter liegend. Dabei ist die Venus links im Bild wach, aufmerksam und offensichtlich diejenige, die die Situation beherrscht. Mars auf der rechten Seite hängt schlaff und schlafend herum. Auch hier kommt die traditionelle Kunstgeschichte zu seltsamen Interpretationen: *«Kriegslärm und Alltagsbeschäftigung ruhen in dieser liebesseligen Zeit. […] Der Gott der Krieger schläft so fest, dass kein Blasen und Trompeten ihn aus seinem Schlaf erwecken kann. Dies Bild ist ein Symbol dieser ganzen Zeit, einer Zeit der Dekadenz des Condottierentums und der Kriegskunst,»*[43] so der einflussreiche Kunsthistoriker Richard Hamann (1879 – 1961).

Eine seltsame Degradierung des Mars, der in der Mythologie – wenn er sich nicht gerade in eine Schlacht stürzt – der feurigste Liebhaber schlechthin ist. In «liebesseliger Zeit» gegenüber der von ihm ständig begehrten Venus einzuschlafen, ist

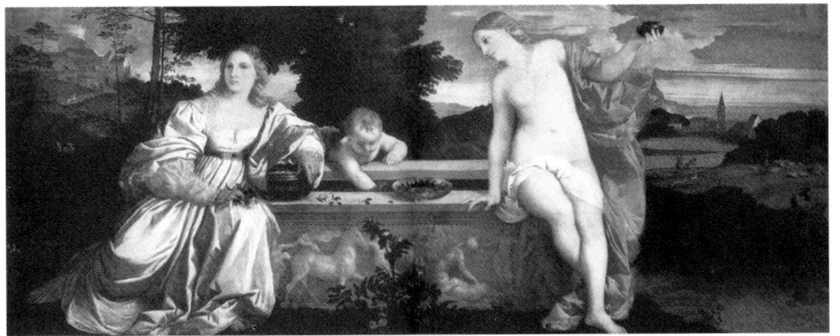

Abb. 59: Vecellio Tizian, «Die irdische und die himmlische Liebe», 1514

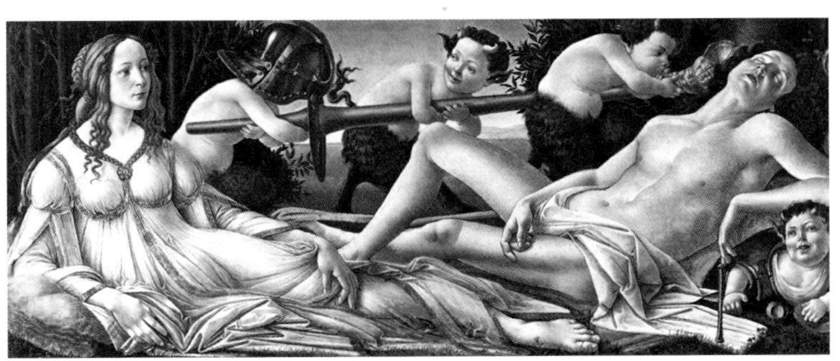

Abb. 60: Sandro Botticelli, «Venus und Mars», ca. 1483

das Letzte, was Mars passieren könnte. Das hat Botticelli gewiss gewusst und ebenso gewiss nicht ausdrücken wollen. «Liebesseligkeit» sieht anders aus. Die Bedeutung des Bildes erschließt sich aber durch die astrologische Interpretation: Es ist die Darstellung des Mars im Zeichen Stier, welches der Venus zugeordnet ist. Der Mars ist im Stier erniedrigt, das heißt, seine Kraft kommt dort nicht zum Ausdruck.

Ein anderes Gemälde von Botticelli passt ebenfalls in dieses Muster: «Pallas züchtigt einen Kentauren». Der bereits erwähnte Erich von Beckerath begründet ausführlich, warum die jungfräuliche Zeus-Tochter Pallas Athene als Symbol für das Tierkreiszeichen Jungfrau betrachtet werden sollte; und der bemitleidenswerte Kentaur als Sinnbild des Schützen. Dann fährt er fort: *«Und was besagt die Züchtigung? Was kann eine solche feindliche Beziehung denn wohl anderes bedeuten, als eine feindliche Beziehung zwischen Jungfrau und Schütze, nämlich den Quadrataspekt!»*[44]

Schließlich sei noch Raffaels (1483 – 1520) Gemälde «Schule von Athen» erwähnt. Das monumentale Fresko bietet viele Ebenen der Interpretation an, und es ist auch eine Hommage an die Astrologie. Das zeigt sich schon darin, dass Raffael sein Meisterwerk zunächst für die Privatgemächer des Astrologie-gläubigen Papstes Julius II. angefertigt hat. Er selbst ist auf dem Bild in der äußeren rechten Ecke zu sehen, er zeigt sich im Gespräch mit Astrologen. Diese sind daran zu erkennen, dass sie eine Kugel als Symbol für den Kosmos in der Hand tragen. Raffael hat zudem im vatikanischen Palast das Deckenfresko L'astronomia geschaffen.

Die Frage drängt sich auf, warum die größten Künstler einer Epoche, in der die Astrologie die höchste gesellschaftliche Anerkennung genoss, einige ihrer bedeutendsten Werke verschlüsselt haben? Furcht vor Verfolgung kann nicht der Grund gewesen sein. Vermutlich stand die Absicht dahinter, Werke zu schaffen, deren tieferer Sinngehalt nur denen offenbar wird, die einen ähnlichen geistigen Horizont besitzen. Leonardo wie

Tizian und Botticelli waren an mythologischen und religiösen Themen ausgesprochen interessiert. Von Leonardo ist bekannt, dass er zu Geheimzirkeln Kontakt hielt, die im besten Sinne esoterisches Wissen pflegten und weitergaben. Der früh verstorbene Raffael wiederum sah in Leonardo ein großes Vorbild.

Astrologie unverschleiert

Es gab auch viele Künstler, die die astrologische Symbolik nicht in allegorischen Bildern versteckt haben; zu ihnen zählte Albrecht Dürers. Sein Gemälde «Sol Justitiae» ist eine Huldigung an die Sonne, womit er beweist, wie intensiv vertraut er mit der Astrologie war. Vordergründig erinnert das Bild an die Darstellungen der Göttin Justitia mit einer Waage und einem Schwert. So sieht es die Kunstgeschichte und in die Richtung weist auch die Bezeichnung «Sonne der Gerechtigkeit», die vermutlich gar nicht von Dürer selbst stammt.

Diese Interpretation übersieht gewichtige Einwände: Der Justitia sind gewöhnlich die Augen verbunden, um zu zeigen, dass sie Recht spricht ohne Ansehen der Person. Dürers Sol Justitia blickt mit ausgesprochen wachen Augen in die Welt. Und sie reitet auf einem Löwen, den sie souverän beherrscht; auch das ist unüblich in der klassischen Justitia-Darstellung.

Dürer ging es also offenbar nicht um Justitia, sondern um die Sonne, die er in ihrer astrologischen Bandbreite dargestellt hat: Die Hand mit der Waage zeigt nach unten; die astrologische Symbolik drängt sich auf. Die Hand mit dem Schwert nach oben. Die Sonne herrscht im Löwen, auf dem sie reitet, sie befindet sich in der Waage im Fall und ist erhöht im Widder. Das Schwert ist ein wichtiges Attribut für den Mars, der dem Widder zugeordnete Planet.

Dürer Bild «Maria im Strahlenkranz mit der Mondsichel» ist eine offenkundige Darstellung der Krebs-Thematik. Auch bei Krankheiten hat der Meister – als Kind seiner Zeit – den Einfluss der Sterne gesehen. Ausdruck davon ist unter anderem der Holzschnitt «Der Syphilitiker». Dürer hat das Werk 1484 geschaffen, um ein Lehrgedicht des Arztes Theoderich Ulsenius (1460 – 1508) zu erläutern, der teilweise in Dürers Geburtsstadt Nürnberg gewirkt hat. Es zeigt einen von Krankheiten gezeichneten Mann, über dem der Tierkreis um eine kosmische Kugel herum angelegt ist.

Weitere astrologische Anspielungen zeigen sich in Dürers Werken «Nackte Frau mit Zodiak» (Abb. 61), «Sternenhimmel» und «Der Astronom».

Ähnlich wie Dürer hat Hans Holbein der Jüngere (1498 – 1543), der eine Generation später gewirkt hat, das Motiv der Vergänglichkeit mit der Astrologie verknüpft. In einer Serie von 33 Holzschnitten schuf er das monumentale Werk «Der Totentanz», ein sehr beliebtes Motiv im Spätmittelalter. Unter den Tafeln befindet sich eine mit einem Astrologen (Abb. 62). Er betrachtet einen über seinem Schreibtisch hängenden Zodiak, während ein Skelett einen Totenkopf hält.

Der italienische Maler und Kupferstecher Giulio Campagnola (1482 – ca. 1517) schuf eines der bekanntesten Bildnisse eines Astrologen. Campagnola stammte aus Padua, was damals zur Republik Venedig gehörte. Er war ein Chronist der reichen, selbstbewussten venezianischen Renaissance, schuf aber auch Werke mit Fantasie-Elementen. Dazu zählt das Bildnis «Der Astrologe» (Abb. 63). Vor den Toren einer Stadt, die unschwer als Venedig zu erkennen ist, sitzt unter einem Baum ein bärtiger, glatzköpfiger älterer Mann, der mit Zirkel und Sternenscheibe Berechnungen vornimmt; ein alter, strenger Lehrmeister, in der Astrologie durch Saturn symbolisiert. Tatsächlich sind Campagnolas Werke, der in seinem kurzen Leben lange im Schatten von Giorgione (ca. 1476 – 1510) stand, stark von saturnischen Themen beeinflusst. Neben dem Astrologen erscheint ein fast menschengroßes Fantasie-Tier, von dem der sich jedoch nicht stören lässt. Astrologie besteht nicht nur aus strengen Regeln, sondern geht über die rational erklärbare

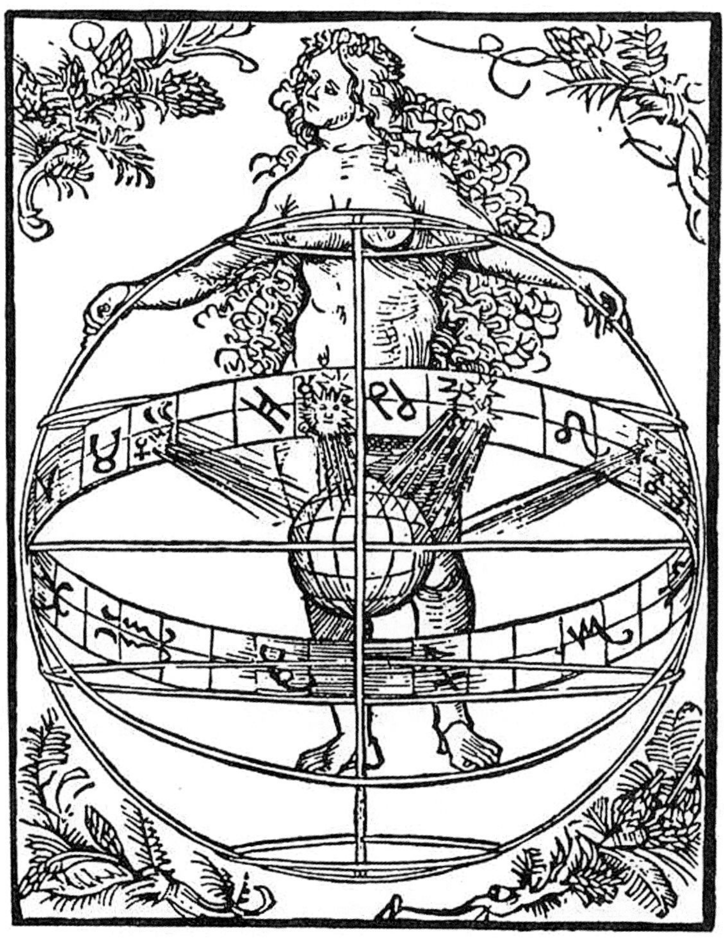

Abb. 61: Albrecht Dürer, «Nackte Frau mit Zodiak», Holzschnitt, 1502

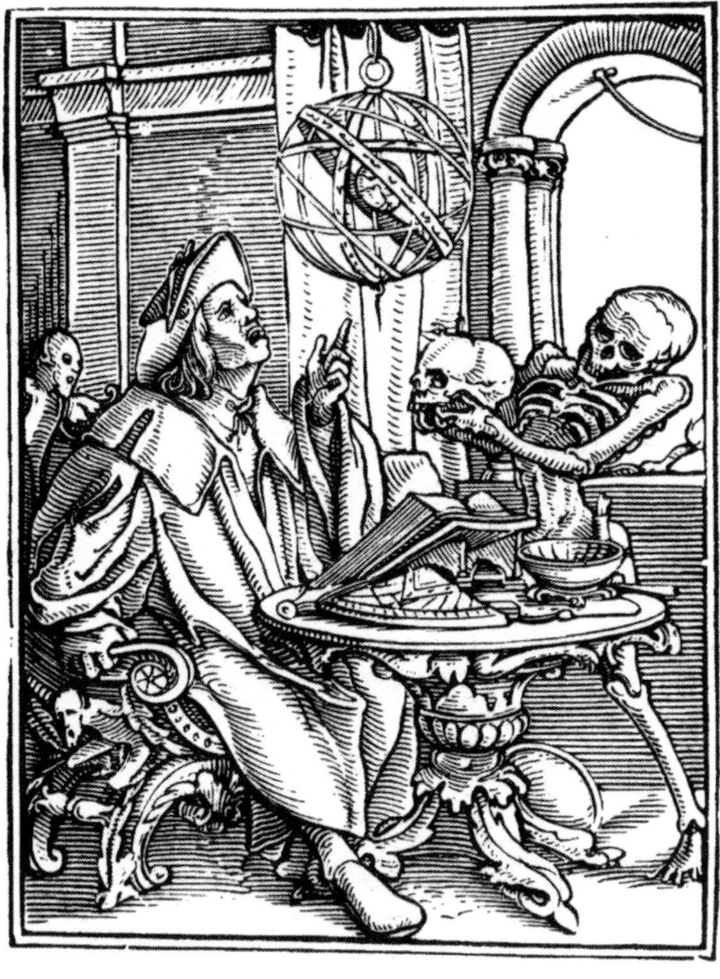

Abb. 62: Hans Holbein d. Jüngere, «Der Astrologe», Totentanz, 1526

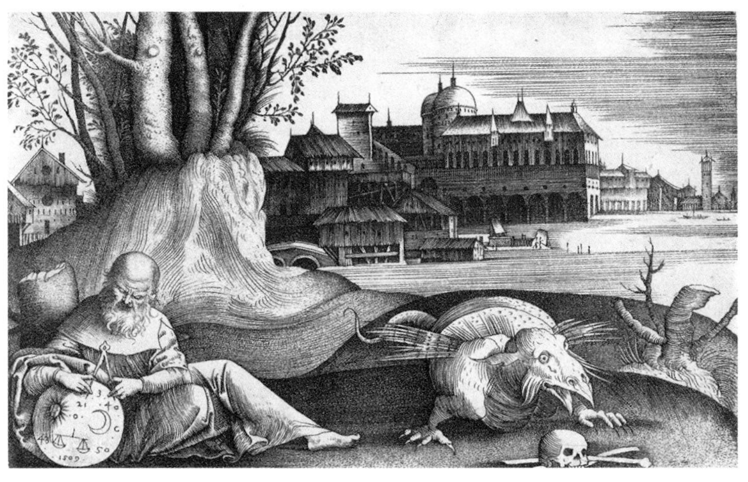

Abb. 63: Giulio Campagnola, «Der Astrologe», 1509

Welt hinaus, in der Saturn bisweilen gefangen bleibt; so die Botschaft des Bildes.

Einer der einflussreichsten Künstler seiner Zeit war der Florentiner Lucca della Robbia (1400 – 1482). Der Stammvater einer großen Bildhauerfamilie hat unter anderem den Tierkreis im Jahreslauf höchst eindrucksvoll und mit großer Sachkenntnis gemalt. Der Zyklus ist heute im Londoner Victoria- und Albert-Museum zu bewundern. Der erwähnte Giorgione, ein venezianischer Künstler, schuf ein Werk mit dem Titel «Das Horoskop». Es vermittelt einen Eindruck von dem Handwerkzeug der Sternendeuter zu Beginn der Neuzeit. Eine Frau bringt ihr neugeborenes Kind zu einem Astrologen, der mit Zirkel und Himmelsscheibe die Sterne beobachtet, um ein Horoskop zu erstellen. Zudem enthält das Bild alchimistische Symbole.

Vermutlich handelt es sich um ein Portrait der Familie Este aus Ferrara, deren Bedeutung für die Astrologie bereits beschrieben wurde. Ein weiteres Bild von Giorgione, der bis zu seinem frühen Tod durch die Pest ein Weggefährte Tizians war, lautete «Giovanni Borgherini und sein Meister» und ehrt einen bedeutenden Astrologen.

Auch der nicht ganz so bekannte Maler Bartolomeo Passarotti (1529 – 1592) schuf kurz vor seinem Tode ein Bild mit dem Titel «Der Astrologe». Ein bärtiger, ernst schauender Mann studiert ein Abbild des Himmelsgewölbes mit den Tierkreiszeichen.

Zu erwähnen ist auch Giovanni Battista Tiepolo (1696 – 1770), der mit Vorliebe Heldenepen und Sternenmythen aufgegriffen hat. Sein Gemälde «Allegorie der Planeten und Kontinente» demonstriert sein tiefes Wissen um Astrologie und Mythologie.

Der Epoche des Manierismus ist der Italiener Giuseppe Arcimboldo (ca. 1526 – 1593) zuzuordnen, der sich ebenfalls häufig astrologischer und mythologischer Themen bedient hat. Einen wichtigen Teil seiner Schaffensperiode verbrachte er in Prag am Hof der Kaiser Maximilian und Rudolf, der Hochburg der Astrologie zu Beginn der Neuzeit. Dort organisierte er u.a. aufwändige Feste und Umzüge und entwarf Bühnenbilder. Bekannt ist vor allem seine Art, aus Früchten, Gemüse und Blumen Portraits zu zeichnen. Mit der Astrologie war Arcimboldo vertraut, und er hat ihre Themen auf verschiedene Art zum Ausdruck gebracht. Seine «Allegorische Figur Astrologie» (Abb. 64) zeigt einen bärtigen Mann, der in der einen Hand eine Himmelskugel hält, auf der der Zodiak angedeutete ist. Die andere Hand zeigt entschlossen in eine Richtung.

Auch Giulio Romano (1499 – 1546), ein anderer bedeutender Vertreter des Manierismus, der als Maler und Architekt tätig war, hat astrologische Motive aufgegriffen. Seine Darstellung drückt allerdings auch die ausgeprägte Schicksalsgläubigkeit der Menschen aus, die über das Mittelalter hinausreicht. Romano hat einen Bilderzyklus geschaffen, der den Sternzeichen eindeutige Eigenschaften zuordnet, wenn sie in Konjunktion zu bestimmten Fixsternen stehen. Das können positive Eigenschaften sein (Kämpfer, Hüter), aber auch negative (Krimineller). So deutlich wie Romano hat kaum ein Künstler seine eigenen astrologischen Werke interpretiert und diese Zuordnung wird von der modernen Astrologie nicht akzeptiert.

Das Kunsthandwerk griff die populäre Symbolik der Epoche ebenso auf. Widder, Stier, Löwe, Steinbock und andere astrologische Motive sind als größere oder kleinere Skulpturen in zahlreichen Museen überall in Italien und darüber hinaus zu sehen. Sie schmücken zudem Tassen, Trinkgefäße, Tische, Stühle und andere Gebrauchsgegenstände. Speziell hingewiesen sei auf zahlreiche Exponate dieser Art im Florentiner Museum Bargello.

Buchmalerei

Die spätmittelalterliche Tradition der mit zahlreichen astrologischen Symbolen kunstvoll gestalteten Haus- und Stundenbücher erhielt durch den Buchdruck erheblichen Aufschwung. Als

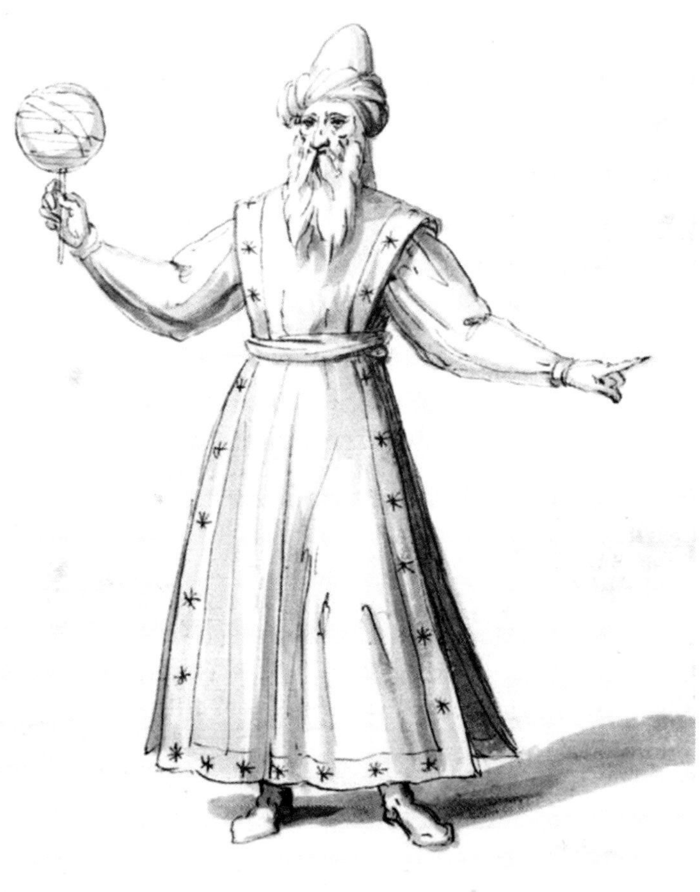

Abb. 64: Guiseppe Arcimboldo,
«Allegorische Figur Astrologie», 1585

wichtigstes Renaissance-Meisterwerk dieser Gattung gilt der Prachtband «De Sphaera» der Mailänder Sforza-Viconti-Dynastie. Es zeigt die Planeten einmal als antike Götter mit vielfachen Attributen. Zu Füßen des eigentlichen Symbols sind die Zeichen von Domizil und Fall angegeben, weiter darunter typische Attribute; Krieger beim Mars, Künstler und Liebende bei der Venus etc. Daneben gibt es ein zweites Bild, das die «Kinder» der jeweiligen Planeten darstellt, d.h. ihr Wirkungsfeld. Dabei werden die Attribute wieder aufgegriffen und erweitert; Krieg, Liebe, Sinnlichkeit etc. Das Werk befindet sich heute in der Universitätsbibliothek Estense von Modena und kann als Faksimile erworben werden (Abb. 40).

Erwähnenswert ist auch das Stundenbuch Brevarium Romanum, das zwischen 1502 und 1504 geschaffen wurde und auf die bereits erwähnte Familie Este zurückgeht. Es wurde jedoch im Laufe der Zeit immer mehr als Stundenbuch der Kirche selbst von Päpsten genutzt. Seine Ausgestaltung enthält runde Medaillons mit den Tierkreiszeichen in einer sehr realistischen Darstellung.

In der österreichischen Nationalbibliothek Wien befindet sich das Gebetbuch von Jakob IV., König von Schottland (1473 - 1513) und seiner Frau Margaret Tudor (1489 - 1541). Es entstand zu Beginn des 16. Jahrhunderts und gilt als Meisterwerk der flämischen Buchmalerei. Auf insgesamt 490 mit viel Liebe zum Detail reich geschmückten Seiten hat auch der Tierkreis seinen Platz gefunden. Er erscheint in Kombination mit Landschaftsbildern.

Als wichtigster Künstler des Bandes gilt der Flame Gerard Horenbout (1465 - 1541), der vermutlich 1522 nach England ausgewandert ist und dort als Hofmaler gearbeitet hat. Horenbout, der auch seine Tochter als eine der ersten Künstlerinnen sehr gefördert hat, hat der Darstellung von astrologischen Symbolen in Verbindung mit Landschaftsbildern großen Raum gegeben.

Auch aus Deutschland sind bibliophile Kunstwerke der Epoche erhalten. Das bekannteste ist das Heidelberger Schicksalsbuch, das in der dortigen Universität aufbewahrt wird. Geschaffen wurde es jedoch in Regensburg von dem Miniaturenmaler Berthold Furtmeyr (vor 1460 – 1502), einem der bedeutendsten deutschen Renaissance-Künstler seines Genres. Das Heidelberger Schicksalsbuch belegt nicht nur die Kreativität und das handwerkliche Können seines Schöpfers. Es bündelt auch das astrologische Wissen seiner Zeit. Neben den Darstellungen der Planeten, Tierkreiszeichen und Elemente enthält es auch praktische Hinweise auf Finsternisse, Prognosen, geomantische Zusammenhänge und vieles mehr. Der Auftraggeber ist unbekannt, es dürfte sich um eine sehr gebildete Adelsfamilie gehandelt haben (Abb. 41).

Schließlich hat auch der zeitgenössische britische Astronom und Science Fiction-Autor Sir Patrick Moore (1923 – 2012) in seinem Buch «Watchers of the Stars» einen Beitrag zur Verbindung von Astrologie und Kunst geliefert. Er veröffentlicht darin einen Bilderteppich (Gobelin) eines unbekannten französischen Künstlers aus dem 16. Jahrhundert. Das Motiv zeigt mehrere Männer und eine Frau, die den nächtlichen Sternenhimmel beobachten und die daraus gewonnen Erkenntnisse aufschreiben. Aufgrund der hohen Qualität des Teppichs muss es sich um bedeutende und angesehene Persönlichkeiten gehandelt haben (Abb. 42).

Kunst und Alltag

Schließlich sei noch auf eine Verbindung von Kunst und praktischer Anwendung hingewiesen, die ebenfalls großen Raum für astrologische Darstellungen gegeben hat, die heute an zahlreichen Orten leicht zu erkennen sind. Durch die technischen Erfindungen zu Beginn der Neuzeit kamen astronomische Uhren an oder in Kirchen und Rathäusern in Mode. Diese Uhren gehen auf den italienischen Gelehrten Giovanni de' Dondi (1318 – 1389) zurück, der erstmals derartige Modelle anfertigte, die allerdings nicht erhalten sind.

200 Jahre später wetteiferten kommunale Honoratioren mit den kirchlichen Würdenträgern um die kunstvollsten Ausprägungen und gaben damit Künstlern und Handwerkern zahlreiche Entfaltungsmöglichkeiten. Diese mechanischen Uhren zeigen nicht nur die Zeit an, sondern auch den Stand von Sonne und Mond, die Mondphasen und häufig auch die Mondknotenachse. Als Zifferblatt dient dabei in den meisten Fällen der Tierkreis.

Besonders in Hansestädten waren die astronomischen Tierkreis-Uhren sehr populär, so dass dort noch zahlreiche Exemplare erhalten geblieben sind, auch wenn sich viele nicht mehr in Betrieb befinden. Hier gingen kirchliche und kommunale Interessen Hand in Hand, denn die Uhren wurden zumeist in den Kirchen angebracht. Zu erwähnen sind die Nikolaikirche in Stralsund, die Marienkirche in Rostock, das Münster von Bad Doberan sowie die Marienkirche in Danzig und die Marienkirche in Stendal. Letztere wurde 1977 wieder funktionsfähig gemacht und ist damit eine der wenigen alten Uhren ihrer Art, die in Norddeutschland noch vollständig erhalten sind. Das drei mal drei Meter große Zifferblatt ist in 24 Stunden unterteilt. Es zeigt die zwölf Tierkreiszeichen, die die Monate anzeigen. In der Mitte des Zifferblattes befindet sich eine Sternenscheibe.

Uhren mit unmittelbar astrologischem Bezug finden sich unter anderem an den Rathäusern von Ulm, Esslingen, Heilbronn (Abb. 45) und Tübingen (Abb. 43), wo auch die Mondknotenachse eingebaut ist; in den Schweizer Städten Sion, in Bern an der Zytglogge, am Roten Turm von Solothurn, am Zytturm von Zug sowie am Fronwagturm von Schaffhausen; und im Deutschen Museum München.

Unter den zahlreichen Beispielen dieser Art soll die Rathausuhr von Prag besonders erwähnt werden (Abb. 44). Auf ihr ist der Tierkreis in den heute allgemeinen bekannten abstrakten Symbolen dargestellt, nicht in Gestalt von Bildern. Ebenfalls soll noch auf die besonders eindrucksvolle Uhr im St. Paulus-Dom des Münsters (Westfalen) hingewiesen werden. Das jetzige

Kunstwerk ist das Zweite seiner Art, denn das Erste wurde 1534 unter der Täuferherrschaft zerstört. Die Täufer erließen, wie viele radikale Bewegungen, ein strenges Bilderverbot. Ihre Herrschaft währte jedoch nur eineinhalb Jahre. 1540 wurde eine neue Uhr konstruiert. Neben einer spiegelverkehrten Weltkarte und dem Tierkreis im inneren Zirkel zeigt die Uhr weitere vertraute Bezüge: Saturn-Chronos als Herr über die Zeit, 15 Fixsterne und der Tod selbst sind zu sehen.

Schließlich äußerte sich die astrologische Bezogenheit der Epoche auch in der Landschaftsgestaltung. Ein Beispiel dafür ist der Botanische Garten von Padua, einer der ältesten seiner Art. Er wurde 1545 errichtet, kreisrund wie der Zodiak und aufgeteilt durch zwei Achsen. Zudem enthält er drei Sonnenuhren (Abb. 65).

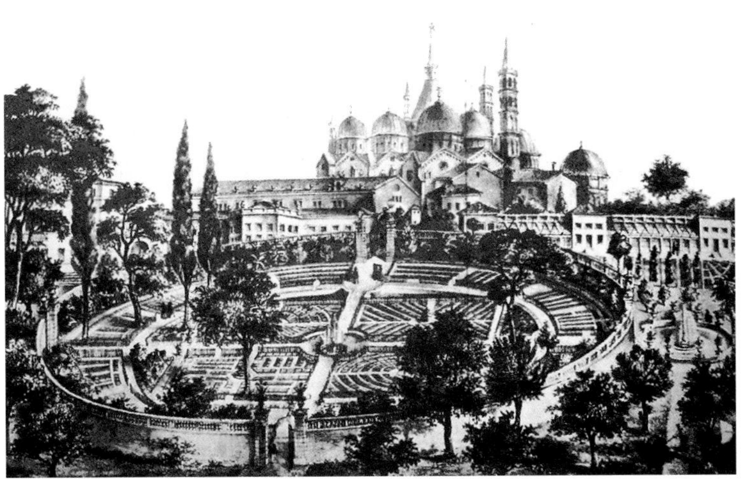

Abb. 65: Der älteste botanische Garten der Welt in Padua, gegründet 1545 und nach astrologischen Prinzipien angelegt (nach einem zeitgenössischen Stich)

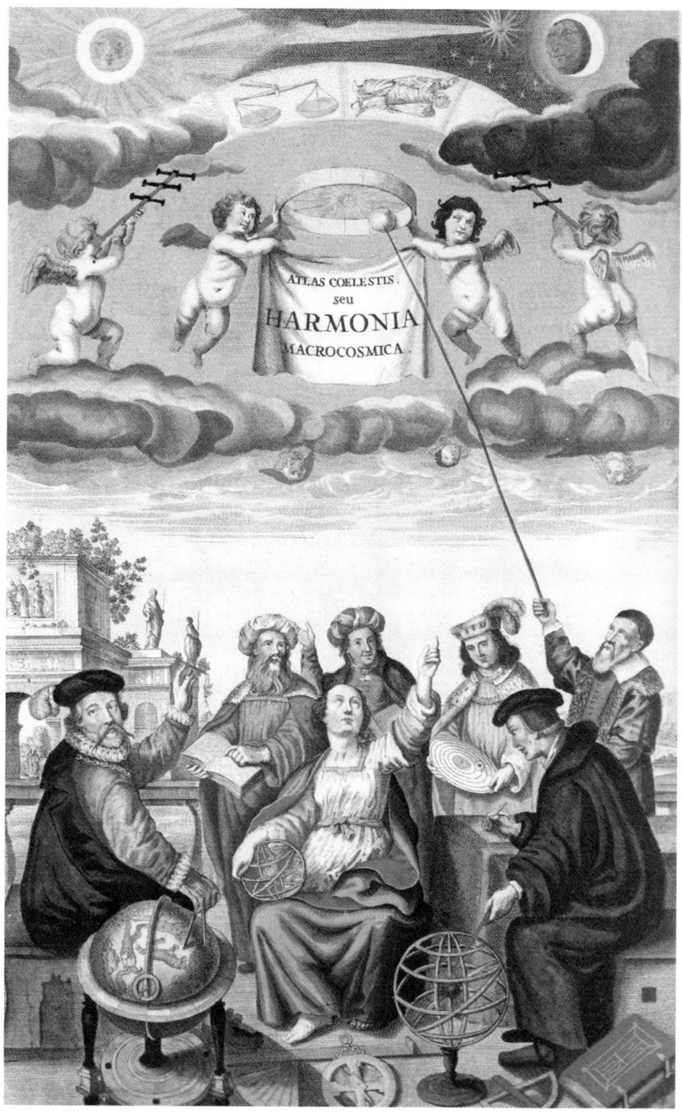

Abb. 66: Frontispiz zu: Andreas Cellarius, Atlas Coelestis seu Harmonia macroscosmica, um 1660

5. Kapitel: Das Barock

Welt- und Menschenbild

Barock beschreibt die Kulturepoche zwischen 1600 und 1750. Die Bezeichnung leitet sich vom portugiesischen Wort «barocco» ab, womit eine wucherförmige, in vielfarbenem Glanz schimmernde Perle gemeint ist. Zwar entstand die eigentliche Kunstepoche in Italien, doch das barocke Lebensgefühl war maßgeblich eine Reaktion auf den 30jährigen Krieg (1618 – 1648) mit seinen Verwüstungen. In Mitteleuropa, dem Heiligen Römischen Reich Deutscher Nation, lebten vor dem Krieg ca. 16 Mio. Menschen. Vermutlich etwa 40 Prozent der Landbevölkerung sowie ein Drittel der Stadtbevölkerung sind Kriegshandlungen und Seuchen zum Opfer gefallen. Besonders betroffen davon waren Mecklenburg, Pommern, Thüringen, Schlesien, die Pfalz und Württemberg.[45] Auch Böhmen, Dänemark und Teile von Frankreich haben unter dem Krieg gelitten. Wer überlebt hatte, war traumatisiert. Insbesondere in den letzten Kriegsjahren bestimmten marodierende Truppen das Bild, die bisweilen keinem strategischen Plan bzw. Oberbefehlshaber mehr folgten, sondern nur noch auf Raub, Vergewaltigung und Verwüstung aus waren.

Aus dieser Erfahrung heraus entstand ein ambivalentes Lebensgefühl. Die Menschen bewegten sich zwischen Todesangst & Pessimismus, zusammengefasst in dem Grundsatz «memento mori» (= gedenke des Todes) sowie Lebenshunger & Genusssucht, ausgedrückt durch «carpe diem» (= nutze den

Tag). Sie hatten die Erfahrung gemacht, dass jeder Tag der Letzte sein konnte, und so wollten sie ihn genießen soweit das möglich war.

So ambivalent wie das Lebensgefühl waren auch die politischen Verhältnisse. Auf der einen Seite erreichte der Absolutismus seinen Höhepunkt. Könige und Fürsten entfalteten eine Macht, wie sie es im vermeintlich finsteren Mittelalter nicht gegeben hatte. Personifiziert wurde dies vor allem durch den «Sonnenkönig» Ludwig XIV. (1638 – 1715), der bereits im Alter von vier Jahren den Thron bestieg und 72 Jahre lang uneingeschränkt geherrscht hat; von den ersten Jahren abgesehen, als seine Mutter die Regentschaft innehatte. Auch wenn heutige Historiker davon ausgehen, dass ihm das berühmte Zitat *«Der Staat bin ich»* fälschlicherweise zugeschrieben wird, so gibt dies dennoch die absolutistische Grundhaltung treffend wieder.

Ein anderer bekannter Herrscher der Epoche war August der Starke (1670 – 1733), Kurfürst von Sachsen und König von Polen. Er machte seine Heimatstadt Dresden zu einer barocken Metropole und legte besonderen Wert auf seinen Ruf als unwiderstehlicher Liebhaber.

Zur gleichen Zeit jedoch kamen moderne Staatstheorien auf, die bis heute die Grundlage von Rechtsstaat und freiheitlicher Gesellschaft bilden. Der Brite John Locke (1632 – 1704) sowie der Baron de Montesquieu (1689 – 1755), Franzose wie der Sonnenkönig, entwickelten den Gedanken der Gewaltenteilung, wonach Legislative, Exekutive und Judikative voneinander getrennt werden müssen, um Machtanhäufung und Machtmissbrauch zu verhindern.

Auch die Naturwissenschaft brach auf zu neuen Horizonten. Die sie betrieben, waren Universalgelehrte, die sich der Mathematik und Physik ebenso widmeten wie der Philosophie, Theologie und Geschichte. Ihr Vordenker war René Descartes (1596 – 1650). Sein berühmtes Zitat *«Ich denke, also bin ich»,* ist keinesfalls als alleinige Huldigung an den Verstand und als Ablehnung der Metaphysik zu verstehen. Descartes ging von der Dualität von Geist und Materie aus, die sich gegenseitig beeinflussten. Das Zitat ist eher Ausdruck eines wachsenden Selbstbewusstseins des Individuums, dessen Basis in der Renaissance gelegt worden war.

In England begann Isaac Newton (1643 – 1727), die Welt, den Kosmos und alle darin enthaltenen Erscheinungen wissenschaftlich zu erklären. Mit dem Gravitationsgesetz schuf er den Grundstein zur klassischen Mechanik. Newton erkannte auch, dass die Schwerkraft die Ursache für die Planetenbewegungen ist und arbeitete an einem Sternkatalog. Daneben legten die Forschungen von Gottfried Wilhelm Leibniz (1646 – 1716) die Basis für die moderne Mathematik und Physik; zudem war er ein einflussreicher Philosoph. Seine Behauptung, wir lebten in der «besten aller möglichen Welten» wird bis heute kontrovers diskutiert. Damit meinte der Universalgelehrte, der die Dramatik des Dreißigjährigen Krieges noch als Kleinkind mitbekommen hat, keine unbedarfte Ignoranz gegenüber den Schattenseiten der Existenz. Er sah stattdessen das Potenzial, das dem Menschen zur Verfügung steht. Zudem betonte Leibniz die unvermeidliche Dualität von Gut und Böse. Beides bedinge sich, aber das Böse werde das Gute niemals übertreffen. Darin sah Leibniz einen großen Trost. All die erwähnten Denker sind die Vorläufer der Aufklärung.

Die Kirche hatte zwar an Macht eingebüßt, doch sie war noch immer mächtig; und der Glaube an Gott als Schöpfer ungebrochen. Auch die prägenden Gestalten der Epoche waren gläubig; der Atheismus nur eine Randerscheinung, die erst ab dem 19. Jahrhundert erheblichen Einfluss gewann.

Zwar bezeichneten sich die absolutistischen Herrscher als von «Gottes Gnaden», doch im Gegensatz zu ihren mittelalterlichen Vorgängern, die in den kirchlichen Würdenträgern ernsthafte Konkurrenz hatten, bedienten sie sich der Kirche häufig nach Belieben. Kirchenvertreter trugen dem Rechnung, indem sie ihren Einfluss durch die konkrete Teilnahme am politischen Geschehen zu sichern versuchten. Notorisch bekannt sind die machtbewussten französischen Kardinäle Richelieu (1585 – 1642) und Mazarin (1602 – 1661). Richelieu war Erster Minister am Hofe Ludwigs XIII.; Mazarin war 19 Jahre lang Erster Minister unter Ludwig XIV. Beide taten sich als entschiedene Verfechter des Absolutismus hervor.

Ambivalent und extrem war schließlich auch die soziale Aufteilung. Zum höfischen Leben gehörten prunkvolle Feste, Theateraufführungen, Opern, Ballett, Maskeraden und Aufzüge. Ein striktes Zeremoniell war ebenso wichtig, wie Titel und weitläufige Anreden. Die Kleidung war pompös und bauschig, Perücken kamen in Mode, der Mensch verkam zur bloßen Figur, zum Kostümträger. Ludwig der XIV. hatte durch seinen Prunk sowie aufwändige Kriege am Ende seiner langen Regierungszeit den Staatshaushalt weitgehend ruiniert, was auch durch immer neue Abgaben nicht mehr kompensiert werden konnte. Somit war die Basis für die Große Revolution von 1789 gelegt.

Auf der anderen Seite stand ein weitverbreitetes soziales Elend. Die Selbstversorgung der ländlichen Bevölkerung, die im Mittelalter weitgehend gewährleistet war, funktionierte kaum noch, denn nur wenige der absolutistischen Fürsten machten sich Gedanken über die Folgen ihrer pompösen Herrschaft. Sie frönten einer sehr verantwortungslosen Interpretation des Grundsatzes «carpe diem».

Kunstepoche

Im 16. Jahrhundert fand die konfessionelle Aufteilung Europas statt. Katholische und protestantische Reiche bzw. Fürstentümer festigten ihre Herrschaft. Die Katholische Kirche konnte den Verlust ihrer Macht jedoch nicht akzeptieren und initiierte deshalb Mitte des 16. Jahrhunderts die sogenannte Gegenreformation, ein Versuch, protestantische Territorien wieder zum Katholizismus zu bekehren.

Die barocke Kunst gehörte zunächst zu den Elementen der

Gegenreformation. Üppige Darstellungen von Engeln und Heiligen, allen voran die Gottesmutter Maria – die allesamt im Protestantismus verpönt waren – sollten helfen, die Herzen der Abtrünnigen zurückzugewinnen. So blühte die barocke Kunst zunächst in den katholischen Territorien; Ausgangspunkt war, wie im Fall der Renaissance, Italien. Allein in Rom wurden in dieser Epoche mehr als 50 Kirchen gebaut sowie zahllose Plätze und Brunnen angelegt. Doch Kunst ließ sich nicht langfristig für weltanschauliche Zwecke instrumentalisieren. Im Laufe der Epoche fasste das Barock auch in protestantischen Reichen Fuß.

Verschwenderisch-schwelgerische Formen bestimmen die Darstellungen: auffällige Schnörkel, wuchernde Ornamente, überquellender Bilderreichtum sowie pomphafter Zierrat stellten die äußere Gestalt in den Mittelpunkt und machten das Optische zum wesentlichen Bestandteil. Ihren Höhepunkt erreichte diese Darstellungsform in der Blendfassade, eine Gestaltung mit «blinden» Fenstern und Türnischen, die ohne praktische Bedeutung allein dem äußeren Schein dienen.

Die barocke Architektur ist leicht zu erkennen, obwohl sie nicht himmelwärts strebt wie die gotische. Sie strebt nach Harmonie. Schwingende und geschwungene Formen prägen Fassaden, Kuppeln, Säulen und Giebel. Reich verziert vermitteln sie den Eindruck von Kraft und Bewegung. Im Zentrum steht immer das Gesamtwerk.

Die Plastiken streben nach dynamischer Harmonie. Sie scheinen sich der Schwerkraft zu entziehen und dem unendlichen Raum zu öffnen, wie die Heere von schwebenden Engeln um die Altäre der Kirchen.

Fürstenpaläste und Kirchen waren die wichtigsten Orte für die barocken Künstler. Bei den sakralen Projekten handelte es sich häufig um die Neugestaltung oder Renovierung bereits vorhandener Bauten. Auch Petersdom und Petersplatz erhielten ihre endgültige Form. Andere bedeutende sakrale Bauten sind der Dom von Fulda und Salzburg, der Invalidendom von Paris, die

Londoner St.-Pauls-Kathedrale, das Kloster Einsiedeln, Stift Melk sowie die Wiener Karlskirche.

Die allmächtigen Könige und Fürsten schufen sich selbst prunkvolle Denkmäler; zum Teil in der klassischen Form als Standbild oder Gemälde, aber auch durch aufwändige Anlagen wie das Schloss Versailles westlich von Paris, das dem Preußenkönig Friedrich II. später als Vorbild für Schloss Sanssouci bei Potsdam diente. Weitere herausragende Profangebäude dieser Epoche sind der Zwinger in Dresden, Schloss Belvedere in Wien, Teile des Louvre in Paris sowie die Würzburger Residenz. Eine typisch barocke Stadtanlage ist Karlsruhe. Dagegen steht das Stockholmer Schloss als Beispiel für die eher nüchterne protestantische Form des Barock.

Der Kunsthistoriker Fritz Baumgart gibt jedoch zu bedanken, dass es bei den Darstellungen der Epoche nicht nur um eine Huldigung an die Macht der Fürsten ging, sondern um eine dahinterliegende Ordnung. Bei der Interpretation der Bronzestatue von Andreas Schlüter (1659 – 1714), «Der große Kurfürst», die sich im Berliner Schloss Charlottenburg befindet, schreibt Baumgart: *«Der Ausdruck zwischen Ruhe und Bewegung, Natur und Idealisierung, freier Kraft und bändigendem Willen verleiht der Gestalt eine unvergleichliche Würde, die ebenso menschlich wie majestätisch ist. [...] Das absolutistische Denken, das im Fürsten die Spitze der menschlichen Ordnung sah, hat hier den prägendsten Ausdruck gefunden, der nicht auf persönliche Ruhmsucht bezogen ist – denn das Denkmal ist erst lange nach dem Tode des großen Kurfürsten errichtet worden –, sondern auf die Idee, dass im Herrschergeschlecht dem vergänglichen Leben Dauer verliehen wird.»*[46]

Ähnlich wie diese sonstigen Ausdrucksformen der Kunst diente auch die Malerei häufig der Verherrlichung des absolutistischen Herrschers bzw. der Kirchenfürsten. Bevorzugt wurden Tafelbilder, Darstellungen auf flachem, festem Material. Neben den vertrauten religiösen Themen und Porträts der Auftraggeber nahm das Landschaftsbild einen immer größeren Raum ein. Ein neuer Umgang mit Licht und Farbe ermöglichte geheimnisvolle Kompositionen in hell und dunkel. El Greco (1541 – 1614) und Rembrandt van Rijn (1606 – 1669) beherrschten dies meisterlich. Als Personifizierung der Epoche gilt indes der Flame Peter Paul Rubens (1577 – 1640), dessen füllige Formen bis heute sprichwörtlich sind. Interessanterweise stammte Rubens aus einer Familie von Reformierten, die bildliche Darstellungen noch entschiedener ablehnten als andere protestantische Richtungen.

Eine Spätform des Barock war das Rokoko (benannt nach dem frz. Rocaille = Muschelwerk) in der zweiten Hälfte des 18. Jahrhunderts. Die Sehnsucht des Barock nach Harmonie, Pathos, Größe, Gestalt und Prunk wurde durch die Betonung des Kleinen und Leichten, des Idyllischen und Kindlichen ersetzt. Dabei wurde bewusst auf Symmetrie verzichtet. Schloss Solitude in Stuttgart sowie Teile der Gestaltung von Schloss Sanssouci zählen zu den bedeutendsten Bauwerken des Rokoko.

Fritz Baumgart sieht im Rokoko bereits Ansätze des Realismus aufkeimen, der Gegenentwurf zur barocken Üppigkeit. So schreibt er über Bilder der englischen Maler Thomas Gainsborough (1727 – 1788) und Joshua Reynolds (1723 – 1792): *«In anderer Weise äußert sich ein neuer Geist mit herkömmlichen malerischen Mitteln in der Portraitkunst, die im England des 18. Jahrhunderts die größte Rolle spielte […] Die dargestellte Landschaft ist so unromantisch wie nur möglich. In dieser sachlichen Individualisierung von Mensch und Natur, die nichts mehr von der Welteinheit der Renaissanceepoche hat, sind bereits alle Keime des Realismus des 19. Jahrhunderts enthalten.*[47]

Astrologische Symbolik

Mit dem Aufschwung der Naturwissenschaft begann ein allmählicher Abstieg der Astrologie. Hauptursache dafür war aber nicht die Wissenschaft, sondern veränderte gesellschaftliche Normen, wie der Religionswissenschaftler Kocku von Stuckrad ausführt: *«Die Krise, in welche die Sternenkunde in dieser Zeit ja zweifellos geriet, [wurde] nicht von einer vermeintlichen wissenschaftlichen Widerlegung ihrer Grundannahmen ausgelöst, sondern von gesellschaftlichen Faktoren und Maßnahmen der Diskurskontrolle, mit denen die Astrologie ihre öffentliche Reputation einbüßte – beispielsweise durch die Abschaffung astrologischer Lehrstühle an den Universitäten – sowie von der zunehmenden Durchsetzung eines mechanistischen Weltbilds, das alle ‹okkulten›, also ‹verborgenen› Begründungen planetarischer Zusammenhänge als veraltet desavouierte.»*[48]

Diese Entwicklung wirkte sich auch auf die Kunst aus. Es war nicht mehr so selbstverständlich wie zuvor, der astrologischen Symbolsprache in der Kunst Ausdruck zu verleihen.

Es gab jedoch auch eine Gegenbewegung. Mit dem wachsenden Einfluss der Wissenschaft – an deren Anfang zwar Universalgelehrte standen, die aber zu einer allmählichen Spezialisierung führte – brachte auch die Astrologie immer mehr Spezialisten hervor; darunter bedeutende Persönlichkeiten, die durch ihr fundiertes Wissen, ihre Intuition und ihre Ausstrahlung über erheblichen gesellschaftlichen Einfluss verfügten. Und sie sorgten dafür, dass die Astrologie auch in schwierigen Zeiten wichtige Fürsprecher hatte. Dabei sind vor allem drei Namen zu nennen, der Franzose Jean Baptist Morin de Villefranche (1583 – 1656), der Engländer William Lilly (1602 – 1681) sowie der italienische Dominikanermönch und Mathematiker Placidus de Titis (1603 – 1668), auf den das bis heute gebräuchlichste Häusersystem zurückgeht.

Bündnis von Kirche und Astrologie

Für astrologische Darstellungen in der Kunst blieb die Kirche der wichtigste Auftraggeber. Das hatte auch gesellschaftliche Gründe. Die Kirche widersetzte sich lange dem mechanischen Weltbild, wonach alle Erscheinungsformen wissenschaftlich erklärbar sind. In Anlehnung an Aristoteles vertrat sie die Auffassung, das Universum bestehe aus einer sublunaren Sphäre (Erde und Mond), in der alles berechenbar, kausal und veränderbar sei, sowie einer himmlischen Sphäre, die der unveränderliche Urgrund, die Urbewegung von allem sei. Diese sogenannte neuscholastische Sicht wurde von vielen Astrologen unterstützt, was ihnen zwar die Sympathien der Kirche einbrachte, langfristig aber die Krise verschärfte, denn alle neuen Entdeckungen verstärkten die Argumente für das mechanische Weltbild.

Einstweilen jedoch hatte die Astrologie nicht zuletzt auf dem Stuhl Petri im Vatikan wichtige Unterstützer. Die Zeit war von einer regen Bautätigkeit geprägt, bei der sich insbesondere die Päpste Urban VIII. (1623 – 1644), Alexander VII. (1655 – 1667) sowie Clemens XI. (1700 – 1721) hervortaten.

Bereits 1560 hatte Michelangelo in Rom auf den Trümmern der Thermen des Diokletian die Basilika Santa Maria degli Angeli e dei Martiri entworfen, deren Vollendung sich über fast eineinhalb Jahrhunderte hinzog. Die klerikalen Auftraggeber huldigten dabei durchaus den Erkenntnissen ihrer Zeit. Ein Loch in einem der Fenster über dem rechten Eingang filtert den Sonnenstrahl so, dass er einen exakten, parallelen Meridian beleuchtet, der auf dem Boden angebracht ist. Umgeben wird er vom astrologischen Tierkreis, dessen Zeichen in quadratischen Platten angebracht sind. Dabei bedienten sich die Künstler nicht der Symbolik, sondern sie stellten die Zeichen – ganz dem Barock entsprechend – in eindrucksvollen Bildern dar. Nicht nur Löwe und Widder, sondern auch die sensiblen Zeichen wie Krebs oder Fische scheinen vor Kraft zu strotzen.

Der Sonnenstrahl wandert mit dem entsprechenden Zeichen

durch das Jahr und markiert die Position des Polarsterns. 1702 wurde das sakrale Observatorium von Papst Clemens XI. eingeweiht.

Zahlreiche astrologische Darstellungen finden sich in sizilianischen Kirchen. Sie sind älter als das Zeitalter des Barock, doch in der Epoche haben sie ihre heutige Gestalt angenommen, einschließlich der Referenz an die Astrologie.

Ein wechselvolles Schicksal war der Kathedrale Maria Santissima Assunta in Palermo beschieden. Das ursprünglich aus dem 6. Jahrhundert stammende Bauwerk wurde vorübergehend von islamischen Herrschern in eine Moschee umgewandelt und 1169 durch ein Erdbeben weitgehend zerstört. Ihre endgültige Form erhielt sie im späten 18. Jahrhundert. Aus der barocken Epoche stammt die astrologische Gestaltung, die der römischen Kirche Santa Maria degli Angeli e dei Martiri entspricht. Allerdings fällt das Sonnenlicht hier nicht durch ein Fenster, sondern durch ein Loch in der Decke im Hauptschiff auf den Meridian und die Tierkreiszeichen. Letztere sind nicht quadratisch angeordnet, sondern in verspielten Formen, ebenso wie die Motive selbst, die nicht ganz so kraftvoll wirken wie ihre Entsprechungen in Rom.

Die Kirche San Nicolo in Catania ist eine der größten auf Sizilien. Ursprünglich im 12. Jahrhundert als Klosterkirche der Benediktiner am Hang des Ätna begonnen, wurde sie im 16. Jahrhundert nach einem Vulkanausbruch aufgegeben. Erste Versuche sie wieder aufzubauen scheiterten ebenfalls an den Aktivitäten des Ätna, bis der Wiederaufbau schließlich 1687 umgesetzt, jedoch nie ganz vollendet wurde. Dennoch ist die Kirche ein beeindruckendes Bauwerk mit bemerkenswerten astrologischen und astronomischen Bezügen. Dazu gehört eine raffinierte Sonnenuhr. Durch ein Loch im Dach des Querschiffes fällt ein Sonnenstrahl auf eine Darstellung des Meridians im Fußboden. Dabei wird immer der genaue Tag und Monat angezeigt. Neben dem Meridian befinden sich einmal mehr rechteckige Marmortafeln mit dem Tierkreis.

Tierkreis und Meridian in bedeutenden Kathedralen waren nicht die einzigen Belege für die Ambivalenz der Kirche der neuen Zeit gegenüber. Während sie weit davon entfernt war, dass wissenschaftliche Weltbild als Erklärungsmodell für kosmische Zusammenhänge anzuerkennen, ließ sie äußere Ausdrucksformen des Fortschritts gern zu. Dazu zählten die Sonnenuhren. Sie sind zwar keine barocke Erfindung, doch wurden sie durch den technischen Fortschritt immer mehr perfektioniert. Ein besonders beeindruckendes Beispiel ist die frühbarocke Sonnenuhr der Ellwanger St. Vitus Basilika. Das Kirchengebäude stammt aus der spätromanischen Epoche, wurde jedoch Mitte des 17. sowie im frühen 18. Jahrhundert grundlegend umgestaltet, so dass der Stil von Barock und Rokoko überwiegt.

Die viereckige Sonnenuhr am Querschiff stammt aus dem Jahr 1634. Darauf sind die einzelnen Tierkreiszeichen als Bildsymbole dargestellt. Sie beginnen in der rechten oberen Ecke mit dem Steinbock. Darunter folgen die Zeichen von Wassermann bis Zwillinge. Links unten geht es mit dem Krebs weiter, hinauf bis zum Schützen. Die Schatten eines Verdickungspunktes zeigen an, in welchem Tierkreiszeichen die Sonne gerade steht. Die Uhr enthält auch eine Sommersonnenwendlinie, die beziffert ist. Dadurch wird die Zahl der verflossenen Stunden am längsten Tag angezeigt.

Auch in abgelegenen Orten sind Kirche und Sternendeutung Hand in Hand gegangen. Der kleine brandenburgische Ort Teschendorf – Teil der Gemeinde Löwenberger Land – beheimatet eine frühgotische Saalkirche, die von Protestanten 1720 einer grundlegenden Renovierung im barocken Stil unterzogen wurde. Im Deckenoval sind die Planeten dargestellt, die von dem Tierkreis umgeben werden.

Astrologische Metropolen

Auch weltliche barocke Fürsten ließen es sich nicht nehmen, in ihren Palästen der astrologischen Symbolik Raum zu geben, allerdings verlagerte sich dieses Interesse mehr in die Gegend nördlich der Alpen. Eines der Zentren war Prag, wo Kaiser Rudolf II. (1552 – 1612) gute Voraussetzungen dafür schuf. Er galt als schwacher Herrscher, jedoch als großer Förderer der Künste, der Wissenschaften, aber auch der esoterischen Disziplinen, insbesondere der Astrologie. Er ließ Münzen prägen, die neben seinem Portrait auf der Vorderseite die Ekliptik mit seinem Aszendenten Steinbock auf der Rückseite zeigten. Sein von Kepler berechnetes Horoskop wurde zur Grundlage für eigene Kunstwerke, etwa in Form von Aquarellzeichnungen.

Bei dem eindrucksvollsten Dokument dieser Art war italienischer Einfluss im Spiel. Das Wallenstein- (oder Waldstein) Palais wurde von dem Florentiner Maler und Baumeister Baccio del Bianco (1604 – 1656) in den späten zwanziger Jahren des 17. Jahrhunderts erbaut. Auftraggeber war der berühmte Feldherr aus dem Dreißigjährigen Krieg Albrecht von Wallenstein (1583 – 1634), dessen Familie eigentlich Waldstein hieß (Abb. 46 und 47). Nach wechselnden Besitzern und einer wechselhaften Geschichte tagt dort heute der Senat des tschechischen Parlaments.

Im Palais befindet sich ein «astrologischer Korridor». Wallensteins Nähe zur Astrologie ist verbrieft, unter anderem durch seinen Astrologen Kepler. Deckengemälde huldigen in barocker Üppigkeit den damals bekannten Planeten – einschließlich Sonne und Mond. Jeder von ihnen bewegt sich in einem Wagen, der von unterschiedlichen Tieren, wie geflügelten Pferden, Hirschen, Adlern oder Schwänen gezogen wird. Die Bewegung geht von Süd nach Nord. Dass es sich dabei um astrologische Darstellungen handelt, zeigt sich daran, dass die Planeten rechts und links von ihren Herrschern begleitet werden. Damals verfügten alle Planeten noch über zwei Herrscherzeichen, außer Sonne und Mond, bei denen eine Tafel leer bleibt. Die Darstellung lehnt sich stark an die antike Mythologie an.

Für das 1726 vollendete Jesuiten-Kolleg Clementinum nahe der berühmten Karlsbrücke sind mehrere sternenkundliche Globen angefertigt worden.

Bisweilen reichte es den weltlichen Herrschern nicht, ihrer Verbundenheit mit der Astrologie mit Gebäuden, Gemälden oder Münzen Ausdruck zu verleihen. Markgraf Karl III. Wilhelm von Baden-Durlach (1679 – 1738) hatte die Vision, eine ganze Stadt nach den Erkenntnissen seiner Zeit zu gründen. Sie musste – selbstredend – seinen Namen tragen, Karlsruhe, denn der Markgraf war ein absolutistischer Herrscher im Kleinen. Die badische Metropole gilt bis heute als Urbild einer barocken Stadt. Die Grundsteinlegung fand am 17. Juni 1715 zu Vollmond statt. Eine Luftaufnahme lässt Karlsruhe wie einen gigantischen Zodiak erscheinen, was umso bemerkenswerter ist, da die Stadt im Zweiten Weltkrieg dem Erdboden gleichgemacht worden ist. Vom Zentrum des Kreises, dem Schloss, gehen die Straßen fächerförmig wie Achsen ab, zwei Hauptachsen verbinden den Süden (IC) mit dem Norden (MC) sowie den Osten (AC) mit dem Westen (DC). Dazwischen liegen die Felder mit ihren unterschiedlichen Aufgaben. Der Gründer hatte sich am italienischen Vorbild orientiert, um eine ideale Anlage nach kosmischen Gesetzen mit einer symbolischen Darstellung der Weltordnung zu schaffen.

Die Malerei

Als einer der wichtigsten Wegbereiter der barocken Malerei gilt der Italiener Paolo Veronese (1528 – 1588), der in seinen Bildern die Lebensfülle, den Schwung und die Farbenpracht der Epoche vorwegnahm. Dabei sind astrologische Motive deutlich zu erkennen, etwa in «Mars und Venus». Was vordergründig wie eine Darstellung der antiken Götter beim erotischen Techtelmechtel erscheint, ist ein astrologisches Lehrbild. Über den beiden ist ein roter Baldachin gespannt, die Farbe des Feuerelements. Venus ist notdürftig mit einem blauen Tuch bedeckt, der Farbe des Luftelements; offenbar soll die Waage-Venus betont werden. Die Waage steht in Opposition zum Widder, dem Zeichen des Mars. Jedoch ist es beiden nicht möglich, sich aufeinander zu beziehen, denn sie werden abgelenkt von einem nackten kleinen Kind, das ein Pferd am Zügel heranführt, von dem nur der Kopf zu sehen ist. Der jedoch ist fast so groß wie das Kind, das dem Pferd dennoch tapfer in die Augen schaut.

Astrologisch ist das Kleinkind dem Zeichen Krebs zugeordnet, der im Quadrat zu Widder und Waage steht. Dem Krebs gegenüber befindet sich der Steinbock. Sein Namensgeber hält sich bekanntlich in kargen Höhen auf und würde sich niemals in das Schlafgemach von Liebenden führen lassen. Also nimmt das Pferd den Platz des Steinbocks ein. Beide teilen viele Eigenschaften: Ausdauer, Zähigkeit, eine natürliche Scheu. Oppositionen beherrschen Veroneses Bild, und es erscheint sehr naheliegend, darin letztlich eine Darstellung des kardinalen Kreuzes zu sehen.

Unverblümter bediente sich Antonio Zanchi (1631 – 1722) der astrologischen Symbolik, der er zudem in einen großen historischen Rahmen stellte. Sein 1665 entstandenes Gemälde «Abraham unterrichtet die Ägypter in Astrologie» zeigt den Stammvater der monotheistischen Religionen mit einem Zirkel über eine Kugel gebeugte, während ihm zahlreiche Männer gebannt zuschauen, bzw. -hören (Abb. 67).

Der Hochmeister des Barock, Peter Paul Rubens, spielte gern mit verschlüsselten Botschaften. Er war mit der Astrologie vertraut und brachte die üppigen und kreisenden Formen besonders eindrucksvoll zum Ausdruck. Sein Bild «Versammlung der olympischen Götter» zeigt in verschlüsselter Form den Tierkreis um die Wintersonnenwende im Jahr 1602. Zu der Zeit (*22. 12. 1602, 0.30 Uhr*) befanden sich alle damals bekannten Planeten unterhalb der AC/DC-Achse, die von der Waage (8°) in den

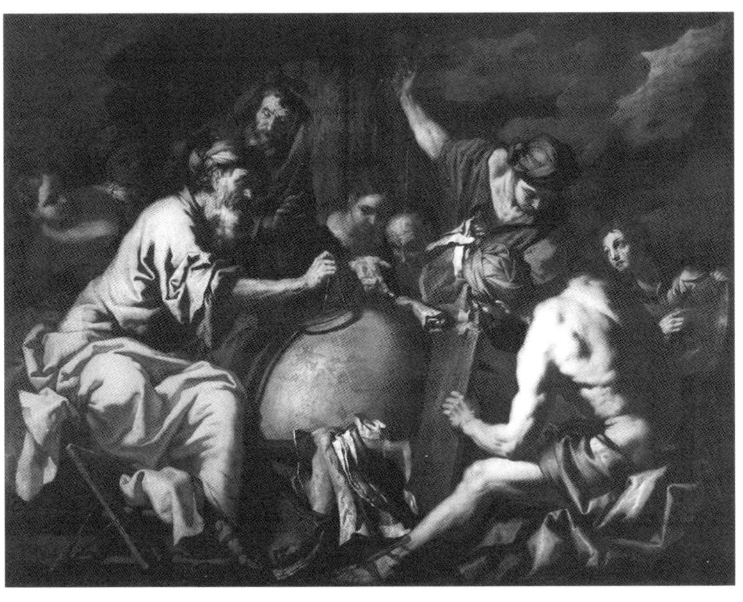

Abb. 67: Antonio Zanchi (1631 – 1722) «Abraham unterrichtet die Ägypter in Astrologie», 1665

Widder verlief. Der Mond hatte kurz zuvor in den Widder gewechselt, alle anderen Planeten standen in einem Bereich von einem Quadrat zusammen, dessen Begrenzung Jupiter bei 14° Skorpion und Venus bei 17° Wassermann bildeten. Im unteren Zentrum von Rubens Bild stürmt eine in helles Licht gehüllte Frauengestalt mit einem Pferdewagen aus einer Höhle. Die Analogie zur Sonne, die ihren tiefsten Punkt erreicht hat, drängt sich auf. Über der Höhle befindet sich Jupiter, unmittelbar unter ihm ein grimmiger Saturn, es folgen Merkur mit Harfe, ein klein geratener Mars mit rotem Umhang sowie eine beeindruckend-stattliche Venus. Bezeichnenderweise befindet sich das Bild, das über Jahrhunderte verschollen war, in der Prager Burg, bekanntlich eines der Zentren der Astrologie zur Barockzeit.

Ein anderes Bild von Rubens, «Früchtekranz» zeigt ebenfalls eindeutige astrologische Bezüge. Darauf sind sieben üppige, nackte Kinder abgebildet, die mit einem Früchtekranz spielen. Sieben war die Zahl der damals bekannten Planeten. Betont wird in dem Bild zudem das Löwe-Prinzip, das Zeichen, in dem Rubens' Merkur, Venus und Mars standen: Die pure Lebensfreude, die aus dem Vollen schöpft und sich keine Gedanken über die Zukunft machen muss (das übernimmt schließlich die Jungfrau). Das Kunstwerk ist in der Alten Pinakothek in München zu sehen.

Auch das Gemälde von Domenichino (1581 – 1641) «Die Jagd der Diana» offenbart sich als astrologisches Kunstwerk. Es verbildlicht die Opposition von Schütze und Zwillinge. Diana und ihre bogenschießenden Gespielinnen auf der linken Seite sowie zahlreiche in verschiedene Tätigkeiten versunken Zwillingspaare auf der rechten Seite machen eine solche Interpretation naheliegend.

Schließlich sei noch ein letztes Motiv dieser Art vorgestellt, das von Rubens und vielen anderen Künstlern, immer wieder aufgegriffen wurde: «Herakles und Omphale». Bekannt ist die Umsetzung auch durch einen Kupferstich von Jakob Matham (1571 – 1631).

Der Stoff stammt aus der antiken Mythologie. Herakles wurde von Hermes für drei Jahre an die lydische Königin Omphale verkauft, um einen Mord zu sühnen. Er musste ihr drei Jahre in Frauenkleidern dienen und alle ihm übertragenen Aufgaben annehmen. Schon bald ist er in blinder Liebe zu Omphale ganz in seiner ungewollten Rolle aufgegangen. Der Kupferstich von Matham zeigt Herakles an der Spindel; sein Gesichtsausdruck ist konzentriert. Rubens zeichnet eine ebenso neckische wie verführerische Omphale, die sein Löwenfell trägt und ihn am Ohr zieht.

Auf einer tieferen Ebene symbolisiert Herakles die Sonne. Omphae bedeutet Nabel oder Mitte. Die Mitte des Tierkreises ist die Waage, mit ihr beginnt die zweite Hälfte. Hinter Herakles liegen Trauben, die sich als Waage-Symbol ebenfalls aufdrängen. Es geht also um die Stellung der Sonne in der Waage; und dort befindet sie sich nach klassischer astrologischer Auffassung im Fall. Ihre Zeit scheint abzulaufen, die Nächte werden länger als die Tage.

Der italienische Renaissance-Maler Guido Cagnacci (1601 – 1663) huldigte der Sternendeutung mit dem Bild «Allegorie der Sphärenastrologie».

Zwei niederländische Maler des Barock, als vom ‹goldenen holländischen Zeitalter› die Rede war, zeigen ihren Respekt vor der Astrologie offener. Domenicus van Wijnen (1661 – 1690) und Cornelius Bega (1620 – 1664) portraitierten Astrologen bei der Arbeit, während sie den nächtlichen Sternenhimmel beobachteten.

Insgesamt jedoch bleiben viele barocke Künstler mit ihren ausdrucksstarken Bildern der Renaissance-Tradition treu: Sie stellen die astrologische Symbolik allegorisch dar. Das hatte in dieser Zeit durchaus praktische Gründe. Die Förderer der Astrologie – Rudolf II. von Böhmen, Ludwig XIII. von Frankreich, Karl I. von England oder Wallenstein – starben früh oder gehörten selbst zu den Verlierern der zahlreichen Machtkämpfe. Die absolutistischen Herrscher – Ludwig XIV, die Habsburgerin

Maria Theresia oder der Preußenkönig Friedrich II. – verboten die Astrologie mit nachhaltiger Wirkung und verfolgten diejenigen, die sie betrieben. Nicht einmal mehr astrologische Kalender, an denen sich die Bauern orientierten, waren offiziell erlaubt. Keine guten Voraussetzungen, sich mit künstlerischen Werken zur Astrologie zu bekennen.

Kunsthandwerk

Dennoch war auch der Einfluss der absolutistischen Herrscher nicht absolut. So sorgte der technische Fortschritt dafür, dass künstlerische Darstellungen, die technische Fertigkeiten im engeren Sinne voraussetzten, für größere Kreise der Bevölkerung erschwinglich wurden. Das gilt zum Beispiel für Tierkreis- und Sonnenuhren. Sie waren früher das Privileg von Kirchen und Rathäusern oder ähnlichen repräsentativen Gebäuden. Im Zeitalter des Barock wurde es populär, astronomische Uhren als große Zimmeruhren anfertigen zu lassen. Sie erfreuten sich im Bürgertum großer Beliebtheit.

Von den zahlreichen öffentlichen Uhren dieser Art sei noch eine exemplarisch erwähnt. Am Amtsgebäude von St. Blasien im Südschwarzwald beim Kurgarten schuf der Maler Joseph Anton Morath ein besonders erlesenes Exponat. Sie hatte zunächst eine praktische Aufgabe, denn sie sollte die mechanische Kirchenuhr im Glockenturm der Kirche regulieren (Abb. 48).

Neben den vertrauten Darstellungen von Uhrzeit und Monat enthält sie eine senkrechte Achterschleife mit dem Tierkreis. Die einzelnen Zeichen sind nach altertümlichem Vorbild dargestellt, so der Steinbock als Ziegenfisch und der Schütze als Zentaur mit Fischschwanz. Überhaupt war Morath mit den antiken Mythen sehr vertraut, denn seine Uhr huldigt auch Chronos (Saturn), dem Herrn über die Zeit, der über allem thront. In seiner rechten Hand hält er das Zeitband, in seiner Linken den Zeigerstab.

Große Fortschritte machte auch die Drucktechnik, was ebenfalls kunsthandwerklichen Darstellungen der Astrologie Auftrieb gab, die wiederum breiteren Schichten zur Verfügung standen.

Manche Illustrationen dieser Art zierten bisweilen sogar wissenschaftliche Werke. Populär waren auch bunte Farbtafeln unter dem Titel «Die Planeten und ihre Einflüsse». Sie dienten offenbar der Unterrichtung der mehrheitlich analphabetischen Bevölkerung. Eine Tafel enthielt ganze Geschichten. Oben thronte der jeweilige Planet mit seinem Zeichen, zum Beispiel der Merkur mit den Zwillingen. Darunter herrschte reges Treiben: Handelsreisende studierten ihre nächsten Routen. Kaufleute diskutierten über Preise und Absatzmärkte, Gelehrte vertieften sich in Bücher.

Astrologische Talismane, mit denen das Glück erzwungen werden sollte, erfreuten sich ebenfalls großer Beliebtheit. Aus Köln ist eine solche Sammlung überliefert, die 1722 entstanden ist. Für jeden Tag gibt es einen Talisman in Form einer Münze. Obwohl es sich zweifellos um einfache Hilfsmittel für die Auseinandersetzung mit den großen und kleinen Sorgen des Lebens handelte, zeugen sie von einem fundierten astrologischen Wissen. Auf den Münzen erscheinen nicht die Namen der Tage, sondern deren astrologische Zuordnung: Sonntag = Sonne; Montag = Mond; Dienstag = Mars, bis hin zum Samstag, dem Saturntag.

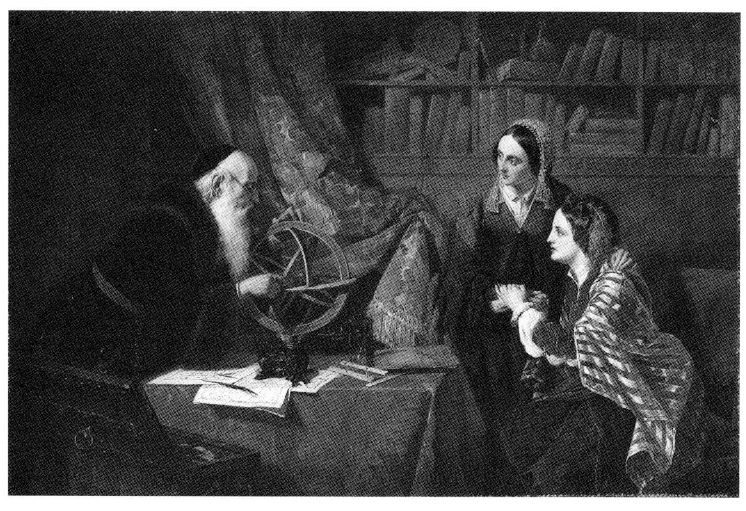

Abb. 68: Henry Nelson O'Neil (1817 – 1880), «Der Rat des Astrologen», 1849

6. Kapitel: Die Kunst des 18. und 19. Jahrhunderts

Welt- und Menschenbild

Der tiefgreifende Umbruch im Bewusstsein der Menschheit, der sich zu Beginn der Neuzeit angekündigt hatte, brach sich im 18. Jahrhundert endgültig Bahn. War die Epoche des Barock noch ein letztes Aufblühen der hierarchisch-feudalistischen Strukturen, so erreichte der grundlegende Wandel nun die ganze Gesellschaft. Verantwortlich dafür waren die Aufklärung und die industrielle Revolution.

Niemand hat den Anspruch der Aufklärung so klar auf den Punkt gebracht wie der Philosoph Immanuel Kant (1724 – 1804). Er sah in der Aufklärung das Ende der *«selbstverschuldeten Unmündigkeit»*. Darunter verstand er *«die Unfähigkeit oder Unwilligkeit sich seines Verstandes ohne Leitung eines anderen zu bedienen»*. *«Sapere aude»* folgerte er daraus, den *«Mut, sich seines eigenen Verstandes zu bedienen»*.

Während Kant in erster Linie ethische Forderungen für ein selbstbestimmtes und verantwortungsvolles Leben aufstellte und legitimierte, überzogen die wichtigsten französischen Aufklärer Voltaire (1694 – 1778) und Denis Diderot (1713 – 1784) ihre Zeitgenossen, die sie in Aberglauben und Unwissenheit wähnten, mit beißendem Spott. Beide wandten sich auch entschieden gegen Spirituelles und Okkultes, was die Astrologie einschloss.

Auch die Menschenrechte und der Gleichheitsgedanke erhielt dank der Aufklärung eine nie zuvor gekannte Bedeutung.

Kant fordert die Befreiung aus den Ketten des Staates, der Religion und der eigenen Gesellschaft: Das bedeutete die Aufhebung ständischer Privilegien, die Gewährung und Sicherung der bürgerlichen Grundfreiheiten, die Durchsetzung der Gewaltenteilung, die Teilnahme am politischen Leben sowie die individuelle Verwirklichung von Glück und Wohlfahrt.

Mit der amerikanischen Verfassung von 1787 wurden die neuen Ideen erstmals konkret verankert. Darin heißt es, dass alle Menschen gleich erschaffen sind: *«All men are created equal»*. Vier Jahre später wurde sie um Presse- Rede- und Versammlungsfreiheit erweitert. Die Gleichheit galt jedoch lange Zeit nur für weiße Männer, es dauerte noch bis zum am 6. Dezember 1865, bis die Sklaverei verboten wurde.

1789 machte sich die Französische Revolution die Gedanken der Aufklärung zu Eigen. Ihre Ideale lauteten: *«Freiheit, Gleichheit und Brüderlichkeit»*.

Im August 1789 wurden die Menschenrechte formuliert. Die Nationalversammlung entwarf 1791 eine Verfassung, die Frankreich in eine konstitutionelle Monarchie umwandelte.

Die heute selbstverständliche Gleichheit der Geschlechter hatte jedoch kaum jemand der Aufklärer und Revolutionäre im Blickfeld. Frauen, die dafür eintraten, wie Olympe de Gouges (1748 – 1793), endeten ebenfalls auf dem Schafott.

Neben den freiheitlichen Idealen spielte der Nationalismus eine immer wichtigere Rolle. Im Feudalismus war das Standesbewusstsein wichtiger als die nationale Herkunft. Das änderte sich im 19. Jahrhundert grundlegend. Die Bedeutung des Nationalen inspirierte Freiheitsbewegungen ebenso wie chauvinistische Gruppen, die in dessen Namen Hegemonie und Eroberungskriege legitimierten – bis hin in ferne Kontinente.

Zu einer besonders tiefgreifenden Veränderung der gesellschaftlichen Lebensbedingungen führte die Industrielle Revolution. Sie begann mit der Erfindung der Dampfmaschine, die James Watt (1736 – 1819) zugeschrieben wird. Er ließ sie 1769 patentieren, hatte aber auf Experimente anderer Erfinder zurückgegriffen. So war es möglich, zu jeder Zeit und unabhängig von natürlichen Quellen, Energie zu gewinnen und Produktionsstätten zu betreiben. Damit war das Ende der jahrtausendealten feudalen Strukturen gekommen. Die Industrialisierung verlangte neue Werte wie Mobilität, Flexibilität, Spezialisierung und Mechanisierung. Eine zwangsläufige Folge war die Urbanisierung. In den alten Städten wurden die Stadtmauern geschleift, sie hatten ihre Bedeutung verloren. Gleichzeitig verschwand die Großfamilie, und die soziale Frage drängte sich auf. Die Massen, die vom Land in die neu entstehenden Metropolen strömten, fanden dort nicht das erhoffte materielle Wohlergehen, sondern harte Lebensbedingungen. Um die eigenen Rechte besser vertreten zu können, entstand die Arbeiterbewegung.

Ein Meilenstein der Menschheitsgeschichte waren auch die Forschungen von Charles Darwin (1809 – 1882), der die Entwicklung der Arten erforscht und die Evolution begründet hat. Das gilt auch als das zweite Trauma der Menschheit.

Aufklärung und Industrialisierung setzten auf den Intellekt sowie den technischen Fortschritt und ließen dabei für spirituelle und esoterische Traditionen keinen Raum. Die Religionskritik mit wissenschaftlichem Anspruch, als deren wichtigster Vertreter Ludwig Feuerbach gilt, verstärkte die Säkularisierung der Welt.

Nicht nur auf der Erde wurden Grenzen eingerissen und Neuland betreten. Auch am Himmel wurden neue Horizonte entdeckt. Die Weiterentwicklung der Fernrohre zu Teleskopen führte zur Entdeckung von Planeten, die mit dem bloßen Auge nicht sichtbar sind. Der deutsch-britische Astronom William Herschel (1738 – 1822) entdeckte am 13. März 1781 den Uranus. Am 23. September 1846 wurde Neptun durch Urbain Le Verrier (1811 – 1877) und Johann Gottfried Galle (1812 – 1910) ans Tageslicht gezerrt. Bezeichnend für den Geist der Zeit war, dass der Astronom und Mathematiker Urbain Le Verrier – übrigens Sternzeichen Fische, das dem Neptun zugeordnet ist – den Neptun zunächst errechnet hatte. Anschließend bat er seinen Berliner Kollegen Galle, ihm bei der Suche behilflich zu sein.

Die auf Rationalität und wirtschaftlichen Fortschritt basierende Gesellschaft löste jedoch auch Gegenbewegungen aus, vor allem unter Künstlern. Die bekannteste ist die Romantik.

Kunstepoche

Die immer schnelllebigere Welt hinterließ auch in der Kunst ihre Spuren. Prägte früher eine Epoche viele Jahrhunderte, so wechselten sich die verschiedenen Stilrichtungen seit dem späten 18. Jahrhundert in kurzer Zeit ab.

Als Beginn der Moderne gilt der Klassizismus (1750 – 1820), der sich, wie der Name andeutet, an der klassischen Antike orientiert hat. Analog zur aufblühenden Wissenschaft suchte der Klassizismus die Klarheit und Struktur der Formen, vor allem in der Architektur. Entsprechend den gesellschaftlichen Veränderungen entstanden neue Arten von Bauten wie Fabrikhallen oder Bahnhöfe. Architektonische Vorbilder waren die griechischen Tempel.

Als geistiger Vater der Epoche wirkte Johann Joachim Winckelmann (1717 – 1768). Er gilt gleichzeitig als Begründer der Kunstgeschichte. Als Gegenkonzept zum üppigen und überladenen Barock formulierte er die Forderung «edle Einfalt, stille Größe». Nur so könne die Schönheit der Kunst zum Ausdruck kommen.

Eine Sonderform des Klassizismus war das Biedermeier, das gegen die revolutionären Bewegungen seiner Zeit das Althergebrachte und Vertraute propagierte. Ausdruck fand die Bewegung vor allem in der Malerei, Innenarchitektur und Mode. Schon zu seiner Zeit galt das Biedermeier als Ausdruck der Spießigkeit.

Eine Gegenbewegung zum Klassizismus – sowie zur Aufklärung im philosophischen Bereich – war die Romantik (1790 –

1830). Ihren Vertretern ging es darum, subjektive Gefühle auszudrücken und menschliche Schicksale erfahrbar zu machen. Sehnsucht, Leidenschaft, das Geheimnisvolle und die individuelle Seele waren die Stichworte, von denen die Romantiker aller Gattungen inspiriert waren. Es sollte nicht alles rational erfasst und erklärbar werden. Die Romantiker zeichnen sich auch durch eine enge Verbindung zur Natur aus. Caspar David Friedrich (1774 – 1840) hat den Geist der Epoche am eindrucksvollsten auf die Staffelei gebracht.

Eine besondere Gruppierung innerhalb der Romantik waren die Nazarener, eine religiös-schwärmerische Bewegung. Sie propagierten die Einheit von Kunst- und Lebensstil und lebten als «Künstlermönche» überwiegend in Rom und Wien. Der österreichische Kunsthistoriker und Direktor der Frankfurter Kunsthalle Schirn, Max Hollein, bezeichnet sie dennoch als *«Pioniere der Moderne»*, die *«keine fragwürdige Seitengasse der Kunstgeschichte in Richtung Vergangenheit, sondern einen Weg in die Zukunft»*[49] geprägt hätten.

Als Antwort auf die Weltflucht und Verklärung der Romantik wiederum entstanden der Realismus (1850 – 1880) und der Naturalismus (1880 – 1900). Künstler dieser aufeinander aufbauenden Stilrichtungen erhoben den Anspruch, die Wirklichkeit möglichst authentisch darzustellen. Häufige Motive waren das harte Leben in den Fabriken oder auf dem Lande. Zahlreiche Künstler dieser Zeit verfolgten auch politische und soziale Ziele. Sie verstanden ihre Kunst nicht mehr zur Ehre Gottes oder um der Ästhetik willen, sondern als Ausdruck eines gesellschaftlichen Engagements. Als wichtigster Vertreter des Realismus gilt der Franzose Gustave Courbet (1819 – 1877).

Parallel zu dieser Entwicklung knüpfte das aufstrebende Bürgertum mit Vorliebe an historische Vorbilder an, die sich nicht nur auf die klassische Antike beschränkten. Der Historismus (1850 – 1895) war vor allem in der Architektur prägend für die Gründerzeit, eine Folgeerscheinung der Industriellen Revolution. Er vermischte häufig Elemente verschiedener Stilepochen. Zu seinen Erscheinungsformen gehörten die Neuromanik, Neugotik, Neorenaissance und Neobarock. Die bekanntesten Gebäude dieser Epoche sind der Berliner Reichstag, vollendet 1894, und die Pariser Oper, vollendet 1875. Dazu kommen u.a. die Rathäuser von Hamburg, Essen, Leipzig, Hannover und Erfurt, die Schlösser Drachenburg und Stolzenfels am Rhein, das Schweriner Schloss, das Bundeshaus in Bern, der Zürcher Hauptbahnhof, die Pauluskirche in Basel, Teile der Hofburg in Wien und schließlich Schloss Neuschwanstein, das weltweit vermutlich populärste deutsche Architektur-Denkmal.

Mit all diesen Traditionen brach der Impressionismus (1860 – 1890), der sich von der bunten Vielfalt der Gegenwart inspirieren ließ. Dabei stellten die Maler ihre Staffelei zumeist im Freien auf. Der Anspruch der Maler, die Impressionen einzufangen, die der Reiz und die Unmittelbarkeit des Augenblicks boten, schuf eine neue Maltechnik, die sich von der bloßen Abbildung entfernte.

Ein Bild von Claude Monet (1840 – 1926), dem bekanntesten Künstler der Epoche, «Impression – soleil levant», gab selbiger den Namen. Obwohl die Bezeichnung zunächst abfällig gemeint war, erreichten die meisten Künstler der Epoche schon zu Lebzeiten eine besondere Popularität, und sie zählen bis heute zu den bekanntesten Persönlichkeiten überhaupt, so Paul Cézanne (1839 – 1906), Edgar Degas (1834 – 1917), Paul Gauguin (1848 – 1903), Pierre-August Renoir (1841 – 1919), Vincent van Gogh (1853 – 1890), Lovis Corinth (1858 – 1925) und Max Liebermann (1847 – 1935).

In Abgrenzung dazu entwickelte sich zu Beginn des 20. Jahrhunderts der Expressionismus, der nicht länger sinnliche Eindrücke, sondern seelische Erfahrungen zum Ausdruck brachte. Die Künstler widerstanden der Individualisierung und gründeten häufig Vereinigungen wie «Die Brücke» oder «Der Blaue Reiter». Zu den wichtigsten Vertretern zählten Ernst Ludwig Kirchner (1880 – 1938), Franz Marc (1880 – 1916) und Wassily

Kandinsky (1866 – 1944). Unter den Expressionisten spielten auch Frauen eine wichtige Rolle, wie Gabriele Münter und Marianne von Werefkin.

Parallel zu diesen Bewegungen, aber vor allem in Abgrenzung zum Realismus, griff der Symbolismus (1880 – 1920) Ideale der Romantik wieder auf und führte sie weiter. Seine Vertreter betrachteten die äußere Welt der Erscheinungen nur als Symbole für die innere Wirklichkeit und die Kunst sollte zwischen beiden vermitteln. Der Schweizer Arnold Böcklin (1827 – 1901) und der Norweger Edvard Munch (1863 – 1944) waren die bekanntesten Vertreter des Symbolismus.

Die Vielfalt der künstlerischen Richtungen zeigt sich auch noch im Jugendstil, der um die Wende zum 20. Jahrhundert aufkam und als Übergang zur Moderne betrachtet wird. Der Schwerpunkt lag in der Architektur, doch auch Möbel und andere Gebrauchsgegenstände sowie im geringeren Maße Gemälde machten das Wirkungsfeld der Künstler aus. Der Jugendstil beeindruckt durch seine Ornamente, die häufig der Natur entlehnt sind sowie durch seine geschwungenen Linien, die auf Symmetrie verzichten.

Astrologische Symbolik

Seit dem 18. Jahrhundert nahm die Zahl der Künstler, die sich astrologischen oder esoterischen Traditionen verbunden gefühlt und ihnen Ausdruck verliehen haben, stetig ab. Die Nazarener waren eine Ausnahme, und sie beschränkten sich weitgehend auf klassische Motive der Bibel oder Heiligenlegenden. In dieser allgemeinen Abgrenzung waren die Künstler Kinder ihrer Zeit. Die Kathedralen der Zeit waren Villen für die Industriebarone, große Fabrikhallen, Wohnanlagen für die rasch wachsende urbane Bevölkerung oder Bahnhöfe. Deren Auftraggeber legten selten Wert auf metaphysische Symbolik.

Vereinzelt gab es jedoch Bestrebungen, sich dieser Entwicklung zu widersetzen, selbst im kirchlichen Rahmen. Dazu zählt die zwischen 1867 und 1872 errichtete neugotische Peter- und Pauls-Kirche im elsässischen Obernai. Unter der Decke ist der Zodiak kreisförmig um das Lamm Gottes angeordnet. Die zwölf Zeichen sind – dem Historismus entsprechend – in alten Bildern dargestellt, die aus antiker Zeit stammen könnten. Der Schütze tritt als Zentaur auf, die Jungfrau hält eine Ähre in der Hand. Um den Tierkreis herum gruppieren sich Heilige und Kirchenväter (Abb. 49).

Auch die evangelisch-lutherische Kreuzkirche von Dresden-Weißig erweist der Astrologie die Ehre. Der ursprünglich romanische Bau wurde um die vorletzte Jahrhundertwende einer grundlegenden Renovierung im Jugendstil unterzogen. Dabei entstand ein Deckengemälde in Form eines überdimensionalen Heiligenscheins. In seiner Mitte befindet sich eine Taube als Symbol des Heiligen Geistes. Um sie herum strahlt ein Lichtkranz, der von dem Tierkreis umgeben ist.

Die Kostbarkeit erhielt zeitweilig wenig Wertschätzung, wurde übermalt und erst bei erneuten Renovierungsarbeiten im Jahre 2000 wiederentdeckt und freigelegt.

1875, als der Historismus seinen Höhepunkt erreicht hatte, gestaltete der Bildhauer Adolf Heer (1849 – 1898) beim Zusammenfluss von Brigach und Breg einen Rahmen für die Donauquelle. Auftraggeber war Fürst Karl Egon III. zu Fürstenberg (1820 – 1892). Die Stelle, im Schlosspark von Donaueschingen gelegen, war schon immer Ziel gekrönter und ungekrönter Häupter gewesen. Heer umgab die Quelle mit einem steinernen Kreis, der in vier Teile unterteil ist. Auf der Innenseite wird der Kreis von den zwölf Tierkreiszeichen geschmückt (Abb. 57).

Verbunden mit Saturn

Darüber hinaus sind diejenigen, die dem Zeitgeist zum Trotz die alten Lehren aufgegriffen und nicht auf den christlichen Rahmen begrenzt haben, vor allem in der Romantik zu finden, darunter einer ihrer wichtigsten Vertreter, Caspar David Friedrich. Der schwedische Dichter Per Daniel Amadeus Atterbom

(1790 – 1855), der ihn in seinem Atelier in Dresden besucht hat, beschreibt ihn gar als *«Mystiker mit dem Pinsel»*.[50]

Naturbildnisse, geprägt von Küsten, Wäldern und Nebellandschaften, haben Friedrich bekannt gemacht. Dabei ging es dem Künstler nicht um eine realistische Darstellung, um die «Naturwahrheit», sondern um den Ausdruck seiner Seele. Die war von frühen Todeserfahrungen geprägt, man kann sagen traumatisiert. Er war gerade sieben Jahre alt, als seine Mutter starb. Sechs Jahre später erlebte er ein womöglich noch grausameres Trauma: Er war im Eis eingebrochen. Sofort versuchte sein ein Jahr jüngerer Bruder Johann Christoffer ihn zu retten. Caspar David überlebte; sein geliebter Bruder nicht.

Der Pluto, Symbol für Tod und Transformation, war zur Zeit Friedrichs noch nicht entdeckt. Saturn, der Herr über die Zeit, symbolisierte den Tod. Bei Caspar David Friedrich drängt sich die saturnische Symbolik geradezu auf. Besonders augenfällig ist der Bezug in dem Gemälde «Der Klosterfriedhof im Schnee»: karge Bäume in einer Schneelandschaft, Kreuze, Ruinen und Mönche, vermummt in schwarzen Kutten, die einen Mitbruder zu Grabe tragen. Ähnliches gilt für die Bilder wie «Abtei in Eichwald», «Die Ruine der Abtei Eldena bei Greifswald», «Mönch am Meer», «Morgen im Riesengebirge» sowie zahlreiche «Winterlandschaften»: Ein karges, auf das Notwendigste reduziertes Szenarium tritt dem Betrachter entgegen und macht gerade in seiner Reduziertheit die Faszination aus.

Friedrich wählte die düsteren, saturnischen Motive sehr bewusst und stieß damit in seiner Umgebung bisweilen auf Unverständnis. Auf entsprechende Nachfragen antwortete er mit einem kleinen Gedicht:

Warum, die Frag ist oft an mich ergangen,
wählst du zum Gegenstand der Malerei
so oft den Tod, Vergänglichkeit und Grab?
Um ewig einst zu leben
muss man sich oft dem Tod ergeben.

Auch wenn Friedrich licht- und farbendurchflutete Himmel ins Bild setzte, waren davor zumeist kleine, einsame Gestalten zu sehen, die sich von dem Symbol des Unendlichen abhoben.

Alfred Rethel (1816 – 1859), ein Maler der Spätromantik – und Vorfahr der Schauspielerin Simone Rethel – dokumentierte ebenfalls eine große Vorliebe für skorpionische Themen, die er in historischen Motiven verarbeitete. Die gescheiterte Revolution von 1848 inspirierte ihn zu Holzschnitten mit den Motiven des Totentanzes. Sie zählen zu den wichtigsten graphischen Werken des 19. Jahrhunderts.

Offenkundig ist die astrologische Symbolik in seiner Zeichnung «Phrygier bändigen das Pferd» (Abb. 69). Es ist eine Hommage an die Schütze-Thematik. Das sich aufbäumende Pferd in seiner rohen Kraft wird von zwei Männern zivilisiert. Die enge Verbindung von Pferd und Mensch erinnert an die Kentauren, Urbild des Schützen. Rechts im Vordergrund liegt ein Bogen. Einer der Männer trägt die dazugehörigen Pfeile im Köcher. Allein diese Darstellung kommt dem Sternbild am Himmel sehr nahe. Rethel geht aber noch weiter. Über der Szene – weit weniger kräftig gezeichnet – taucht ein echter Kentaur mit Pfeil und Bogen auf. Er erinnert an Jupiter, den Schütze-Herrscher, der über allem thront.

Nicht alle Künstler folgten Zeit ihres Lebens nur einer Stilrichtung. Eine bemerkenswerte Wandlung vollzog der Spanier Goya y Lucientes (1764 – 1828). Noch bei spätbarocken Lehrern ausgebildet, musste er bald erkennen, dass diese Stilrichtung keine Perspektive mehr hatte. Sein Vater war als Vergolder tätig und verlor deshalb seine Einkommensquelle. Goya erlangte eine Anstellung als Hofmaler beim Königshaus, wo er sich vor allem durch Portraits hervortat. Mit Radierungen wie «Der Schlaf der Vernunft gebiert Ungeheuer» huldigte er dem aufgeklärten – bzw. klassizistischen – Zeitgeist. In seinem Spätwerk näherte er sich der Romantik an und griff mythologische Themen auf, so mit einem Saturn-Zyklus.

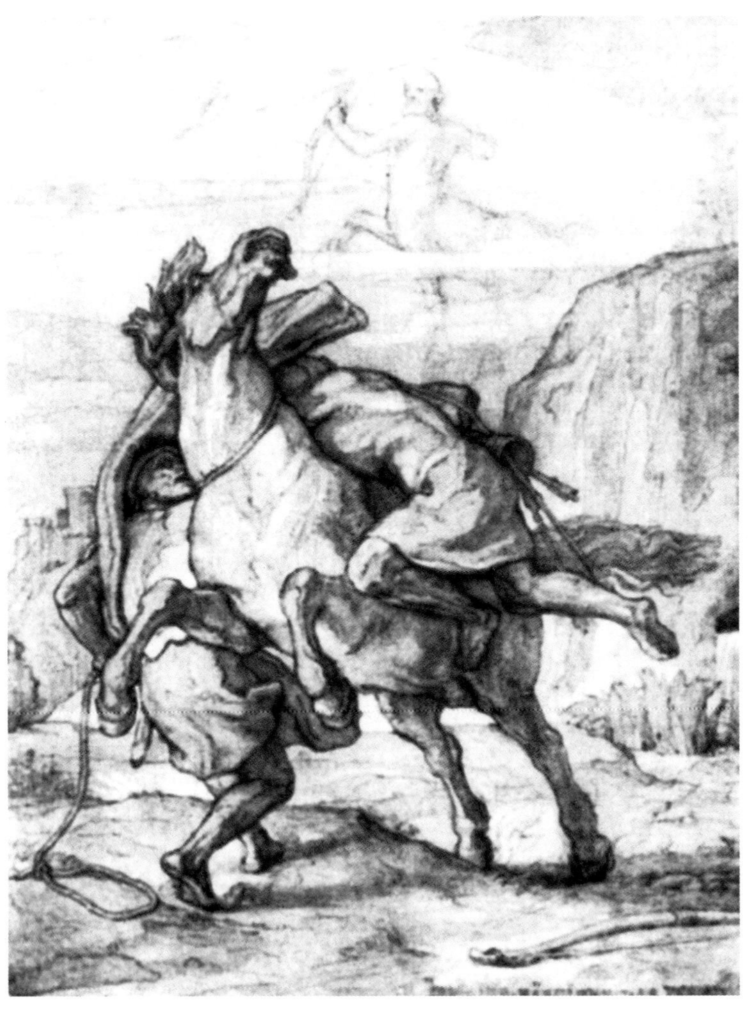

Abb. 69: Alfred Rethel (1816 – 1859), «Phrygier bändigen das Pferd»

Skorpionische Themen

Der Wegbereiter des Symbolismus, Arnold Böcklin (1827 – 1901), griff immer wieder mythologischen Themen auf und weckte dabei astrologische Assoziationen. Naturgeister, Nymphen, Kentauren, Pan oder Neptun, der als Planet zu seiner Zeit entdeckt wurde, dienten ihm als Sinnbild für die in der Natur wirkenden Kräfte. Auch der Wechsel der Jahreszeiten inspirierte ihn. Und ähnlich wie bei Friedrich nahm die Auseinandersetzung mit dem Tod aufgrund persönlicher Erfahrungen großen Raum ein. Böcklin war durch Typhus und einen Schlaganfall am Rande des Todes; zudem verlor er acht seiner 14 Kinder.

Davon legt vor allem eines seiner bekanntesten Gemälde Zeugnis ab, «Die Toteninsel», von der es fünf Variationen gibt. Böcklins Symbolsprache lehnt sich sowohl an saturnische als auch an skorpionische Themen an. Die Insel ist von schroffen, lebensfeindlichen Felsen begrenzt, in denen sich Grabkammern befinden; eine klare Assoziation zu Saturn/Steinbock. In der Mitte stehen dunkle Zypressen, unheimlich und unergründlich wie der Skorpion. Eine Todesbarke mit einer stehenden verhüllten Person nähert sich der Insel.

Böcklins «Selbstbildnis mit dem fiedelnden Tod», auf dem ein hässlich lachendes Skelett mit einer Violine hinter dem Künstler erscheint, zeugt ebenso von seiner Affinität zu skorpionischen Themen.

Besonders ausdrucksstark, wenn auch nicht ganz so bekannt, ist das Gemälde Triton und Nereide, wovon es drei Versionen gibt. Triton ist ein antiker Meeresgott, der Schiffbrüchigen aus der Not half, Nereide eine Meeresnymphe. Bei Böcklin sind sie in der Dämmerung auf einem kleinen Fels vereint, der von schäumendem Wasser umgeben ist. Ein dunkler Triton bläst in eine rote Meeresmuschel. Vor ihnen bewegt sich eine große Wasserschlange, die von der auf dem Rücken liegenden Nereide zärtlich berührt wird. Die Komposition ist eine Allegorie des Wasser-Elements: Nereide symbolisiert den Krebs: hingebungsvoll, zärtlich, verlässlich; Triton den Skorpion: dunkel, undurchdringlich, geheimnisvoll, und die Schlange schließlich die Fische: allumfassend, tiefgründig, letztlich nicht greifbar.

Nicht ganz so düster sind die Bilder von Carl Spitzweg (1808 – 1885), dem Meister der Spätromantk, dessen späte Werke auch Elemente des Impressionismus enthielten. 1860 schuf Spitzweg das Bildnis «Der Astrologe». Zwei Männer befinden sich in einem Dachgeschoss. Einer der beiden kniet vor einem Teleskop und schaut konzentriert und mit offenkundigem Erstaunen in den Sternenhimmel.

Als wichtigster britischer Maler des 19. Jahrhunderts gilt Sir Edward Burne-Jones (1833 – 1989). Mit seinem Spätwerk zählt er zu den Wegbereitern des Symbolismus. Daneben gehörte er einer Bewegung an, die sich «Präraffaeliten» nannte. Sie war stark von den Nazarenern beeinflusst und versuchte ebenfalls, Religion, Spiritualität und Kunst zu einer Einheit zu verbinden. Neben zahlreichen christlichen Motiven schuf Burne-Jones 1865 das Gemälde «Astrologia». Es zeigt eine junge Frau mit langen, rotbraunen Haaren, die konzentriert in eine Glaskugel schaut. Das Motiv erinnert an Vesta oder auch Demeter, die als Verkörperung der astrologischen Jungfrau gelten (Abb. 51).

Aber auch der rationale Historien-Maler Henry Nelson O'Neil (1817 – 1880) hat astrologische Themen aufgegriffen. Nelson O'Neil war einer der vehementesten Kritiker der von ihm als «schwärmerisch» abgelehnten Präraffaeliten. Dennoch schuf er 1849 das Werk «Der Rat des Astrologen». Es zeigt zwei Frauen – womöglich Mutter und Tochter – die in offenkundiger Anspannung einem Astrologen gegenüber sitzen, bzw. stehen, der sich auf eine Himmelskugel konzentriert (Abb. 68).

Merkur und die Eisenbahn

Der Jugendstil griff ebenfalls auf die astrologische Symbolik zurück, sogar noch offener als die anderen Kunstgattungen. Ein Schwerpunkt des Jugendstils ist die Mathildenhöhe in Darmstadt. Trotz großer Zerstörungen im Zweiten Weltkrieg ist dies noch heute zu spüren. Die Initiative geht zurück auf Großherzog Ernst Ludwig (1868 - 1937), eine ambivalente Persönlichkeit. Politisch konservativ und der Tradition verpflichtet, verstand er sich als großer Förderer der Kunst. Sein Motto lautete «Mein Hessenland blühe und in ihm die Kunst». Dabei betätigte er sich sogar selbst als Autor und Komponist. Um die Wende zum 20. Jahrhundert holte der Großherzog zahlreiche Künstler nach Darmstadt, die sich in einer eigenen Kolonie entfalten konnten. Das Wahrzeichen der Mathildenhöhe ist der Hochzeitsturm, was durchaus wörtlich gemeint ist, da er heute als Standesamt dient. Das 1907 errichtete Gebäude enthält eine Sonnenuhr umgeben von einem quadratischen Tierkreis. Die Zeichen selbst sind auf blauem Hintergrund in Form runder, goldener Medaillons angebracht. Für die Motive wurden keine Symbole, sondern die alten, ausdrucksstarken Bilder verwendet (Abb. 52).

Ein anderes schönes Zeugnis der astrologisch inspirierten Jugendstil-Kunst schuf der tschechische Plakatkünstler, Grafiker und Maler Alfons Mucha (1860 - 1939, im Zuge der deutschen Besetzung) (Abb. 50).

Auch einige der modernen Tempel bedienten sich offen der astrologischen Symbolik, so das Alte Gerichtshaus in Bremen. Es wurde im Stile des Historismus vom Oldenburger Architekten Ludwig Klingenberg (1840 - 1924) errichtet. Im Oktober 1891 fand die feierliche Grundsteinlegung statt; vier Jahre später konnte es bezogen werden. Zunächst beherbergte es Amtsgericht, Landgericht, Handelsgericht, die Staatsanwaltschaft sowie ein Untersuchungsgefängnis, das inzwischen ausgelagert ist. Im Schwurgerichtssaal befindet sich ein Tierkreis.

Auch im Hamburger Hauptbahnhof begegnet dem aufmerksamen Betrachter die astrologische Symbolik. Der Bau wurde 1900 ausgeschrieben, um mehrere verstreut liegende Kopfbahnhöfe zu ersetzen, 1904 begonnen und 1906 eingeweiht. Unter den Deckengemälden im Eingangsbereich, die im Judenstil gestaltet sind, befindet sich eine Darstellung des Merkurs. Er steht neben einer Göttin, die einen Hermesstab und eine Eisenbahn in den Händen hält. Die weibliche Figur erinnert an eine Jungfrau-Darstellung, Herrscherzeichen des Merkurs.[51] Die Verbindung des Merkurs mit Reise, Transport und Kommunikation ist also selbst während der Industrialisierung nicht vollends verloren gegangen.

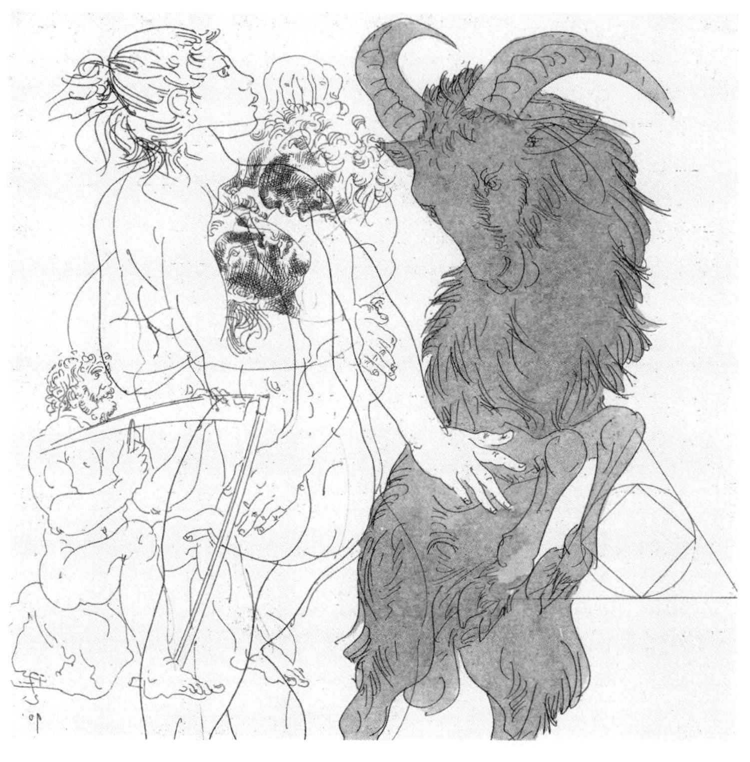

Abb. 70: Hans Erni, «Der Steinbock» (1990), entnommen aus dem Buch: Maria Calderara und Hans Erni, Reise durch die zwölf Tierkreiszeichen, Zürich 1991

7. Kapitel: Zeitgenössische Kunst

Welt- und Menschenbild

Im 20. Jahrhundert wurde deutlich, dass sich die großen Hoffnungen auf eine bessere Welt durch den Fortschritt der Wissenschaft nur bedingt erfüllt hatten. Dagegen erreichte die Ambivalenz, die seit dem Beginn der Neuzeit die weltweite gesellschaftliche Entwicklung prägt, ihren Höhepunkt. Werte wie Freiheit, Gleichheit, Menschenrechte und Selbstbestimmung wurden weitgehend anerkannt und sogar zur Grundlage der Politik erhoben. Sie konnten indes die größten globalen Katastrophen der Menschheit nicht verhindern. Der Erste und Zweite Weltkrieg, der Stalinismus, der Nationalsozialismus mit der Shoa waren Verbrechen von beispiellosen Ausmaßen. Vor allem unter dem Eindruck der systematischen Vernichtung der Juden wurde die UN-Deklaration der Menschenrechte schließlich am 10. Dezember 1948 zur allgemein gültigen und kulturübergreifenden Norm erhoben. Doch auch das verhinderte nicht weitere Verbrechen apokalyptischen Ausmaßes, wie die Massenmorde Maos, die sogar noch die Opfer des gesamten Zweiten Weltkriegs übertreffen[52] oder den Terror der Roten Khmer in Kambodscha, die aus ideologischem Fanatismus zwischen 1975 und 1979 etwa ein Drittel der eigenen Bevölkerung ermordet haben. Regional begrenzte Exzesse finden bis in die Gegenwart hinein in allen Teilen der Erde statt, und es gibt noch immer keine allgemein anerkannte Vorgehensweise, um sie zu verhindern.

Andererseits haben Menschen in friedlichen, demokratischen Erhebungen ihre Macht demonstriert. Die sanfte Revolution in Osteuropa 1989 hat nahezu ohne Blutvergießen totalitäre und bis an die Zähne bewaffnete Regime gestürzt. Ungeachtet aller Irritationen bedeutete dies für viele Millionen Menschen ein selbstbestimmteres Leben in demokratischen Strukturen. Der amerikanische Politologe Francis Fukuyama sah in der Entwicklung sogar das *«Ende der Geschichte»*. Damit meinte er, dass sich mit dem Ende des Sozialismus die Ideen von Liberalismus, Marktwirtschaft und parlamentarischer Demokratie endgültig durchgesetzt und alle globalen Widersprüche beseitigt hätten. Diese Vision wird unter anderem von dem Aufkommen militant-islamischer Bewegungen widerlegt, die in den Anschlägen vom 11. September 2001 ihre brutalste Ausdrucksform fand.

Die islamische Welt lehnt zudem die UN-Deklaration der Menschenrechte ab und setzt ihr «Die Kairoer Erklärung der Menschenrechte im Islam» gegenüber, die 1990 von der Mehrheit der Mitgliedsstaaten der «Organisation der Islamischen Konferenz» verabschiedet wurde. Darin ist weniger von Menschenrechten als von Menschenpflichten die Rede, die gegenüber Allah bestünden. Über allem steht die Scharia, der selbst das Recht auf Leben untergeordnet ist.

Darüber hinaus sind auch die sonstigen Schattenseiten des Fortschritts nicht mehr zu übersehen. Umweltverschmutzung mit unkalkulierbaren, globalen Folgen, Klimaveränderung, Ressourcenverknappung und Kriege um Rohstoffe sind einige der Herausforderungen, denen sich die Menschheit im 21. Jahrhundert stellen muss und die ihr Denken bestimmen. Der Glaube, dass die Technik die von ihr verursachten Folgen in den Griff bekommen kann, hat sich als Illusion erwiesen, was vor allem durch die atomaren Katastrophen von Tschernobyl (1986) und Fukushima (2011) deutlich wurde.

Weitere Schlagworte der Gegenwart sind Globalisierung und digitales Zeitalter bzw. digitale Revolution; vor allem Letztere beeinflussen den Alltag vieler Menschen weit mehr als alle anderen Entwicklungen. Die weltweite Kommunikation ist einfach und kostengünstig geworden. Gleichzeitig tritt der persönliche Austausch auch im engen sozialen Umfeld immer mehr gegenüber dem digitalen zurück. Das Internet mit seinen verschiedenen Formen und Foren sowie die Mobiltelefone sind auch zu einem wichtigen Mittel im Kampf gegen Diktaturen geworden, weshalb sie in totalitären Systemen sehr reglementiert sind.

Im kollektiven Bewusstsein hat die von Sigmund Freud (1865 – 1939) entwickelte Psychoanalyse deutlich gemacht, wie sehr menschliches Handeln von unbewussten Trieben statt von Vernunft bestimmt ist; das dritte Trauma der Menschheit nach Kopernikus und Darwin.

Auch tiefere Fragen nach dem Rätsel des Lebens blieben trotz bahnbrechender naturwissenschaftlicher Erkenntnisse unbeantwortet, was nicht zuletzt eine Renaissance des Spirituellen hervorgerufen hat. Gerade Naturwissenschaftler, Jahrhundertelang die Protagonisten der Vernunft, greifen verstärkt metaphysische Fragen auf. Der Physiker Werner Heisenberg bringt dies mit poetischen Worten auf den Punkt: *«Der erste Trunk aus dem Becher der Naturwissenschaft macht atheistisch, aber auf dem Grund des Bechers wartet Gott.»*

Diese ambivalente globale Entwicklung hat zu einer großen allgemeinen Verunsicherung geführt. Die Reaktionen darauf reichen von der Flucht in einen ungehemmten Konsum über das Aufblühen fundamentalistischer Strömungen, bis zu einer verstärkten spirituellen Suche.

Kunstepoche

Die Kunst des 20. Jahrhunderts ist stärker als jede andere Epoche geprägt von der Suche nach neuen und sich parallel entwickelnden Ausdrucksformen. Diese hatten jedoch auch ihre Vorbilder. Wichtige Bewegungen wie der Expressionismus, Symbolismus und Jugendstil wurzelten zwar im 19. Jahrhundert, wirkten aber ins 20. Jahrhundert hinein.

Die nachhaltigste Wirkung hat der Kubismus, der maßgeblich von dem Spanier Pablo Picasso (1881 – 1973) entwickelt wurde. Die vordergründige Technik besteht darin, Figuren aus eckigen Formen und unterschiedlichen Perspektiven zusammenzusetzen. Das bedeutete einen Bruch mit der bis dahin akzeptierten Malerei. Es ging nicht mehr um die Darstellung eines Motivs oder die Herausarbeitung einer Perspektive, sondern um die Aufteilung des Raums, um Werte und Kräfteverhältnisse. Als erstes Werk dieser Stilrichtung gilt Picassos großflächiges Gemälde «Les Demoiselles d'Avignon», das 1906/07 entstanden ist. Im Kubismus fand die Ambivalenz der gesellschaftlichen Entwicklung eine angemessene Darstellungsform.

Parallel zum Kubismus entwickelte sich die gegenstandslose oder abstrakte Kunst. Ihr ging es gar nicht mehr um die Wiedergabe irgendwelcher Motive aus der Wirklichkeit. Auf die Komposition der Farbe kam es den Künstlern an. Bisweilen wird die abstrakte Kunst als Reaktion auf das Aufkommen der Fotografie gesehen, die viel eher in der Lage ist, die Wirklichkeit wiederzugeben. Ihr wichtigster Vertreter war der Russe Wassily Kandinsky, der zunächst vom Expressionismus beeinflusst war. Seine bedeutendsten künstlerischen Schaffensphasen erlebte er in Deutschland und Frankreich. Er war der Lebensgefährte von Gabriele Münter.

Die eigentliche Begründerin der abstrakten Kunst war jedoch die schwedische Malerin Hilma af Klint (1862 – 1944), eine ebenso interessante wie exzentrische Persönlichkeit. Sie war spirituell sehr interessiert und bewegte sich in theosophischen und anthroposophischen Kreisen, was auch ihre Gemälde beeinflusste. Ausstellungen entzog sie sich ihr Leben lang, und noch in ihrem Testament verfügte sie, dass ihre Bilder erst 20 Jahre nach ihrem Tod öffentlich gezeigt werden dürften. Die abstrakte Kunst prägte das gesamte Jahrhundert. Zu ihr gehören Persönlichkeiten wie Joan Miro (1893 – 1983), der Bildhauer

Henry Moore (1898 - 1986), Willem de Kooning (1904 - 1997) oder Jackson Pollock (1912 - 1956).

1916, nur wenige Jahre nach den ersten abstrakten Kunstwerken, propagierten verschiedene Maler und Schriftsteller in Zürich den Dadaismus. Er verstand sich als radikale Gegenbewegung zur etablierten Kunstwelt und beschleunigte die Erosion verbindlicher Normen und Werte. Viele der Künstler lehnten die Gesellschaft als Ganze ab und gaben dem durch ihre Kunst Ausdruck. Die Form wurde häufig dem Zufallsprinzip überlassen.

Im Gegensatz zur abstrakten Kunst war der Dadaismus auf wenige Jahrzehnte begrenzt, doch seine Wirkung war nachhaltig. Insbesondere beeinflusste er den Surrealismus, der um 1920 entstand. Während den dadaistischen Künstlern vorgehalten wurde, sich als reine Anti-Bewegung zum Bestehenden zu positionieren, wollten die Surrealisten dem etablierten Betrieb etwas Konstruktives entgegensetzen. Das fanden sie in der Hinwendung zur Innenwelt. Für die Surrealisten waren Psychologie und Traumarbeit sehr wichtig; und daraus schöpften sie viele ihrer Motive. Der wichtigste Repräsentant dieser Richtung war der Katalane Salvador Dalí (1904 - 1989).

Weitere Stilrichtungen und Formen waren die informelle Kunst (eine Fortführung der abstrakten Kunst), der Tachismus, als deren Weiterentwicklung, Art Brut, die Neue Sachlichkeit, Pop Art, Graffiti, Fotomontage, Mobiles, Farbfeldmalerei, Action Painting, Installationen, Raumkunst, Kunstobjekte, die sich durch Bewegung verändern, oder Kunstwerke auf Zeit, wie sie die Verpackungskünstler Christo (geb. 1935) und Jeanne-Claude (1935 - 2009) produzieren.

Gemeinsam ist diesen Richtungen, dass sie das Alltägliche zur Kunst erheben; einige gehen sogar so weit und versuchen die Unterscheidung zwischen Künstlern und Laien aufzuheben. Ein Merkmal der Epoche ist zudem die serielle Produktion von Kunstwerken.

Manche der Künstler drücken mit ihren Werken politische

Ansprüche aus, etwa Joseph Beuys (1921 – 1986) oder Friedensreich Hundertwasser (1928 – 2000).

Die Architektur unterscheidet zwischen klassischer und Nachkriegs-Moderne. Insgesamt hatten die Architekten den Anspruch, funktional zu bauen und sich auf das Wesentliche zu reduzieren; Zier-Ornamente waren verpönt. Von einem der renommiertesten Architekten der Epoche, Ludwig Mies van der Rohe (1886 – 1969), stammt die Forderung «weniger ist mehr».

Die wichtigste Ausdrucksform der Epoche war die Bauhaus-Gruppe, gegründet von Walter Gropius (1883 – 1969). Obwohl sie überwiegend durch ihre Architektur bekannt wurde, hatte sie den Anspruch, die bildende, angewandte und darstellende Kunst zu verbinden. Im ausgehenden 20. Jahrhundert fanden vor allem in Asien kühne, himmelwärts strebende Konstruktionen großen Anklang, Bauwerke, die wie neue gotische Kathedralen wirken, obwohl sie keinen religiösen Hintergrund haben. Vor allem die Vereinigten Arabischen Emirate, Saudi Arabien, China und Japan konkurrieren bei diesen Prestigebauten miteinander.

Erwähnt werden muss noch, dass auch die großen totalitären Bewegungen der Zeit versucht haben, ihren Ideologien künstlerischen Ausdruck zu geben. Der verhinderte Künstler Adolf Hitler hatte die Werke seiner erfolgreicheren «Kollegen» in «Mein Kampf» schon frühzeitig als *«krankhafte Auswüchse irrsinniger und verkommener Künstler»* diffamiert. Die Kunst der Nazis musste deren politischen Zielen dienen, das heißt, die Überlegenheit der «arischen Rasse» darstellen, Heimat, Blut und Boden huldigen, wehrhaft machen, den Militarismus verherrlichen, klare Hierarchien bereits in der Familie verdeutlichen etc. Pathos, äußere Größe und ideale Maße bestimmten die Nazi-Kunstwerke. In der Architektur dominierten Monumentalbauten, deren gewaltigste für die Zeit nach dem «Endsieg» vorgesehen waren.

Ähnliche Forderungen nach Unterwerfung erhob der Bolschewismus gegenüber der Kunst, nur dass dessen Inhalte nicht mit blonden arischen Helden gestaltet wurden, sondern mit starken, ernsten Arbeitern, die den Weg zu Fortschritt und zum Sieg zeigten.

Astrologische Symbolik

Mit der Aufklärung hatte die Astrologie vorübergehend ihre gesellschaftliche Bedeutung verloren, zunächst innerhalb der Elite, später auch unter der einfachen Bevölkerung. Im 20. Jahrhundert ist eine Wende eingetreten, nicht zuletzt, weil sich die Astrologie grundlegend erneuert hat. Sie hat sich von den reinen Zukunftsprognosen entfernt, sich der Psychologie angenähert und bietet Lebenshilfen an.

Während gleichzeitig Vernunft und technischer Fortschritt an ihre Grenzen stießen, öffneten sich Künstler wieder spirituellen Themen darunter der Astrologie. Unmittelbare Auftraggeber gab es nicht mehr. In der Gegenwart liegt es mehr noch als früher in der Verantwortung der Künstler, welchen Ideen sie Ausdruck geben und welche Symbole sie benutzen.

Die Kunstgeschichte hat gezeigt, dass die Kirche jahrhundertelang der wichtigste Auftraggeber für die Kunst war und bei der Vermittlung ihrer Werte häufig auch astrologische Symbole benutzt wurden. Im 20. Jahrhundert knüpften Kirchenvertreter an diese Tradition an, wenn auch nicht in dem Maße wie im Mittelalter.

Astrologische Architektur

Auf der Expo 1958 in Brüssel hat der auf sakrale Kunst spezialisierte Leverkusener Künstler Hanns Rheindorf (1902 – 1982) einen acht Meter hohen Altarbaldachin für den Vatikanischen Pavillon gefertigt. Vier Metallstützen trugen eine gewölbte Überdachung, an deren Unterseite eine Christusfigur im Zentrum stand. Um ihn herum war ein in zwölf Segmente aufgeteilter Kreis angebracht, der zunächst den astrologischen Tierkreis enthielt. Weiter außen folgten die zwölf Apostel.

Der Tierkreis und die Apostel wurden als Symbol für das himmlische Jerusalem gedeutet, wo nach christlicher Überlieferung zwölf Grundsteine die Mauern tragen, die wiederum nach den Aposteln benannt sind.

Das sakrale Kunstwerk der Expo war von vornherein für die Vergänglichkeit angelegt. Andere architektonische Werke, die für länger konzipiert waren, bedienten sich ebenfalls der Sternensymbolik, so die Nibelungenhalle in Königswinter. Das Gebäude stammt aus dem frühen 20. Jahrhundert und wurde 1913, zum 100. Geburtstag von Richard Wagner, eröffnet. Die Berliner Architekten Hans Meier und Werner Behrendt errichteten den Bau im späten Jugendstil, doch war er – im Gegensatz zu anderen Bauten der Epoche – von außen eher düster.

In der oberen Kuppel wurden Fenster mit dem Tierkreis angebracht, denen entgegen der künstlerischen Motivation eine rasche Vergänglichkeit beschieden war. Im Zweiten Weltkrieg wurden die Tierkreisfenster zerstört und anschließend bestand offenbar kein Interesse mehr an ihnen. Sie wurden durch einfache Fenster ersetzt.

Nach Bremer Vorbild wurden andere Gerichtsgebäude unter die Sterne gestellt. Dazu zählt das Landgericht in Aachen. Der Grundstein für das heutige Gebäude wurde 1926 gelegt, nachdem das Alte zu klein geworden war. Drei Jahre später konnte der Neubau bezogen werden. Die Arbeiten lagen unter anderem in der Hand des Kölner Bildhauers und Lehrers Wolfgang Wallner (1884 – 1964). Er gestaltete die Keramiken um die Eingänge zu den Schwurgerichtssälen, die Säulenkapitelle in den großen Wartehallen neben dem Eingangsbereich sowie die Pilasterkapitelle an der Straßenfront. Der Tierkreis begegnet allen, die in dem Gebäude zu tun haben, schon beim Eintritt, denn er schmückt das Hauptportal an der Straßenfront.

Überhaupt steht die Sternenkunde in der Stadt Karls des Großen offenbar hoch im Kurs. Ein Architektenbüro bietet eine quadratische Steinintarsie aus Marmor an. Die Sonne in der Mitte schickt zwölf Strahlen zu den Sternzeichen, die nicht als abstraktes Symbol, sondern in der antiken Bilderwelt dargestellt sind. Dabei sind die drei Zeichen eines Elements aus demselben Marmor gefertigt. Ein Messingkreis verbindet die Tierkreiszeichen wie der Zodiak.

Das Gebäude des Amtsgerichts Weißenfels in Sachsen-Anhalt gehört zum barockisierten Jugendstil. Es wurde von dem Architekten Paul Thoemer (1851 – 1918) konstruiert und 1912 bezogen. In ihm findet sich der Tierkreis an den Bögen und Pfeilern des Treppenhauses. Figuren im Treppenhaus symbolisieren Aeternitas (Ewigkeit) und Vanitas (Vergänglichkeit).

Vermutlich soll der Tierkreis im Zusammenhang mit Justizeinrichtungen den Zyklus der Zeit deutlich machen, dem alles unterworfen ist, auch die höchsten menschlichen Instanzen, wie die Justiz. Vor diesem Rhythmus relativieren sich alle menschlichen Vergehen und Urteile.

Umsetzung alter Weisheiten

Auch für das Transportwesen gibt es neben dem Hamburger Hauptbahnhof ein weiteres Beispiel für den Bezug zur Macht der Sterne. Im Mailänder Hauptbahnhof findet sich der Tierkreis oben an den Wänden im Eingangsbereich. Das Gebäude zählt zur Monumental-Architektur. Sein Grundstein wurde 1906 gelegt, doch die eigentlichen Arbeiten begannen erst sieben Jahre später. Ein Jahr danach begann der Erste Weltkrieg, der die Fertigstellung nochmals erheblich verzögerte, so dass er erst 1931 eingeweiht werden konnte. Die Chance nutzte der faschistische Diktator Mussolini, um dem Bahnhof den monumentalen Charakter zu verleihen, den er für sich und seine Bewegung in Anspruch nahm.

Ein besonderes gestalterisches Projekt, bei dem die Sterne nicht nur Schmuck und Fassade waren, wurde zur Jahrtausendwende im dänischen Esbjerg konstruiert. Es handelte sich dabei um eine Umsetzung der alten Weisheit des Hermes Trismegistos, «*Das, was oben ist, gleicht dem, was unten ist, und das, was unten ist, gleicht dem, was oben ist, und gemeinsam vollbringen sie die Wunderwerke eines einzigen Dinges.*»

Der Sternenhimmel über dem Marktplatz von Esbjerg wurde in selbigem widergespiegelt. Dafür ließ die Stadt am 1. Januar 2000 288 weiße Lichter in das Pflaster ein. Der Tierkreis wurde mit schwach gelben Lichtern hervorgehoben; die Milchstraße schimmerte hellblau.

Auch die Landschaftsarchitektur hat die Astrologie entdeckt. Manche spirituelle Zentren oder Seminarhäuser im Grünen haben den Tierkreis in Form von Steinen oder Pflanzen gestaltet.

Die französisch-amerikanische Künstlerin Niki de Saint Phalles (1930 – 2002) hat im Süden der Toskana einen Tarot-Garten angelegt, der Anklänge an die Astrologie enthält.

In den Wiener Räumlichkeiten der Österreichischen Astrologischen Gesellschaft ist die Sternenkunde auch sinnlich erfahrbar. Das Haus beherbergt ein eindrucksvolles astrologisches Mosaik, an dessen Entwurf und Gestaltung Friedensreich Hundertwasser mitgewirkt hat. Er war mit dem früheren Präsidenten der Gesellschaft, Sándor Belcsák (1938 – 1999), eng befreundet. Vor dem Wiener Hundertwasser-Haus gibt es zudem einen kosmischen Brunnen.

Ein lebenslang Suchender nach den alten Weisheiten und deren Bedeutung für die moderne Welt war der Schweizer Künstler und Kunsttheoretiker Johannes Itten (1888 – 1967). Vier Jahre lang fungierte er als künstlerischer Leiter des Bauhauses, das er jedoch aufgrund gravierender Differenzen mit Walter Gropius 1923 verließ. Itten schuf neben Gemälden auch zahlreiche Entwürfe für gehobene Alltagsgegenstände, wie z.B. Teppiche und Textilien. Dabei griff er häufig auf die astrologische Symbolik zurück (Abb. 53). Zudem erforschte er die astrologische und mythologische Symbolik in der Kunstgeschichte.

Speziell die europäischen Mythen beeinflussen das Werk von Anselm Kiefer (geb. 1945), einem der bedeutendsten Künstler der Nachkriegszeit. Im Rahmen seiner Arbeit wandte er sich auch kosmischen Themen zu. Die Kunstgeschichte spricht von «Astralmystik». Auch wenn sich Kiefer nie so offen zur Astrologie bekannt hat wie Itten, zeigen viele seiner Bilder ein tiefes astrologisches Verständnis, so «Saturnzeit» oder «Lilith». Von der alten Symbolik und den alten Bildern ist nichts mehr zu erkennen – und dennoch erscheinen die Bilder wie eine Hommage an den alten Herrscher über die Zeit, bzw. die Trägerin des ältesten weiblichen Wissens. Im Anschluss an diese Werke, zwischen 1995 und 2001, schuf Kiefer einen Zyklus von Kosmos- und Sternbildern.

Astrologie und Psychologie

Beeinflusst von der Psychologie übernahmen zahlreiche Künstler astrologische und spirituelle Motive für ihr Schaffen. Zu ihnen zählt der Bildhauer und Grafiker Knud Knudsen (1916 – 1998). Er war unter anderem der Schöpfer überdimensionaler Büsten der deutschen Bundeskanzler. Zu den Werken, die ihm besonders am Herzen lagen, gehörten «Die zwölf Temperamente. Eine Figurenreihe zur Selbsterkenntnis und zur Beurteilung anderer». Mit diesem Anspruch hat er die zwölf Tierkreiszeichen zu Bronzereliefs geformt (Abb. 54). Die Symbolik der einzelnen Figuren ist eher spärlich, reduziert auf das Wesentliche. Sie wären nicht unbedingt als Wiedergabe des Tierkreises erkennbar. Zum leichteren Verständnis hat Knudsen die vertrauten abstrakten Symbole hinzugefügt und noch ein Buch darüber verfasst. Darin notiert er: *«Die Eigenwilligkeit, mit der jede einzelne sinnbildliche Figur sich bewusst von der nächsten abhebt, provoziert viele Fragen geradezu. Das ist natürlich beabsichtigt. Der Betrachter wird bei eingehender Meditation zu eigenen Deutungsversuchen seiner zunächst spontanen Fragen kommen. Da aber viele nicht die Zeit und manchmal vielleicht auch nicht die Geduld aufbringen möchten, die zur Durchdringung und Ausschöpfung jeder künstlerischen Arbeit und besonders eines Sinnbildes nun einmal erforderlich sind, wollen meine Erläuterungen Anregungen sein.»*[53]

Das Relief wurde schließlich im großen Sitzungssaal der Alten Leipziger Lebensversicherung in Frankfurt angebracht.

Der Meister der Pop-Art, Andy Warhol (1928 – 1987), hat ebenfalls astrologische Themen aufgegriffen. Getreu dem Motto der Pop Art, Alltagsmotive zum Gegenstand der Kunst zu erheben, bediente sich Warhol 1959 in einer Tierkreis-Serie vertrauten Zuweisungen («der hoffnungsvolle Widder», «der scharfsinnige Schütze») und fügte den Zeichnungen sogar handschriftliche Interpretationen bei. Auch wenn die Zeichnungen sehr einfach wirken, dokumentieren sie Warhols tiefes Verständnis der Materie. Das Schütze-Zeichen stellt er als männlichen und weiblichen Zentauren dar, deren Bedeutung er mit wenigen Worten treffend skizziert. Zudem attestiert Warhol den Schützen eine glorreiche («sternenübersäte») Zukunft. Bei anderen Zeichen erwähnt er auch die Zeichen-Herrscher.

Zu den bekannteren zeitgenössischen Künstlern, die astrologische Themen aufgreifen, zählt der Maler Eugen J. Winkler (geb. 1953). Er gehört zur Stilrichtung des Surrealismus. Den Tierkreis hat er in Einzelbildern gemalt, die selbst für Berufsastrologen eher ungewöhnlich sind. Sie entführen den Betrachter in Traum- und Fantasiewelten. So thront der Steinbock nicht wie sonst üblich in felsigen Höhen, sondern auf einem überdimensionalen Totenschädel. Der Wassermann erscheint mit Gesichtsmaske und Schnorchel, als Zwillinge begegnen sich eine rote und eine blaue Schlange.

Die russische Künstlerin Tanja Doronina (geb. 1933), die der Pop-Art zuzuordnen ist, greift ebenfalls immer wieder astrologische und mythologische Motive auf, nach denen sie Poster und Kunstdrucke gestaltet.

Bemerkenswert ist zudem, dass sich zwei der bedeutendsten

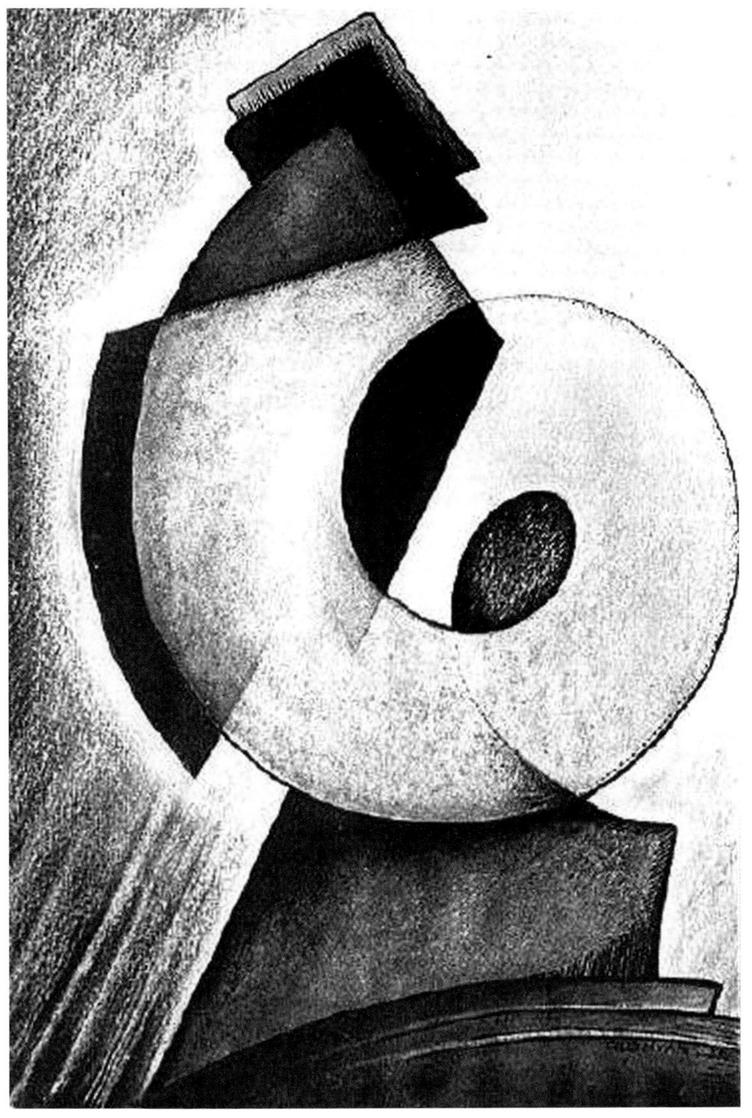

Abb. 71: Dane Rudhyar, «Warrior to the Light», 1952

Astrologen des 20. Jahrhunderts, Thomas Ring (1892 – 1983) und Dane Rudhyar (1895 – 1985), auch als Maler einen Namen gemacht haben.

Ring schrieb u.a. die vierbändige «Astrologische Menschenkunde» und begründete die *Revidierte Astrologie*, das bedeutete die Abkehr von der Vorhersage und die Hinwendung zur Psychologie. Künstlerisch gehörte er zum Expressionismus. Auch arbeitete er für die avantgardistische Kunst- und Kulturzeitschrift «Der Sturm» (Abb. 55).

Eine Schülerin und enge Mitarbeiterin von Thomas Ring, Marianne Calderara (1926 – 2002), sorgte dafür, dass auch hochwertige Buchmalerei nicht nur den Meistern der Vergangenheit vorbehalten bleibt. Gemeinsam mit dem Schweizer Künstler Hans Erni (geb. 1909) veröffentlichte die in Zürich lebende Astrologin den Kunstband «Reise durch die zwölf Tierkreiszeichen» (Abb. 70).

Rudhyar gilt als Begründer der humanistischen oder psychologischen Astrologie. Er versuchte die Individualität der abendländischen Kultur mit den östlichen Weisheiten zu vereinbaren. Als Künstler gehörte er der 1938 gegründeten «Transcendental Painting Group» an. Ihr Ziel war es, die abstrakte Kunst zu stärken und zu fördern. Durch eine neue Gestaltung von Raum, Farben und Licht sollten ihre Werke die Erscheinungen hinter der physischen Welt zum Ausdruck bringen (Abb. 71).

Ein offener Bekenner der Astrologie war zudem der niederländische Maler Johfra Bosschart, eigentlich Johannes van den Berg (1919 – 1989). Er zählte zu den Vertretern des Surrealismus. In seinen späten Jahren schuf er Poster der zwölf Tierkreiszeichen, die heute in verschiedener Form weit verbreitet sind und vermutlich zu den bekanntesten Darstellungen ihrer Art gehören. Wie bei Ring und Rudhyar waren auch für ihn mythologische Motive eine wichtige Inspiration (Abb. 72).

Vergleichbar mit Johfra ist die österreichische Künstlerin Rosina Wachtmeister (geb. 1939). Sie ist eine Vertreterin der naiven Kunst. Mit der Gestaltung von Gebrauchsgegenständen

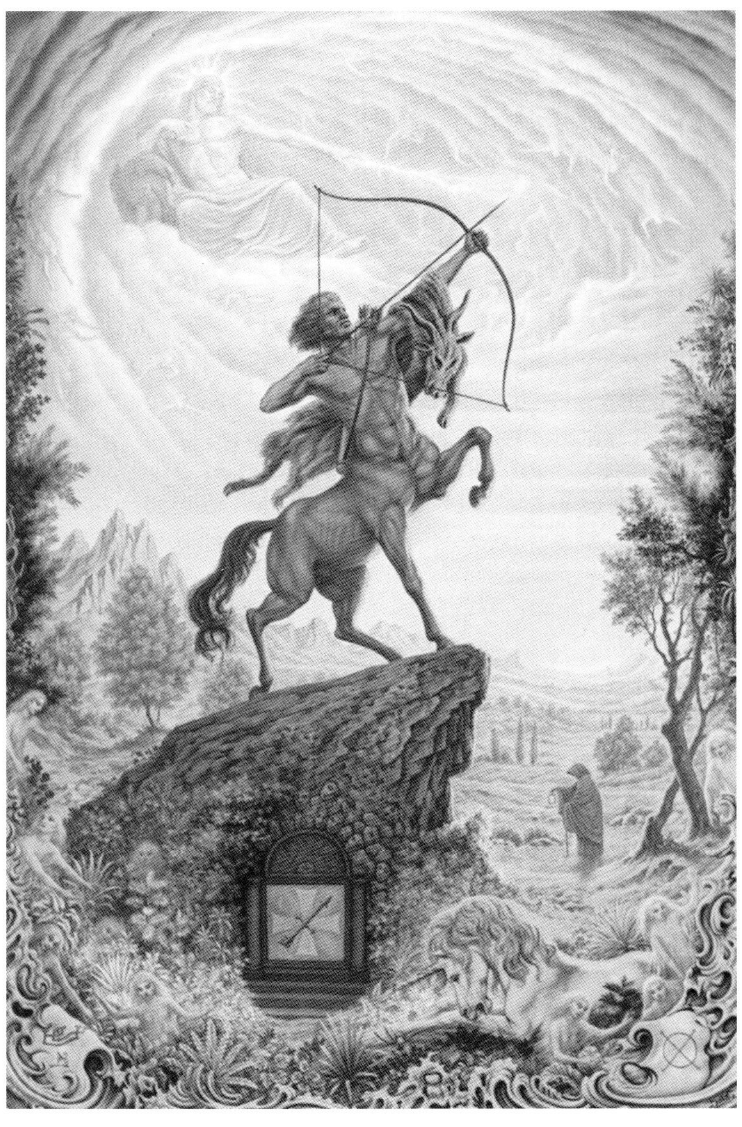

Abb. 72: Johfra Bosschart, «Schütze»[54]

erreicht sie ein ästhetisch interessiertes Massenpublikum. Zudem hat sie eine eigene Buchreihe für die zwölf Tierkreiszeichen kreiert. Von «Hallo lieber Widder» bis «Hallo lieber Fisch» führt sie auf einfache Art in die Grundthematik der jeweiligen Zeichen ein. Bei der Vermittlung der Inhalte spielen ihre Bilder eine wichtige Rolle.

Abstrakte Darstellungen

Gerade die Vertreter der abstrakten Kunst griffen immer wieder kosmische Symbole auf, doch es gehört zu ihrem Wesen, dabei Werke zu schaffen, die inhaltlich nicht eindeutig zuzuordnen sind. Von Paul Klee (1879 – 1940), der Expressionismus, Kubismus und Surrealismus mit geprägt hat, stammt das Gemälde «Himmelszeichen über dem Feld». Oberhalb einer angedeuteten grünen Landschaft hat er abstrakte Zeichen angeordnet, die vielerlei Interpretation zulassen.

Auch Hilma af Klint, die Pionierin der Abstraktion, hat astrologische Motive in ihren Werken aufgegriffen – in abstrakter Form, wie es ihrem Anspruch entsprach. 1915 schuf sie die eindrucksvolle Serie «Die Taube». Eines der dabei entstandenen Gemälde zeigt einen weißen Kreis mit einem Regenbogenkern und wiederum eingefasst von den Regenbogenfarben. In den vier Ecken außerhalb des Kreises sind die vier Symbole der letzten Tierkreiszeichen zu sehen: Schütze, Steinbock, Wassermann und Fische. Darin zeigt sich eine bewusste Verbindung unterschiedlicher Symbole, die das Gleiche zum Ausdruck bringen. Es sind die Zeichen, die auf die Vollendung des Tierkreises zulaufen, verbunden mit dem Kreis, dem Ursymbol der Vollendung und dem Regenbogen, der Verbindung von Himmel und Erde.

Kandinsky, einer der wichtigsten Vertreter, schuf das Ölgemälde «Kreise innerhalb eines Kreises», das kosmisch gedeutet werden kann. Werke und Motive dieser Art, die noch näher an der astrologischen Thematik sind, gibt es zahlreiche. Exemplarisch genannt seien das Ölgemälde «Kosmische Bewegungen» des Dadaismus-Künstlers Jean-Joseph Crotti (1878 - 1958), das Ölgemälde «Konfiguration» des Surrealisten Max Ernst (1891 - 1976), das Ölgemälde «Firmament» des Expressionisten Wenzel Hablik (1881 - 1934) sowie das Gouache-Bild «Planeten» des amerikanischen Bildhauers und Malers Alexander Calder (1898 - 1976).

Zu den Dadaisten zählt auch die Grafikerin und Collage-Künstlerin Hannah Höch (1889 - 1978). Sie kreierte das Gemälde «Frau mit Saturn». Eine Frau hält liebevoll schützend ein Baby auf dem Arm. Hinter ihr erscheint ein düster blickender, strenger Lehrer, der Saturn. Das Bild wird als verstecktes Selbstportrait interpretiert, und der Saturn trägt unverkennbare Züge von Höchs bedrohlichem Liebhaber Raoul Hausmann, von dem sie ein Kind hatte. Das Werk entstand unmittelbar vor Entdeckung des Pluto. Höch war mit den dunklen Seiten des Lebens bestens vertraut; war sie doch im Zeichen des Skorpion geboren.

Robert Fillion (1926 - 1987), ein Vertreter der Kunstrichtung Fluxus, die sich in der zweiten Hälfte des 20. Jahrhunderts in Opposition zum herrschenden System verstanden, griff die astrologische Symbolsprache direkt auf, wenn auch in verfremdeter Form. Sein Zyklus «Die Erforschung des Territoriums der genialen Republik» enthält vordergründig Großstadtmotive, die er Tierkreiszeichen zuordnete. Die Zeichen sind allerdings nicht durch Bilder oder Symbole dargestellt, sondern durch Worte.

Eine ebenfalls besonders originelle Umsetzung der Tierkreis-Symbolik gestaltete der franko-kanadische Künstler Francois Dallegret (geb. 1937). Er stellte die zwölf Tierkreiszeichen in Form von Rennwagen dar.

Schließlich sei noch Salvador Dalí erwähnt, der Meister des Surrealismus und prominenteste zeitgenössische Künstler, der immer wieder auf astrologische und spirituelle Symbole zurückgegriffen hat. 1967 hat er auf Anregung seines Herausgebers Leon Amiel den Zyklus «Die zwölf Zeichen des Zodiak» als

Lithografie geschaffen. Die Umsetzung zeigt das tiefe Verständnis des exzentrischen Künstlers für die Weisheitslehren. So stellt er den Steinbock als Ziegenfisch dar, die älteste Form, die auf die Babylonier zurückgeht. Auch ein von Dalì kreiertes Tarot mit astrologischen Verknüpfungen offenbart dies Verständnis.

Der Maler Hermann Haindl (geb. 1927), der unter anderem Bühnenbildner in Frankfurter war, hat wie Dali ein Tarot mit astrologischen Elementen entworfen.

Beliebtes Kunsthandwerk

Besonderer Beliebtheit erfreuen sich astrologische Darstellungen im Bereich des Kunsthandwerks, die für große Bevölkerungsschichten erschwinglich sind. Ketten, Ringe, Armbänder, sonstiger Schmuck u.a. mit Tierkreiszeichen- oder Planetenmotiven knüpfen an die Forderung der modernen Kunst an, das Alltägliche zum Kunstwerk zu erheben. Astronomische Uhren erfreuen sich ebenfalls großer Beliebtheit. Sie werden vor allem als Armband- aber auch als Tischuhren angeboten. Zumeist enthält das Zifferblatt den Tierkreis, eine perfekte Analogie zur Zeitmessung. Populär ist es zudem, das Horoskop wie ein Kunstwerk zu gestalten.

Mit der astrologischen Symbolik beim Messen der Zeit kann sich offenbar auch die Wissenschaft anfreunden. An einer Seitenfassade der Kölner Universität, hin zu den Grünanlagen, ist eine Tierkreis-Uhr angebracht.

Auch Prominente aus verschiedenen öffentlichen Bereichen bedienen sich der Astrologie. Frank Zappa (geb. 1940) hat 1975 das Cover seiner LP «One size fits all» mit dem Tierkreis gestaltet. Dabei griff der avantgardistische Rockmusiker, der einen Hang zum Dadaismus hatte, auf die alten, babylonischen Darstellungen zurück, die er um moderne Elemente wie ein Auto erweiterte.

Auch Formel 1-Weltmeister Sebastian Vettel (geb. 1987)

bekennt sich zur Astrologie. Beim Großen Preis von Singapur am 23. September 2012 fuhr erstmals mit einem «Glitzerhelm», der mit 24 LED-Leuchten bestückt war. Jeweils acht Lichter stellten die Tierkreiszeichen Vettels und seiner Eltern dar.

Zum Schluss sei noch auf eine Kleinkunstform hingewiesen, die für jeden zugänglich und erschwinglich ist. Zahlreiche Länder haben die Motive des Tierkreises auf Briefmarken herausgebracht und dabei in der Tat kleine Kunstwerke geschaffen. Eine der schönsten Darstellungen stammt aus Israel, kreiert für eine internationale Briefmarkenausstellung 1957. Auch Liechtenstein (1976), die Schweiz (1982), Sri Lanka (1986), Schweden (1991), die Niederlande (1995) Bosnien-Herzegowina (2004) oder Österreich (2007) haben dem Zodiak auf Briefmarken Ausdruck verliehen (Abb. 56). Die Deutsche Bundespost hat sich bislang auf astronomische Motive beschränkt.

Diese neuen Ausdrucksformen offenbaren die Kreativität einer freien Gesellschaft, in der die Astrologie ihren Platz wiedergefunden hat. Und wie die Astrologie selbst, ist die kunsthandwerkliche Darstellung ihrer Symbolik breiten Schichten zugänglich.

8. Kapitel: Wegweiser zu den astrologisch beeinflussten Kunstwerken

Ägypten

(Vor)Antike:
Zweifacher Tierkreis von Dendera.

Dänemark

(Vor)Antike:
Dänisches Nationalmuseum Kopenhagen, Sonnenwagen von Trundholm.

Deutschland

(Vor)Antike:
Sonnenobservatorium von Goseck;
Sonnenscheibe von Nebra;
Speyer, Historisches Museum der Pfalz, Goldhut von Schifferstadt;
Römisch-Germanisches Zentralmuseum Mainz, Kopie des Sonnenwagen von Trundholm;
Quedlinburger Domschatz;
Bonn, Rheinisches Landesmuseum, Römischer Tierkreis als Marmor-Mosaik aus Münster-Sarmsheim;
Aachen, Pfalzkapelle von Karl dem Großen.

Romanik:
Köln, Krypta der Kirche St. Gereon;
Aachen, Barbarossa-Leuchter in der Pfalzkapelle;
Regensburg, Säulenkapitell vom Emmaram-Kloster;
Kloster Maria Laach, Eintrittstür und Apsis über dem Altar;
Schmallenberg-Wormbach, Kirche St. Peter und Paul;
Möhnesee, Grundriss der Drüggelter Kapelle;
Grundriss des Schlosses Kilchberg bei Tübingen.

Gotik:
Schweinfurt, Museum Otto Schäfer, «Basler Holzschnitte»;
Kassel, Landesbibliothek, «Hausbuch des Konrad Rösner»;
Tübingen, Universitätsbibliothek, «Tübinger Hausbuch» und «Hausbuch des Meisters Joseph».

Renaissance:
Kloster Niederaltaich zwischen Regensburg und Passau, Horoskop der Grundsteinlegung am südlichen Kirchturm;
Heidelberg, Universitätsbibliothek, «Heidelberger Schicksalsbuch»;
Tierkreis-Uhren:
Münster, St. Paulus Dom;
Stendal, Marienkirche;
Stralsund, Nikolaikirche;
Rostock, Marienkirche;
Bad Doberan, Münster;
Rathäuser von Esslingen, Heilbronn, Tübingen, und Ulm.

Barock:
Grundsteinlegung Karlsruhe;
Sonnenuhr St. Blasien, Amtsgebäude im Kurpark;
Ellwangen, St. Vitus Basilika.

18./19. Jahrhundert:
Werke von Caspar David Friedrich, Arnold Böcklin, Alfons Rethel.

Bremen, Altes Gerichtshaus;
Hamburg Hauptbahnhof;
Dresden-Weißig, Tierkreis als Deckengemälde in evangelisch-lutherischer Kreuzkirche;
Frankfurt, Tierkreisrelief im großen Sitzungssaal der Alten Leipziger Lebensversicherung.
Einfassung Donauquelle im Schlosspark von Donaueschingen.

Zeitgenössische Kunst:
Aachen, Eingangsportal zum Alten Gerichtshaus;
Weißenfels, Säulen im Amtsgericht;
Köln: Tierkreis-Uhr an der Universität;
Darmstadt, Hochzeitsturm mit Tierkreis-Uhr;

Frankreich

(Vor)Antike:
Paris. Louvre, Lamassu, assyrisches Symbol vom fixen Kreuz.

Romanik:
Tympanon und Säulen der Kathedralen von Autun, Saulieu, Avallon und Vézelay;
Taufbecken in der Kirche von Saint-Evroult-de-Montfort in der Normandie;
Marmorfries in der Kathedrale St. Maurice von Vienne (Rhône-Alpes);
Pariser Nationalbibliothek, «Liber astrologiae».

Gotik:
Tympanon der Kathedralen von Chartres und Amiens;
Glas-Fensterrose in Notre Dame in Paris;
Abteilkirche St. Denis;
Straßburg, Sternenuhr am Münster;
Pariser Nationalbibliothek, «Breviari d'amor»;
Schloss Chantilly, Stundenbuch «Très Riches Heures».

Renaissance:
Straßburg, Kammerzell-Haus, Tierkreis an der Fassade zum Münster;
Colmar, Museum Unterlinden, Isenheimer Altar.

18./19. Jahrhundert:
Obernai (Elsass) Peter- und Pauls-Kirche, Deckengemälde;
Werke von Alfons Mucha.

Großbritannien

(Vor)Antike:
Steinkreis von Stonehenge.

Romanik:
Glasfenster der Kathedrale von Canterbury;
Apsis der Kirche der Heiligen Jungfrau in Copford;
Taufbecken der St. Augustins-Kirche von Brookland (Grafschaft Kent);
Universitätsbibliothek von Glasgow, «Huntarian Psalter».

Renaissance:
London, Victoria- und Albert-Museum, Lucca della Robbia Tierkreis im Jahreslauf.

Irland

(Vor)Antike:
Hügelgrab New Grange.

Israel

(Vor-Antike):
Tierkreis in den Synagogen von Hamat Tiberias am Westufer des Sees Genezareth, von Bet Alpha im Norden, von Naaran, Susiya, Huseifa und Sepphoris.

Italien

(Vor)Antike:
Rom, Pantheon

Romanik:
Bodenmosaike der Kirchen San Savino in Piacenza und San Miniato al Monte in Florenz;
Taufkapelle San Giovanni in Florenz;
Baptisterium von Parma;
Sonnenuhr am Markusdom von Venedig;
Kirche der Heiligen Maria in Grottaferrata;
Portal der Kirche San Michele auf dem Monte Pirchinano bei Turin;
Grundriss des Schlosses Castell del Monte in Apulien.

Gotik:
Florenz, Wandgemälde im Kapitelsaal des Dominikanerklosters Santa Maria Novella und Glockenturm des Doms;
Rimini, Planetenkapelle, die Grabstätte des Fürsten Sigismondo (Tempio Malatestiano);
Padua, Fresken in Eremitenkriche;
Säulenkapitelle am Dogenpalast von Venedig;
Wandgemälde im Rathaus von Padua, im Palazzo Pubblico in Siena, im Kastell Rocca di Agnera, im Palazzo Trinci in Foligno;
Großer Brunnen von Perugia.

Renaissance:
Mailand, Refektorium (Speisesaal) des Dominikanerklosters Santa Maria delle Grazie, Leonardos Abendmahl;
Bologna, Bodenmosaik in der Kathedrale;
Florenz, Sakristei der Kirche San Lorenzo, Horoskop vom 4. Juli 1442, 10.30 Uhr;
Museum Bargello, astrologische Motive auf Tassen, Trinkgefäßen, Tischen, Stühlen und anderen Gebrauchsgegenständen;

Ferrara, Palazzo Schifanoia, die Tierkreiszeichen-Fresken;
Rom, Sala di Galatea der Villa Farnesina, Tierkreiszeichenzyklus und Horoskop des päpstlichen Bankier Agostino Chigi;
Perugia: Collegio de Cambio im Palazzo dei Priori;
Mantua, Palazzo del Te;
Churburg, Südtirol, Jakobszimmer;
Modena, Universitätsbibliothek, Stundenbuch «De Sphaera».

Barock:
Rom, Bodenmosaik in der Basilika Santa Maria degli Angeli e dei Martiri;
Palermo, Bodenmosaik in der Kathedrale Maria Santissima Assunta;
Catania, Sonnenuhr und Bodenmosaik in der Kirche San Nicolo.

Zeitgenössische Kunst:
Mailand, Eingangsbereich Hauptbahnhof

Niederlande

(Vor)Antike:
Universitätsbibliothek Utrecht: Utrechter Psalter;
Universitätsbibliothek Leiden, Leidener Sternbilderhandschrift.

Österreich

(Vor)Antike:
Wien, Nationalbibliothek «Chronologisch-astronomischer Sammelcodex 387».

Renaissance:
Wien, Nationalbibliothek, Gebetbuch von Jakob IV. König von Schottland.

Zeitgenössische Kunst:
Wien, Tierkreis-Mosaik von Hundertwasser in der Geschäftsstelle der Österreichischen Astrologischen Gesellschaft;
Kosmischer Brunnen von Hundertwasser-Haus.

Polen

Renaissance:
Danzig, Marienkirche, Tierkreis-Uhr.

Portugal

Gotik:
Platz vor dem Hieronymus-Kloster in Lissabon (Belém).

Schweiz

(Vor)Antike:
Abteil Saint Maurice, Kanton Wallis, Tierkreis im Seiteneingang.

Gotik:
Glas-Fensterrose der Kathedrale Notre Dame in Lausanne.

Renaissance:
Tierkreis-Uhren in Bern an der Zytglogge;
Solothurn am Roten Turm;
Zug am Zytturm;
Schaffhausen am Fronwagturm;
Sion.

Spanien

Romanik:
Leon, Kirche San Isidor, Tierkreis im Tympanon.

Tschechische Republik

Renaissance:
Prag, Tierkreis-Uhr am Rathaus.

Barock:
Prag, astrologischer Korridor im Wallenstein-(oder Waldstein) Palais;
Clementinum; «Versammlung der Olympischen Götter» in der Burg.

Anmerkungen

1 Anati, Emmanuel: *Höhlenmalerei*, Düsseldorf und Zürich 1997, S. 407.
2 Anati, Emmanuel: a.a.O., S. 16.
3 Anhäuser, Uwe: *Geheimnisse der Höhlenmaler*, in: PAN, Juli 1981, S. 89.
4 Künzl, Hannelore: *Jüdische Kunst*, München 1992, S. 10.
5 Thuillier, Jacques: *Geschichte der Kunst*, Paris 2003, S. 135.
6 Amiralai, Ismat: *Islamische Kunst*, in: www.kunst-und-religionen.de/Islamische_Kunst/islamische_kunst.html, 2010.
7 Beckerath, Erich von: *Geheimsprache der Bilder. Die astrologische Lehre und ihre Symbolik in der bildenden Kunst*, Wien, 1984, S. 202.
8 Beckerath, Erich von, a.a.O., S. 185.
9 Hachlili, Rachel: *Ancient Jewish Art and Archaeology in the Land of Israel*. Leiden, 1988, S. 308/9 sowie Fine, Steven. *Art and Judaism in the Greco-Roman World*. Cambridge, 2005, S. 184 – 204.
10 Ott, Ernst: Das Mysterium des Sonnenlaufs. Das römische Pantheon als Kosmos-Modell, in Astrologie Heute, Nr. 160, Zürich, Dezember 2012/Januar 2013
11 Kieß, Martin: *Der Himmel über Castel Monte und dem Wäscherschloss*, in: Schwäbische Heimat, 3/2002, S. 334.
12 Thuillier, Jacques, a.a.O., S. 187.
13 Thuillier, Jacques, a.a.O., S. 142.
14 Siehe Stuckrad, Kocku von: *Geschichte der Astrologie*, München 2003, S. 190.
15 Blume, Dieter: *Regenten des Himmels*, Berlin 2000, S. 51.
16 Mazal, Otto: *Die Sternenwelt des Mittelalters*, Graz 1993, S. 90.

17 Hensel, Christa: *Das Bodenmosaik von San Savino* in Piacenza, in Astrolog Nr. 123, August 2001, S. 3f.

18 Hensel, Christa, a.a.O., S. 4.

19 Blume, Dieter, a.a.O., S. 13.

20 Dudda, Gunther: *Wormbach und das Geheimnis der Tierkreiszeichen*, Schmallenberg 2012.

21 Pérez-Higuera, Teresa: *Chronos. Die Zeit in der Kunst des Mittelalters*, Würzburg 1997, S. 92.

22 Kieß, Martin, a.a.O., S. 328.

23 Kieß, Martin, a.a.O., S. 331.

24 Siehe u.a. Kaminski, Heinz: *Die Götter des Landes Vestfalen: der Wormbacher Tierkreis, Schlüssel zur keltisch-germanischen Kultstätte*. 1988.

25 Baldricus Burgulianus, Carmina, Hd. K. Hilbert, Ed. Heidelbergenses, Bd. XIX, Heidelberg 1979.

26 Blume, Dieter, a.a.O., S. 37.

27 Lammer, Helmut, Boudjada, Mohammed Y.: *Steinerne Rätsel. Geheimnisse mittelalterlicher Bauwerke*, München 2003, S. 58.

28 Thuillier, Jacques: a.a.O., 154.

29 Siehe Blume, Dieter a.a.O., S. 158.

30 u.a. Lammer, Helmut, Boudjada, Mohammed Y., a.a.O., S. 125ff.

31 Krotky, Fred: *Ein kosmologischer Bilderkreis – Die Rose in der Kathedrale von Lausanne*, Astrolog Nr. 95, Dezember 1996, S. 3.

32 Blume, Dieter, a.a.O., S. 145.

33 Blume, Dieter, a.a.O., S. 70.

34 Huber, Bruno: *Die Planetensäule von San Marco*, in Astrolog Nr. 51, August 1989.

35 Blume, Dieter, a.a.O., S. 90.

36 Pérez-Higuera, Teresa, S. 178.

37 Eco, Umberto, in: *Das Stundenbuch des Duc de Berry Les Trés Riches Heures*, Luzern 1988, S. 10.

38 Waldburg Wolfegg, Christoph Graf zu: *Venus und Mars. Das Mittelalterliche Hausbuch aus der Sammlung der Fürsten zu Waldburg Wolfegg*, München, New York, 1997, S. 8.

39 Gebser, Jean: *Einbruch der Zeit*, in. Hämmerli, Rudolf (Hg.): *Novalis*, Schaffhausen 1995.

40 Garin, Eugenio: *Astrologie in der Renaissance*, Frankfurt/New York, 1997, S. 45.

41 Blume, Dieter, a.a.O., S. 146.
42 De Rynck, Patrick: *Die Kunst Bilder zu lesen, Band 2*, Berlin 2008, S. 114.
43 Hamann, Richard: *Die Frührenaissance der italienischen Malerei*, Jena 1909, S.
44 Beckerath, Erich von, a.a.O., S. 217.
45 Siehe u.a. Schmidt, Georg: *Der Dreißigjährige Krieg*, München 2010, S. 91f.
46 Baumgart, Fritz: *DuMont's Kleine Kunstgeschichte*, Köln, S. 216.
47 Baumgart, Fritz, S. 263.
48 Stuckrad, Kocku von, a.a.O., S. 253.
49 Hollein, Max, Steinle, Christa (Hg.): *Religion Macht Kunst. Die Nazarener*, Köln 2005, S. 9.
50 Wolf, Norbert: *Caspar David Friedrich. Der Maler der Stille*, Köln 2003, S. 7.
51 Einen guten Überblick über derartige Zusammenhänge bietet die Astrologin Monika Heer unter: http://www.astrologos.de/neptunwelten/themen/kunst/
52 Siehe u.a. Chang, Jung, Halliday, Jon: *Mao*, München 2005. Jung Chang, eine ehemalige Rotgardistin, geht von über 70 Mio. Toten aus, die unmittelbar auf Mao zurückgehen.
53 Knudsen, Knut: *Die zwölf Temperamente*, München 1969, S. 9.
54 Johfra: Astrologische Tierkreiszeichen, Freiburg 1981.

Über den Autor

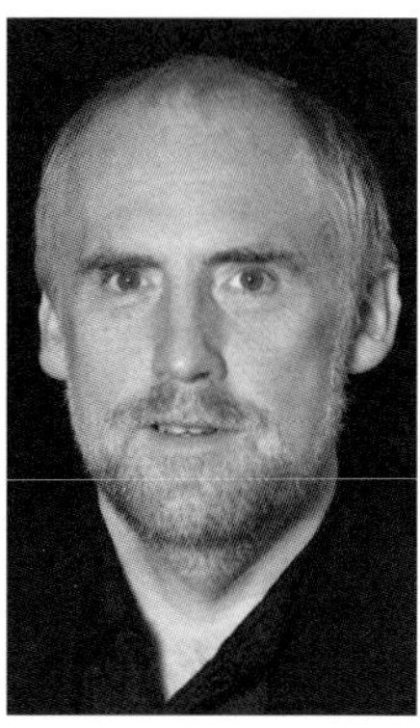

Klemens Ludwig, geb. 1955, Studium der Theologie, Arbeit in diversen Menschenrechtsorganisationen. Seit 1989 tätig als freier Autor mit dem Schwerpunkt Asien und Buddhismus. Zahlreiche Buchpublikationen und Radiofeatures zu Tibet, Indien, Burma (Myanmar), das Baltikum, ethnische Konflikte, Atomversuche, etc.

Seit 1988 Beschäftigung mit der Astrologie; Ausbildung zunächst bei Erich Bauer, weiterführend im DAV-Ausbildungszentrum in Karlruhe. Geprüfter Astrologe DAV. Neben der Beratungspraxis Arbeiten und Publikationen zum kulturhistorischen Umfeld der Astrologie. Veröffentlichungen u. a. «Das Horoskop meines Kindes» (2000) und «Das große Handbuch der Astrologie» (mit Daniela Weise, 2008).

Standardwerke der Astrologie

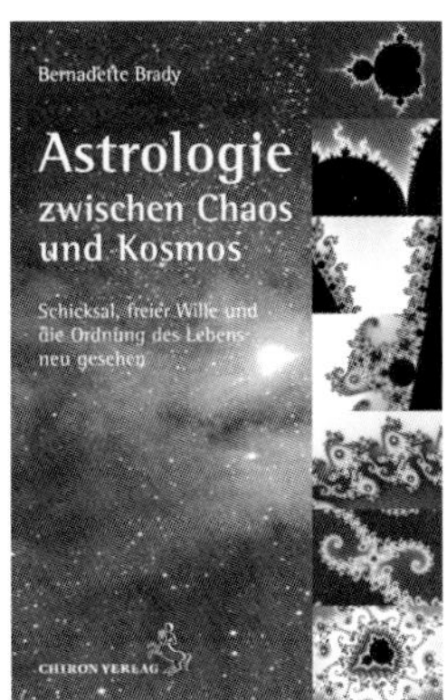

BERNADETTE BRADY

Astrologie zwischen Chaos und Kosmos

Schicksal, freier Wille und die Ordnung des Lebens neu gesehen

212 Seiten, Hardcover, 12 Abbildungen

ISBN 978-3-89997-163-7

In diesem bahnbrechenden Buch setzt sich Bernadette Brady intensiv mit der Kritik an der Astrologie auseinander. Sie geht dabei von der Chaostheorie aus, der zufolge schon kleinste Veränderungen zum richtigen Zeitpunkt zu ganz neuen Strukturen führen können. Diesen Ansatz verbindet sie mit den astrologischen Prognosetechniken und zeigt Ihnen, wie Sie Veränderungen annehmen können – ja, wie Sie diese geradezu selbst herbeiführen können.

»Möglicherweise stehen wir jetzt an einem Wendepunkt: Mit der Chaos-Theorie können wir diesen Paradigmenwechsel nun kritisch hinterfragen – sei es innerhalb der Astrologie und ihrer Geschichte, sei es außerhalb der Astrologie in der allgemeinen Betrachtung dessen, wie Natur und Seele ›wirken‹. Ich glaube, dass dieses Buch ein Meilenstein ist.«

Meridian 5-2008

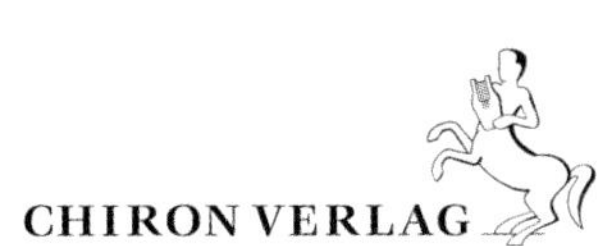

Standardwerke der Astrologie

DANE RUDHYAR

Die Planeten der Persönlichkeit

Struktur und Inhalt der menschlichen Existenz
170 Seiten, Hardcover, 10 Abb.
ISBN 3-89997-123-X

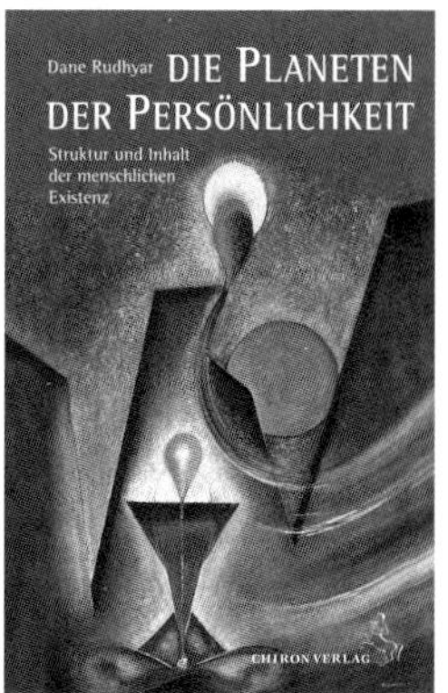

Die Astrologie liefert Strukturen, mit denen wir eine Landkarte des Seelenlebens erstellen können. Die Inhalte dieser Strukturmuster sind psychologischer oder sozialer Natur. Es gibt vier Grundbedürfnisse, auf denen die vielfältigen Prozesse des organischen Lebens beruhen. Dane Rudhyar zeigt in diesem Buch auf sehr eindrückliche Weise, dass die menschlichen Grundfunktionen mit den Planetenpaaren Saturn und Mond, Jupiter und Merkur sowie Venus und Mars in Beziehung stehen. Betrachten Sie die Planeten als eine symbolische Entsprechung dieser Grundprinzipien, dann werden Sie sehr schnell erkennen, wo die Bedeutung, der Sinn und die Aufgabe des Individuums in unserem Universum liegt.

»Wer allerdings nach einfachen Deutungsrezepten für astrologische Konstellationen sucht, der wird in diesem Buch nicht fündig werden. Rudhyar beschreibt vielmehr die biologischen, sozialen, psychologischen und spirituellen Dimensionen, die sich z.B. hinter einer Planetenpaarung wie Mond-Saturn verbergen. Das Buch ist hervorragend ins Deutsche übersetzt und mit einem festen Einband bestens ausgestattet. Es ist allen zu empfehlen, die psychologischen Tiefgang schätzen.«
Meridian 5-2005

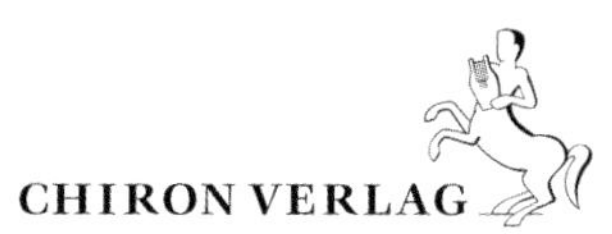

DANE RUDHYAR

Astrologie und Psyche

Das Selbst im Spiegel des Kosmos
288 Seiten, broschiert, 6 Abbildungen
ISBN 3-925100-10-5

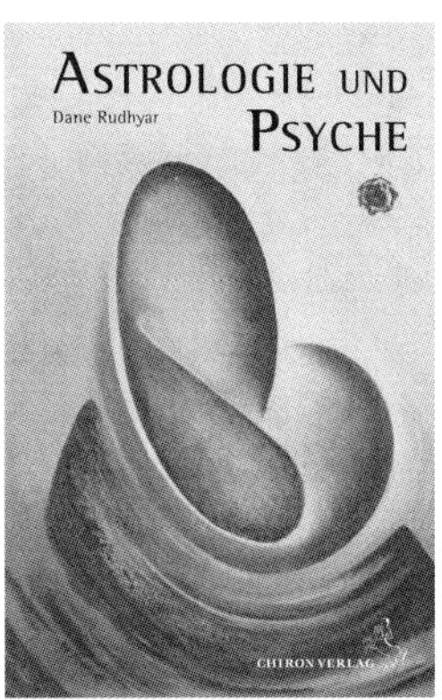

Ein Glas kann mit Gift oder einem süffigen Wein gefüllt sein, beide Flüssigkeiten werden von der Form des Glases gestaltet. Ähnlich verhält es sich mit der Psyche: selbst wenn die Struktur (z. B. im Horoskop) festgelegt ist, so muß dies noch lange nicht bedeuten, dass auch die Ereignisse, welche dieses Grundschema mit Leben erfüllen, ebenfalls schon vorherbestimmt sind. Mit ganzer Überzeugungskraft vermittelt der Autor seine Botschaft: das Horoskop ist ein Archetyp besonderer Art. Rudhyar deckt auf, dass die Astrologie sehr wohl bei der Entwicklung der Persönlichkeit Pate stehen kann. Gleichzeitig versäumt er es aber auch nicht, auf die darin verborgenen Gefahren hinzuweisen. Besonders wertvoll sind seine Ausblicke auf die Mysterien von Schlaf und Traum, die sexuellen Faktoren der Persönlichkeit, die großen Wendepunkte im Leben und den erfolgreichen Umgang mit Krisen. Hier gibt er nicht nur Hilfestellungen zur Lösung von Problemen, sondern demonstriert anhand grundmenschlicher Erfahrungen die Einheit von Individuum und Universum.

Dieses Buch läßt sich auch in Phasen persönlicher Krisen gut lesen, man wird verstärkt daraus hervorgehen, weil die Sinnfrage gezielt angesprochen wird – im Gegensatz zu vielen »Deutungs-Kochbüchern«, deren Lektüre in diesem Fall beinahe »tödlich« sein kann.

Meridian

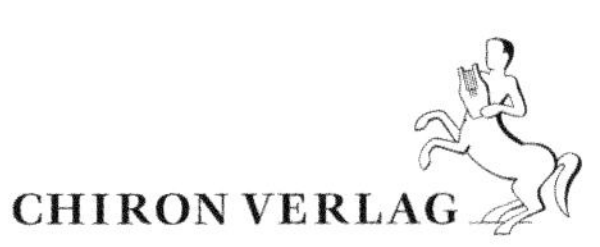

Standardwerke der Astrologie

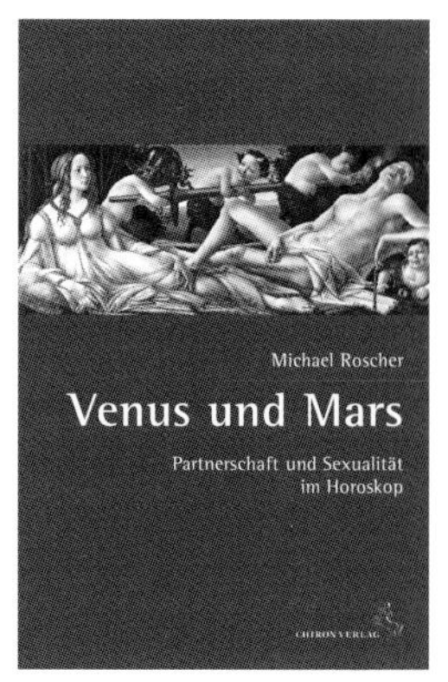

MICHAEL ROSCHER

Venus und Mars

Partnerschaft und Sexualität im Horoskop

335 Seiten, Hardcover, 23 Abbildungen

ISBN 978-3-89997-172-9

Venus und Mars sind die Symbole für Eros und Sexus in der Astrologie. Sie entsprechen den zwei Polen unserer Begegnungs- und Partnerschaftsfähigkeit - die gefühlsbetonte und die geschlechtliche Liebe. Die herkömmliche Astrologie kennt den Vergleich der Horoskope von Partnern. Michael Roscher beschreitet einen anderen Weg: Er analysiert die Konstellationen von Venus und Mars im Individual-Horoskop und leitet daraus das entsprechende Partnerschaftsbild sowie die Fähigkeit ab, Beziehungen einzugehen und zu gestalten. Sämtliche Venus- und Mars-Konstellationen werden kommentiert unter besonderer Berücksichtigung der Häuserthematik. Besprechungen von Beispielhoroskopen veranschaulichen die jeweiligen Bilder. Roschers Interpretationen gehen in ihrer Aussagefähigkeit weit über das hinaus, was man in der astrologischen Literatur hierzu bislang finden konnte.

»Mit diesem Buch ist den Lesern und Leserinnen ein Instrument in die Hand gegeben, um die Qualität ihrer Partnerschaft und die in ihr liegenden Herausforderungen und Entwicklungsaufgaben mit astrologischen Mitteln aufzuschlüsseln. Ein spannendes, wenn auch zeitaufwendiges Lehrbuch zu einem wichtigen Thema.«

Astrologie Heute Nr. 138

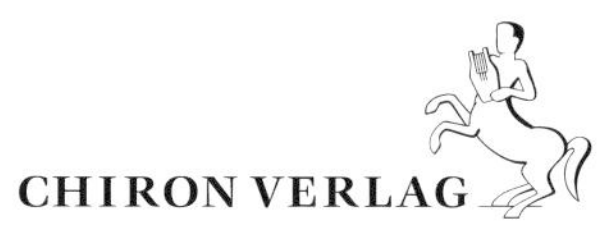

Standardwerke der Astrologie

MICHAEL ROSCHER

Das Astrologiebuch

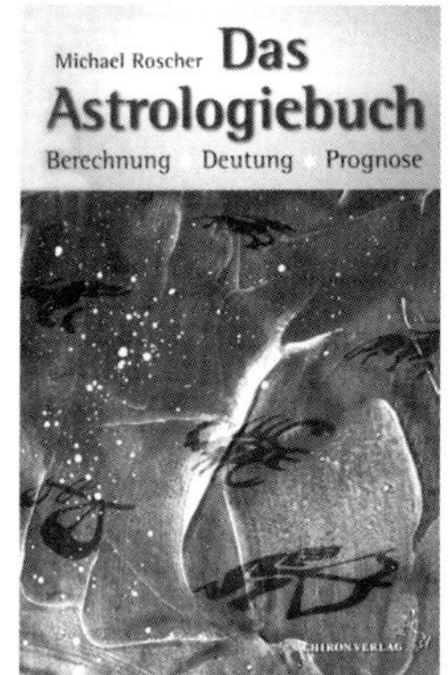

Berechnung, Deutung, Prognose
506 Seiten, Hardcover,
zahlreiche Abbildungen
3-89997-117-5

Michael Roschers Lehrbuch der Astrologie erschließt Ihnen systematisch die Grundlagen des Horoskops. Es ist didaktisch hervorragend aufbereitet. Was zum Verständnis unverzichtbar und welcher Schritt der nächste zur tieferen Einsicht ist, zeigt sich auf einen Blick, denn die einzelnen Kapitel des Buches sind nach Schwierigkeitsgrad und Wichtigkeit geordnet und gekennzeichnet. Selbst der Anfänger lernt so in kurzer Zeit auch komplexe Zusammenhänge verstehen.

»Diese Einführung kann mit Recht als eines der Standardwerke der Astrologie bezeichnet werden. In einfacher, laienverständlicher Sprache, in didaktisch sinnvollen Schritten und immer mit Beispielen zur Verdeutlichung, stellt er die Grundlagen der seriösen Astrologie dar: die Bausteine für jegliche Horoskopinterpretation, die Technik der Horoskopberechnung und -deutung sowie der astrologischen Prognose.« *ekz-Informationsdienst*

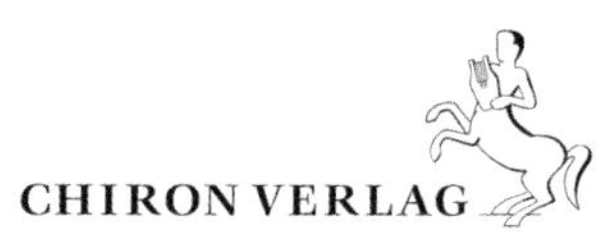

Standardwerke der Astrologie

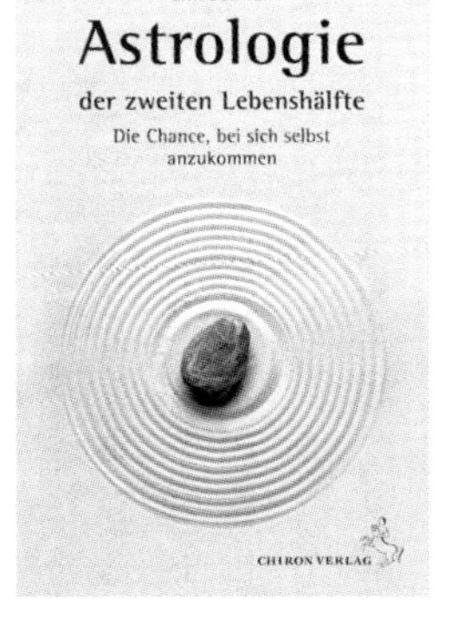

ERIN SULLIVAN

Astrologie der zweiten Lebenshälfte

Die Chance, bei sich selbst anzukommen

321 Seiten, Hardcover, 14 Abbildungen

ISBN 978-3-89998-155-2

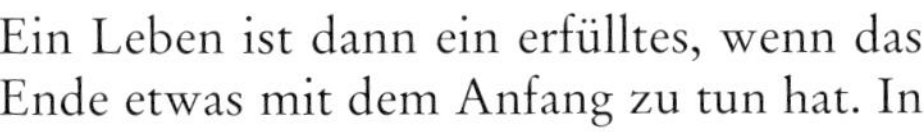

Ein Leben ist dann ein erfülltes, wenn das Ende etwas mit dem Anfang zu tun hat. In der Mitte des Lebens begegnen wir tiefgreifenden Veränderungen in unserer Psyche. Man spricht auch davon, dass wir in dieser Zeit zu unserem bislang nicht gelebten Leben wechseln. In diesem Buch analysiert die Autorin tiefschürfend die Herausforderungen, die uns in der Lebensmitte begegnen. Allerdings sieht sie darin nicht in erster Linie den beginnenden körperlichen Niedergang. Vielmehr erleben wir in diesem Lebensabschnitt die Metamorphose zur vollen Reife. In diesem Buch erfahren Sie, welche Planetenzyklen zu welchem Zeitpunkt in der zweiten Lebenshälfte eine bestimmende Rolle einnehmen. Vor allem aber zeigt die Autorin Ihnen, wie Sie Ihr Leben gerade nach dem Übergang noch bewusster gestalten können, um ganz bei sich selbst anzukommen.

»Das Buch dient nicht nur der eigenen Biografiearbeit oder Zukunftsplanung. Es ist auch für die Beratung und das Verständnis für die Situationen älterer Klienten sehr wertvoll. Kein Buch, das man einmal liest und weglegt. Vielmehr ist es ein ausführliches Nachschlagewerk, das man immer wieder in die Hand nehmen kann, das den Leser in den unterschiedlichen Lebensphasen begleitet und bei der Lebensbewältigung unterstützt.«

Astrologie Heute Nr. 135

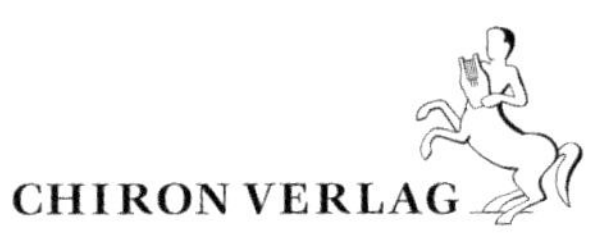